LE NORD

ORGANISER SON SÉJOUR

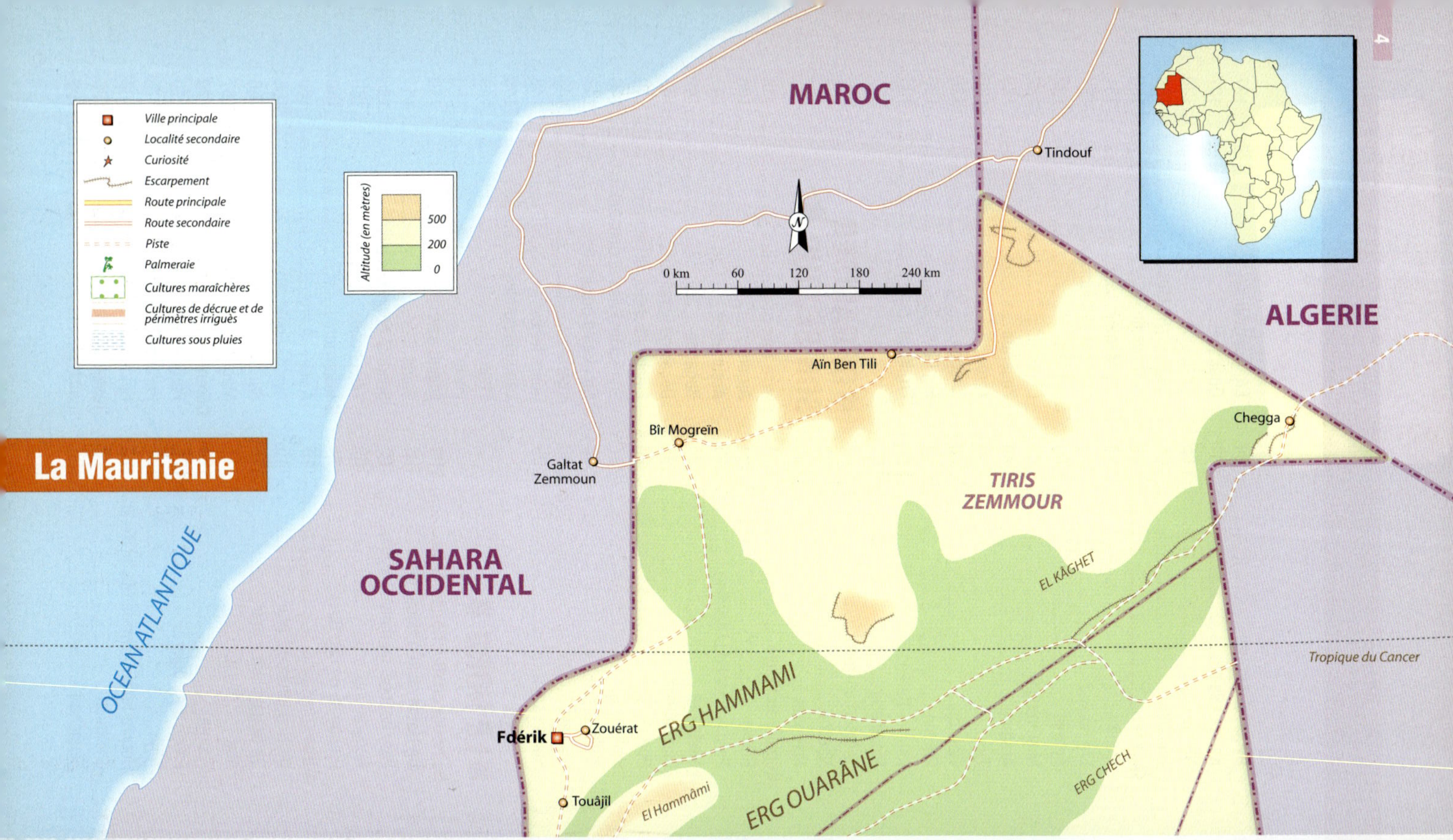
La Mauritanie
Ville principale
Localité secondaire
Curiosité
Escarpement
Route principale
Route secondaire
Piste
Palmeraie
Cultures maraîchères
Cultures de décrue et de périmètres irrigués
Cultures sous pluies
Altitude (en mètres)
500
200
0
0 km
60
120
180
240 km
MAROC
ALGERIE
SAHARA OCCIDENTAL
OCEAN ATLANTIQUE
Tindouf
Aïn Ben Tili
Bîr Mogreïn
Galtat Zemmoun
Chegga
TIRIS ZEMMOUR
EL KÂGHET
ERG HAMMAMI
ERG OUARÂNE
ERG CHECH
El Hammâmi
Fdérik
Zouérat
Touâjîl
Tropique du Cancer

Nouâdhibou
Boû Lanouâr
DAKHLET NOUÂDHIBOU
Parc National du Banc d'Arguin
Chami
INCHIRI
Tijirî
AZEFFÂL
AKCHÂR
Chaïmane
Atâr
PLATEAU DE L'ADRAR
Guelb er Richât
Ouadâne
Chinguetti
Oujeft
ADRAR
Akjoujt
Bennichchâb
Nouâmghâr
El Mhaijrat
Boû Rjeïmat
Tiouilit
Jreïda
Beila
NOUAKCHOTT
Ouad Naga
TRARZA
Tamassoumit
Rachid
Tidjikja
Lekhcheb
Tichît
TAGANT
EL MREYYE
HODH ECH CHARGUI
AOUÂNA
AOUKÂR
Moudjéria
Nbeika
Magta' Lakjar
Cangrafa
Boutilimit
Noualélâne
Nimjat
Aftoût ech Chargui
Boûmdeïd
Tâmchekket
HODH EL GHARBI
'Ayoûn El 'Atroûs
Oualâta
Taghaoumit
Néma
Aouinat er Rajjat
Gleibat Boukenni
Agiert
Timbedgha
Amourj
Bassikounou
Fassala Néré
Adel Bagrou
Djiguéni
Kobenni
Ibn-Forba
Tîntâne
Gharghar
Kankossa
Kiffa
Guerou
Djouk
Barkéwol el Abiod
Mônguel
Aleg
BRAKNA
Rkîz
Mederdra
Lac Rkîz
Keur Massène
Rosso
Bogué
Bababe
Mbagne
Kaédi
GORGOL
Mbout
Ould Yenjé
ASSABA
Maghama
GUIDIMAKA
Sélibabi
Sénégal
Lac de Guier
Saint-Louis
Louga
SENEGAL
DAKAR
MALI

Les plus de la Mauritanie

Une destination authentique

La fréquentation touristique de la Mauritanie n'a jamais été assez forte pour fausser les rencontres avec sa population. En Mauritanie, une invitation à boire le thé, à manger, voire à dormir n'est pas motivée par une quelconque volonté de vous vendre quelque chose par la suite, comme on le voit, hélas, trop fréquemment dans certains pays. Cette rencontre est voulue par les Mauritaniens, tout simplement, pour le plaisir de discuter avec des personnes d'une autre civilisation, dans le but d'avoir un échange culturel. Cette pratique est tout à fait compréhensible venant d'un peuple qui, il n'y a pas si longtemps, était nomade et donc ouvert aux rencontres. Impossible toutefois, dans les circonstances actuelles, de souhaiter que les choses restent telles qu'elles sont...

Depuis l'assassinat de 4 ressortissants français à Aleg fin 2007, les chiffres relatifs à la fréquentation sont catastrophiques et mettent en péril plus de 10 000 personnes qui vivaient du tourisme. Et cette situation de crise, cette incertitude quant à l'avenir, se ressent sur tout le territoire ; dans les deux grands centres urbains que sont Nouakchott et Nouadhibou, en brousse, et tout particulièrement dans la région de l'Adrar. Combien de Mauritaniens ont quitté leur village natal depuis l'indépendance, fuyant les sécheresses à répétition et la misère pour venir grossir les villes à la recherche d'un emploi ? Et combien d'entre eux ont finalement pu rentrer chez eux sous l'impulsion du développement touristique en 1997, retrouvant leurs racines et un revenu décent pour devenir aubergistes, guides, chameliers, cuisiniers ? C'est l'histoire d'un peuple, fier de ses valeurs et de ses terres, qui se voit refuser le droit de les faire partager. Mais vous qui avez décidé d'aller à sa rencontre, appréciez son accueil, écoutez ses histoires, apprenez ses valeurs, car au retour, il vous faudra tout raconter. Et si cette petite histoire a eu le désagrément de vous ôter le sourire, comptez sur eux pour le retrouver.

Une immense richesse culturelle

Le classement au patrimoine mondial de l'humanité des quatre villes de Chinguetti, Oualâta, Ouadâne et Tichit démontre l'étendue de la richesse culturelle de la Mauritanie.

Ces villes rayonnaient sur l'ensemble du monde musulman par l'extraordinaire diversité des matières qui y étaient enseignées. Ces villes étaient considérées comme des étapes incontournables à l'époque du commerce transsaharien entre le nord et le sud du pays et servaient même de point de départ, notamment Chinguetti, pour se rendre au pèlerinage de La Mecque. De nos jours, les manuscrits de certaines bibliothèques de ces villes recèlent des trésors et sont régulièrement consultés par des scientifiques du monde entier. Malheureusement, si les habitants de ces villes ont toujours su remarquablement préserver leurs manuscrits des outrages du temps, notamment grâce au climat chaud et sec de la région, il est à noter que, depuis leur inscription au patrimoine mondial de l'humanité, beaucoup de promesses ont été données en vue de réaliser un archivage moderne de ces trésors, mais peu d'actes sont venus concrétiser ces paroles.

Un littoral préservé

Le parc national du banc d'Arguin, lui aussi classé au patrimoine mondial de l'humanité, occupe environ 180 km du littoral pour une surface totale, parties maritime et terrestre confondues, d'environ 12 000 km². Longtemps oublié, le parc national du Diawling présente également une faune et une flore des plus riches. Leur protection est essentielle pour que perdure le fragile équilibre mis en place, permettant ainsi que de nombreux oiseaux et poissons se reproduisent dans ces étonnants écosystèmes. Le reste du littoral, entre Nouamghar et Saint-Louis du Sénégal, est une immense plage de sable de plusieurs centaines de kilomètres, vierge de toute infrastructure. Si la tentation est forte de s'y prélasser pour faire bronzette, il est fortement recommandé d'être extrêmement prudent si vous envisagez de vous y baigner. En effet, à quelques dizaines de mètres du rivage, une « barre » risque fort de vous jouer de très vilains tours si vous la franchissez, même si vous êtes un excellent nageur. Nous ne saurions donc trop vous conseiller de rester à proximité du rivage. En revanche, pour la baignade, la baie de Nouadhibou est un endroit exceptionnel, pour peu que vous évitiez le cimetière des bateaux. Au bout de la presqu'île du cap Blanc, là où la plage cède la place aux falaises, la baignade est également possible en direction de Nouadhibou et vous aurez peut-être la « chance » de nager en compagnie d'un phoque moine de 300 kg !

Un désert d'exception

Les paysages rencontrés rassemblent à peu près toutes les facettes du désert, les grands massifs dunaires, bien sûr, mais aussi les regs caillouteux et les plateaux tabulaires de l'Adrar. Ici, vous pourrez contempler la vie des habitants du désert pratiquement à l'état brut, avec ses habitants voilés de chèches bleus ou noirs, ses marchés, le chant des muezzins et partout le sable et la poussière. Vous pourrez acheter des chèches un peu partout, ils vous seront très utiles à des tas de choses et notamment si le vent souffle dans le désert. Que serait un désert sans oasis ? En Mauritanie, elles sont assez nombreuses à l'est et au nord du pays. A l'origine, l'oasis est une formation végétale spontanée, blottie au creux d'un oued. De nombreuses oasis suivent ainsi les anciens cours d'eau. Leur mince ligne de végétation verdoyante offre un contraste saisissant avec l'espace nu qui semble s'étendre à l'infini.

Fiche technique

Argent

▶ **Monnaie.** La monnaie mauritanienne est l'ouguiya mauritanien (abréviations MRO, OM, UM).

▶ **Taux de change** (juillet 2011) : 1 € = 398,95 MRO et 1 000 MRO = 2,51 €.

▶ **Idées de budget.** Si votre voyage s'articule autour d'hôtels avec chambres climatisées et de restaurants d'un standing équivalent, cela risque de vous coûter assez cher, soit entre 15 000 et 20 000 MRO par jour (35 à 50 € par jour). En revanche, vous pouvez vivre correctement en Mauritanie en ne dépensant quotidiennement que 3 000 à 4 000 MRO (7 à 10 €), si vous fréquentez des petites auberges et des restaurants de quartier.

▶ **Les déplacements à l'intérieur du pays** restent le problème le plus épineux à résoudre. Si vous louez un véhicule, ce sera obligatoirement un 4x4, à moins de ne circuler que sur des routes goudronnées, une perspective qui ne présente pas beaucoup d'intérêt. La location d'un 4x4 avec chauffeur revient à environ 25 000 MRO par jour (autour de 65 €), carburant non compris. L'autre solution consiste à se déplacer à l'intérieur du pays avec les moyens de transport locaux, taxis-brousse, taxis collectifs, voire camions. Dans ce cas, comptez de 800 à 1 000 MRO par tranche de 100 km. Attention toutefois au manque de confort de cette solution (imaginez une R21 avec 10 personnes à son bord), réservée aux plus téméraires pour les grands trajets.

La Mauritanie en bref

Le pays

▶ **Nom officiel :** République Islamique de Mauritanie.

▶ **Capitale :** Nouakchott.

▶ **Chef de l'Etat :** Mohamed Ould Abdel Aziz (au pouvoir depuis août 2008, président depuis le 18 juillet 2009).

▶ **Nature du régime :** république islamique, régime présidentiel.

▶ **Superficie :** 1 030 700 km².

▶ **Langue officielle :** arabe.

▶ **Langue administrative :** français.

▶ **Autres langues pratiquées :** hassanya, poular, soninké, wolof, bambara.

▶ **Religion :** musulmane à 99 %.

▶ **Ethnies :** Maures (environ 75 %), Wolofs (9 %), Toucouleurs (8 %), Soninkés (4 %), Peuls (4 %), Bambaras (1 %).

La population

▶ **Population :** 3 280 000 habitants.

▶ **Densité de population :** 3,0 hab./km².

▶ **Indice de fécondité :** 4,3 enfants par femme.

▶ **Taux de natalité :** 33,23 ‰.

▶ **Mortalité infantile :** 60,42 ‰.

▶ **Espérance de vie :** 61 ans.

▶ **Population urbaine :** 41 %.

▶ **Alphabétisme :** 59,5 % hommes, 43,4 % femmes.

▶ **Âge moyen :** 19,5 ans.

L'économie

▶ **Monnaie :** l'ouguiya mauritanien.

▶ **Produit intérieur brut total :** 3 800 millions de $ (est. 2010).

▶ **PNB par habitant :** 2 100 $ (est. 2010).

▶ **Croissance annuelle :** 4,7 % (est. 2010).

▶ **Taux d'inflation :** 7,3 % (est. 2007).

▶ **Taux de chômage :** 30 % (est. 2008).

▶ **Importations :** 1 475 millions de $ (est. 2006).

Le drapeau mauritanien

C'est un an avant l'indépendance du pays, en 1960, que la Mauritanie s'est dotée de son propre drapeau. Ancienne colonie française devenue république islamique, la Mauritanie a voulu afficher sa foi en l'islam en inscrivant le croissant et l'étoile à cinq branches sur son drapeau. Le vert symbolise quant à lui la prospérité et l'espoir.

- **Exportations :** 1 395 millions de $ (est. 2006).
- **Marchandise exportée :** minerai de fer, poisson et produits dérivés, pétrole.
- **Marchandise importée :** machines et équipement, produits pétroliers, biens d'équipement, denrées alimentaires, biens de consommation courante.
- **Main-d'œuvre :** agriculture 50 %, industrie 10 %, services 40 %.

Téléphone

Le téléphone entre l'Europe et la Mauritanie fonctionne bien et, si ce n'est pas le cas, en insistant, on y parvient presque toujours. Même constat de téléphone portable à téléphone portable. L'indicatif téléphonique international de la Mauritanie est le 222. Il n'existe pas d'indicatif régional en Mauritanie : seuls sont donc à connaître l'indicatif pays (222) et le numéro à 8 chiffres de votre correspondant.
Cette numérotation téléphonique à 8 chiffres est récemment entrée en vigueur (1er janvier 2011), ce qui explique que vous serez encore souvent confronté à des numéros à 7 chiffres. Rajoutez en priorité le 4 (préfixe Mauritel), si vous ne tombez pas sur le bon correspondant ou si le numéro est incorrect, essayez de remplacer le 4 par le 3 (préfixe Mattel) ou le 2 (préfixe Chinguitel).

- **Téléphoner de France en Mauritanie :** 00 + code pays + les 8 chiffres de votre correspondant (ex : téléphoner de Strasbourg à Nouakchott : 00 + 222 + 41 23 45 67).
- **Téléphoner de Mauritanie en France :** 00 + code pays + indicatif régional sans le zéro + les 8 chiffres du numéro local (ex : téléphoner de Bir el-Gareb à Biarritz : 00 + 33 + 5 + 59 51 23 45).
- **Téléphoner de Mauritanie en Mauritanie :** les 8 chiffres du numéro local (ex : de Nouamghar à Atar : 41 23 45 67).

Décalage horaire

Durant les six mois où la France applique l'heure d'été, lorsqu'il est 12h en Mauritanie, il est 14h en France. En hiver, 12h à Nouakchott correspond à 13h à Paris.

Saisonnalité

On peut arbitrairement découper la Mauritanie en trois zones climatiques sans risquer de beaucoup se tromper.

- **Le littoral,** de Nouakchott à Nouadhibou, où les alizés maritimes et les rares pluies entre août et novembre rendent la chaleur supportable.
- **Le Sud de la Mauritanie** qui couvre approximativement la partie du pays située au sud du 17e parallèle, c'est-à-dire la région entre la route de l'Espoir qui va de Nouakchott à Néma et la frontière avec le Sénégal et le Mali. C'est une zone sahélienne avec une chaleur humide pendant l'hivernage, de juillet à octobre.
- **Le reste du pays** subit un climat saharien très sec, caractérisé par de très fortes températures en été et des soirées fraîches, voire froides en hiver. Les pluies y sont quasi inexistantes. La meilleure saison pour découvrir la Mauritanie est donc d'octobre à avril car elle permet d'éviter les fortes chaleurs.

Néma

Janvier	Février	Mars	Avril	Mai	Juin	Juillet	Août	Sept.	Octobre	Nov.	Déc.
17°/ 31°	20°/ 35°	23°/ 37°	26°/ 40°	29°/ 42°	28°/ 42°	25°/ 38°	24°/ 36°	25°/ 37°	26°/ 39°	23°/ 36°	18°/ 31°

Nouakchott

Janvier	Février	Mars	Avril	Mai	Juin	Juillet	Août	Sept.	Octobre	Nov.	Déc.
13°/ 29°	15°/ 31°	16°/ 33°	17°/ 34°	19°/ 34°	22°/ 34°	24°/ 32°	25°/ 33°	25°/ 34°	22°/ 36°	18°/ 34°	14°/ 30°

Idées de séjour

On peut voyager de différentes manières en Mauritanie, le choix des itinéraires et du style de voyage est défini par la durée du séjour. Si vous restez environ huit jours, une seule solution, le circuit organisé classique qui vous fera visiter Atar, Chinguetti, l'oasis de Terjît et peut-être Ouadâne. Pour avoir une petite idée de la Mauritanie et de la qualité de l'accueil de ses habitants, la durée minimale de séjour est de quinze jours. À l'heure actuelle, il n'y a guère plus de tour-opérateur pour vous proposer une formule « vol + circuit » tout compris. Vous pouvez acheter un vol sec Paris-Nouakchott, entre 600 et 1 200 €, suivant la date. Si vous faites ce dernier choix, il vous faudra ensuite vous déplacer. Là encore, deux possibilités. La première consiste à louer à Nouakchott un 4x4 avec chauffeur pour la durée de votre séjour (talent de négociateur exigé !). Il vaut mieux être plusieurs car vous louez le véhicule et non la place. Difficile de donner une fourchette de prix, pratiquement tout est possible, comptez environ 80 € par jour. Faire marcher la concurrence est encore le meilleur moyen d'obtenir le bon prix, mais de toute façon, la solution de louer un 4x4 est aussi pratique qu'onéreuse. La seconde possibilité est d'emprunter les transports locaux, elle vous demandera de la patience, une bonne condition physique et mentale et pour tout dire, une certaine « forme de pensée africaine ». Mais vous serez récompensé, en dehors des économies que vous réaliserez, par la chaleur des rencontres et la convivialité de vos compagnons de voyage. Si vous avez du temps devant vous, la solution futée est d'acheter un vol sec Paris-Dakar, entre 400 et 600 € suivant la saison, puis d'effectuer les 370 km de goudron qui séparent la capitale sénégalaise de Rosso, via Saint-Louis, par vos propres moyens. A Dakar, l'embarquement des voyageurs se fait à la gare routière Pompier, il faut compter une journée de voyage pour relier Dakar à Rosso. En fonction du moyen de transport choisi, collectif ou individuel, prévoir entre 30 et 60 €.

Séjour court : le grand tour du Nord (1 semaine)

▶ **De Nouakchott à Nouadhibou.** Dorénavant, la solution de facilité consiste à faire ce trajet de 470 km en empruntant le goudron entre ces deux villes. Pour ceux qui ont le temps et qui préfèrent respirer un parfum d'aventure à une odeur de bitume surchauffé, nous vous conseillons d'effectuer ce trajet par la piste. D'emblée, vous plongez dans le vif du sujet, ce trajet, long d'environ 500 km durera quelques heures, en longeant en partie la plage à marée basse, à bord d'un taxi-brousse ou d'un 4x4, ou bien quelques jours, à travers le désert, à bord d'un camion. Dans cette dernière hypothèse, dépaysement et émotions sont garantis. Si vous passez par la plage, visitez le banc d'Arguin. Une fois à Nouadhibou, ne manquez pas l'excursion au bout de la presqu'île du cap Blanc, en descendant les falaises qui donnent accès à d'immenses plages de sable, abritant quelques phoques moines. A voir également, le terminal ferroviaire et la baie du Lévrier où gisent quantité d'épaves de bateaux de pêche. Le passage au Sahara occidental s'effectue sans problème.

▶ **De Nouadhibou à Zouérate (environ 600 km).** En 4x4 ou en taxi-brousse, vous longez la ligne de chemin de fer. En prenant le train, convivialité garantie pendant les 15 à 18 heures que dure le trajet. Zouérate est la porte d'entrée pour traverser le Sahara et rejoindre la frontière algérienne par Bîr Mogrein, itinéraire très aléatoire. A ne faire qu'avec un accompagnateur expérimenté car il subsiste des mines dans cette région, vestiges du conflit entre le Maroc, la Mauritanie et le Front Polisario. Une visite de la mine de fer, à ciel ouvert est fort instructive.

▶ **De Zouérate à Atar (environ 300 km, 1 jour).** Le trajet s'effectue, soit en totalité par la voie terrestre, soit en train jusqu'à Choûm, puis en taxi-brousse de Choûm à Atar. Avant d'arriver à Atar, choisissez d'effectuer quelques kilomètres de plus, pour ne pas rater la splendide oasis d'Azougi.

▶ **D'Atar à Chinguetti (entre 2 et 4 heures).** Préférez l'ancienne piste qui passe par la passe d'Amogjâr, même si son franchissement est de plus en plus aléatoire, elle est tellement plus jolie que la nouvelle (plus rapide), et, avec un peu de chance, vous pourrez admirer de superbes peintures rupestres. Le trajet dure environ une heure de plus, en fonction des compétences de votre chauffeur à trouver « la passe », mais les paysages rencontrés vous confirmeront que ce n'est pas du temps perdu.

Chinguetti. L'un des hauts lieux de l'islam, l'une des quatre villes de Mauritanie classées au patrimoine mondial de l'humanité, son rayonnement spirituel fut immense, elle est célèbre pour ses manuscrits ancestraux dont la consultation est réservée toutefois aux initiés. De par sa situation géographique, Chinguetti se bat contre le désert, dans un combat dont l'issue est au mieux incertaine. Adossée à l'est, sur plusieurs centaines de kilomètres, aux puissantes dunes de l'erg Ouarâne, elle a déjà été déplacée de l'autre côté d'un oued asséché, lors d'une bataille perdue contre le sable. Il ne subsiste de l'ancienne ville que la mosquée et quelques bibliothèques. Possibilité de traverser l'erg Ouarâne pour rejoindre le nord du Mali. Réservé aux vrais spécialistes.

De Chinguetti à Ouadâne (4 ou 5 heures). Ouadâne, autre ville classée au patrimoine mondial, est le bout du bout du monde. Il y a 500 ans, elle surpassait Chinguetti, culturellement et commercialement. La disparition des caravanes a entraîné le déclin de cette cité antique. S'il vous reste un peu de force, tentez l'expédition vers l'étonnant Guelb er-Rîchât, site préhistorique présentant un dénivelé de 80 m. Sur la route du retour, puisqu'il vous faudra à nouveau passer à Atar, ne manquez pas Terjît, c'est vraiment une oasis de fraîcheur, alimentée par une source, coulant en toute saison, à une cinquantaine de kilomètres d'Atar sur la route d'Akjoujt. Le trajet Atar-Nouakchott ne présente qu'un intérêt relatif.

Séjour long : le grand tour du Sud (2 semaines)

De Nouakchott à Néma (2 ou 3 jours). Vous empruntez sur cet itinéraire la route de l'Espoir. Le goudron est en bon état, sauf lorsqu'on y effectue des travaux d'entretien. Certes, les quelque 1 100 km de ce trajet sont une source de fatigue supplémentaire, mais il serait dommage de ne pas effectuer ce périple au moins une fois, soit à l'aller, soit au retour. Air Mauritanie dessert Néma, à partir de Nouakchott, une fois par semaine pour un prix attractif. De Néma, possibilité de vous rendre au Mali vers Nara puis Bamako.

De Néma à Oualata (3 ou 4 heures). Oualata, ville du désert classée au patrimoine mondial de l'humanité, a une devise : *Ecologie et Autonomie*. Un projet social tente de rendre à la ville, son autonomie, tout en préservant son riche passé, et Oualata vous étonnera par sa propreté. L'arrivée sur la ville, fascinante de beauté, presque intemporelle, vous fera oublier les fatigues engendrées par les trois ou quatre heures passées sur la difficile, voire très difficile, piste venant de Néma.

De Oualata à Tichit (2 ou 3 jours) et de Tichit à Tidjikja (2 jours). Attention, guide obligatoire. Si vous appréciez la solitude et l'aventure, vous devez effectuer ce trajet en prenant toutes les précautions d'usage, notamment en ce qui concerne les réserves d'eau et de carburant. Sur environ 600 km, vous allez suivre les falaises reliant Oualata à Tidjikja, et vous observerez, au hasard de votre route, de splendides gravures rupestres, les vestiges des quelque quatre cents villages qui étaient habités avant que l'aridité croissante du Sahara ne pousse ses habitants vers des contrées plus accueillantes. Les paysages se renouvellent sans cesse et sont tous plus beaux les uns que les autres, de l'oasis enfouie au milieu des sables aux falaises protégeant de profonds canyons.

De Tidjikja à Sangrafa, sur la route de l'Espoir (190 km). Vous quittez une des plus belles palmeraies de Mauritanie et franchissez, dans le sens de la descente, la splendide passe de Moudjéria. Itinéraire entièrement goudronné entre Tidjikja et la route de l'Espoir.

De Sangrafa à Bogué (180 km) via Aleg, excellent goudron qui vous plonge dans un autre environnement et vous propose un dépaysement total. Après l'aridité saharienne, voici la fertilité, vous pénétrez dans le grenier de la Mauritanie.

De Bogué à Rosso (environ 200 km) ou de Bogué à Sélibabi (environ 340 km). De Bogué, deux possibilités s'offrent à vous. Soit vous choisissez de continuer à suivre le fleuve Sénégal en remontant son cours, auquel cas vous parcourez les régions du Gorgol puis du Guidimaka, goudron de Bogué à Kaédi, puis piste jusqu'à Sélibabi. Ces régions sont les plus peuplées de Mauritanie, leurs habitants, éleveurs et agriculteurs, utilisent au mieux les pluies pour produire la majeure partie des ressources céréalières du pays. Vous suivez le fleuve vers l'ouest en direction de Rosso. En saison sèche, aucun risque de se perdre, on suit le fleuve Sénégal. En revanche, en saison des pluies, de juillet à octobre, il est nécessaire de faire un petit détour par Rkîz. Ce trajet vous permet de découvrir l'ingéniosité des Mauritaniens qui ont aménagé des périmètres irrigués. Digues et canaux autorisent la culture de toutes sortes de céréales. Cette humidité ambiante attire non seulement les moustiques, vecteurs du paludisme, inconnu dans le Nord, mais aussi quantité d'oiseaux. Rosso est le point de passage pour aller au Sénégal. Important centre commercial, le trafic est incessant sur le fleuve Sénégal, poumon de la ville.

De Rosso à Nouakchott (200 km). Si vous revenez à Nouakchott en passant par Keur Macène, puis en empruntant la piste qui suit la côte, c'est le moment de profiter des rouleaux de l'océan puisque vous longez l'Atlantique sur la fin du parcours. Prenez garde néanmoins à ne pas trop vous aventurer au large, les courants y sont assez forts.

NB : les temps de trajets de ville à ville sont indiqués à titre indicatif. Chaque voyageur, selon ses propres centres d'intérêt, consacrera à la visite des étapes le temps qu'il jugera utile. De la même façon, le kilométrage indiqué est approximatif, les pistes qui relient deux villes peuvent être parallèles ou se croiser, rendant ainsi impossible une estimation précise du nombre de kilomètres. Enfin, sur sur certains tronçons de la route de l'Espoir, les travaux de réfection de la chaussée, par ailleurs indispensables, peuvent ponctuellement faire chuter votre moyenne.

Séjour thématique

Sur les traces des caravanes

Ouadane, Chinguetti, Tichit et Oualata : ces quatre villes ont en commun d'avoir été des étapes essentielles sur la route des caravanes qui commerçaient entre l'Afrique du Nord et les populations vivant aux alentours des fleuves Sénégal et Niger. Cette position stratégique leur a donné une prospérité économique et une influence grandissante dans les domaines religieux et culturel pendant environ cinq siècles. Le déclin de ces villes s'est amorcé avec la diminution du commerce transsaharien, il y a environ un siècle, conséquence, entre autres, du développement du transport maritime et de l'établissement par la France, puissance coloniale d'alors, de nouveaux axes de communication. Les sécheresses, les épidémies et les famines ont contribué à l'exode de la population vers des villes moins excentrées.

De par leur situation géographique, ces cités anciennes sont toutes menacées par l'avancée du désert. Elles font partie de la mémoire de la Mauritanie, et donc de l'humanité. En classant ces quatre villes au patrimoine mondial de l'humanité, en 1996, l'Unesco a sans aucun doute contribué à sauvegarder une partie de notre patrimoine à tous. Leur survie passera certainement par un développement du tourisme dans le pays. Espérons que les autorités locales feront en sorte que cette délicate transition s'effectue dans les meilleures conditions et que la mise en valeur de ces villes se fasse dans le respect de leur riche passé. Le comportement des voyageurs s'y rendant devra également être empreint d'humilité et de sagesse. C'est la responsabilité collective des autorités locales et la responsabilité particulière de chaque voyageur qui permettra à ces villes de survivre dans la dignité et le respect. Voici une présentation de ces quatre villes classées non pas par ordre de préférence, mais par ordre alphabétique. Il est hors de question pour le voyageur lambda de découvrir ces villes en un seul séjour, à moins de disposer de beaucoup plus de temps. Peu importe, si vous venez une fois en Mauritanie, vous y reviendrez certainement !

Chinguetti. Située à moins de 100 km d'Atar, la capitale de la région de l'Adrar, Chinguetti est, de nos jours, d'un accès assez facile, depuis l'ouverture de la nouvelle piste plus sûre et moins longue que l'ancienne qui empruntait la passe d'Amogjâr. Avant Chinguetti, il existait une ville, créée au VIIIe siècle, Abweir. On peut voir, aujourd'hui, l'emplacement présumé, non loin de Chinguetti, sous un cordon de dunes. Chinguetti fut fondée vers la fin du XIIIe siècle. Des nappes d'eau souterraines permirent l'apparition d'une superbe palmeraie. Etape importante sur la route des caravanes marchandes reliant les Arabo-Berbères du Nord et les Négro-Africains du Sud, elle servait surtout de point de ralliement pour les pèlerins de l'Adrar se rendant à La Mecque. De nombreux lettrés et érudits s'y installèrent, créant des universités coraniques. Le rayonnement spirituel et culturel de la ville fut tel qu'elle devint la septième ville sainte de l'islam. A son apogée au XVIIIe siècle, Chinguetti comptait douze mosquées et plusieurs milliers de maisons en pierres sèches et en banco. Au début du XXe siècle, elle amorça son déclin. La baisse du commerce transsaharien et la nomination d'Atar reliée alors à Nouakchott par une bonne piste, goudronnée depuis, comme capitale de la région de l'Adrar, ont porté de sérieux coups au prestige de Chinguetti.

De nos jours, Chinguetti, l'un des joyaux de l'Adrar, subit de plein fouet les mises en garde du Quai d'Orsay sur la destination. Il n'empêche, l'arrivée sur la ville est splendide, Chinguetti est entouré par le sable, l'avancée du désert y est particulièrement palpable. En effet, au sud-est, les dunes de l'erg Ouarâne s'étendent sur plusieurs centaines de kilomètres et le vent pousse le sable vers la ville. Ne pouvant lutter contre les éléments, la ville s'est déplacée à quelques centaines de mètres vers l'est, de l'autre côté d'un oued. Quelques rares constructions subsistent dans l'ancienne ville, dont la mosquée qui date du XIIIe siècle. Son minaret carré, d'une hauteur de 10 m, se termine par cinq pointes recouvertes par un œuf d'autruche. Les bibliothèques de Chinguetti renferment des trésors, tels ces manuscrits enluminés, ces corans cerclés d'or ou ces ouvrages réalisés par des calligraphes hors pair. Ce patrimoine culturel, dont certains manuscrits sont millénaires, est en passe d'être sauvé définitivement grâce à l'action conjuguée des autorités locales et de familles propriétaires de bibliothèques. Un essor touristique réfléchi s'était un temps développé à Chinguetti, respectant l'authenticité et le patrimoine de la ville et de ses habitants, et nous ne souhaitons que son retour.

Ouadane. Deux à quatre heures vous seront nécessaires pour relier Chinguetti à Ouadane, selon que vous emprunterez la piste du Dhar, longue d'environ 120 km, bien balisée ou la piste de la Batha, plus courte d'une trentaine de kilomètres, mais qui nécessite un guide. Assurez-vous de la compétence de ce dernier, car si vous passez à côté de Ouadane et continuez votre route, vous risquez d'avoir très chaud et très soif et, ce, sur plusieurs centaines de kilomètres ! Fondée en 1141, Ouadane était une étape incontournable du commerce transsaharien, particulièrement de l'or et du sel. Cette prospérité perdura pendant environ cinq siècles, Ouadane comptant jusqu'à 5 000 maisons en pierres sèches et en banco. Ses habitants pratiquaient l'élevage, la culture des céréales, à l'abri de sa superbe palmeraie plantée à la confluence de deux oueds, l'oued du Savoir et l'oued des Dattes, d'où son nom, Ouadane. Aussi rayonnante spirituellement que Chinguetti, la ville possédait une grande bibliothèque comportant de nombreux manuscrits. Son commerce florissant attira les convoitises, elle dut subir les razzias des nomades, les assauts des Portugais, établis sur la côte Atlantique, qui faisaient commerce de la gomme arabique, et de mercenaires originaires du Maroc. Tout comme Chinguetti, Ouadane déclina au début du XXe siècle avec la diminution du commerce transsaharien. Les sécheresses et les conflits locaux poussèrent les habitants à quitter cette cité excentrée et à rejoindre les villes les plus importantes du pays. Aujourd'hui, seule la nouvelle ville est habitée, l'ancienne ville fortifiée n'abrite plus que des greniers à céréales et quelques Maures qui y séjournent en juillet et août pour y célébrer la Guetna, la fête des Dattes. Ouadane mérite vraiment le détour pour sa situation géographique exceptionnelle, son architecture particulière avec ses maisons accrochées à la falaise et ses habitants qui, alors que tout les incitait à partir, sont restés pour que vive leur ville. Ouadane a failli disparaître, il y a peu, son aspect est encore sous certains abords fantomatique, la création récente d'hébergements pour les voyageurs avait laissé présager un avenir intéressant dans le sillage de Chinguetti, mais Ouadane, située plus loin encore dans la zone rouge instaurée par me ministère des Affaires étrangères, ne voit plus beaucoup d'intrépides arriver à ses portes…

Oualata. Même si elle est située à une centaine de kilomètres au nord de Néma, il vous faudra néanmoins environ quatre heures pour relier les deux villes. Mais l'arrivée sur Oualata est majestueuse, surtout au lever ou au coucher du soleil. C'est un festival d'ombres et de lumières qui suggère plus qu'il ne montre le relief et la profondeur de ce que vous avez sous les yeux. Toutes les nuances de jaune, d'ocre et de bistre sont présentes vous dévoilant, par avance, la beauté des maisons de Oualata. Ces dernières, construites en pierres et en banco recouvert d'argile, valent à elles seules le déplacement. Très différentes des habitats de l'Adrar ou du Tagant, elles se caractérisent par des peintures aux motifs géométriques encadrant les portes d'entrée. Les cours intérieures et les murs des pièces sont décorés de blanc et d'ocre. Chaque dessin a une signification particulière, on a parlé d'inspiration hispano-mauresque ou de suggestion phallique. Apparemment, plus personne ne sait vraiment quelle est la symbolique de ces motifs. Ces peintures sont réalisées par des femmes et des hommes noirs, les Harratines, qui sont les seuls à connaître l'endroit où se trouve la terre colorée nécessaire à l'obtention de la teinte souhaitée. Ces femmes sont également les seules à maîtriser les secrets de préparation et d'application de la teinture. Tout comme Chinguetti, Oualata est construite sur les vestiges d'une ville, Birou, aujourd'hui disparue. Des commerçants sont à l'origine de la création de Oualata au XIIIe siècle. Sa situation géographique conféra à la ville une importance capitale sur la route des caravanes, à l'instar de Tombouctou. Comme toute cité caravanière, Oualata développa une importante activité spirituelle et religieuse. Aujourd'hui, Oualata est toujours fréquentée par des savants qui enseignent les mathématiques, les sciences, l'astronomie et la théologie. Mais ces lettrés, au contraire de ceux officiant à Chinguetti, ont la réputation de ne pas se contenter de ces nourritures spirituelles. Oualata est en effet réputée pour la qualité de sa gastronomie, en particulier, le pigeon farci aux dattes. Oualata se prend en charge, la devise de la ville est : « *Ecologie et autonomie* ». Plusieurs projets sociaux tentent de lui rendre son autonomie tout en préservant son riche passé. De plus, la ville étonne par sa propreté. Oualata est l'exemple même de la cité qui lutte pour survivre en plein désert, un endroit où il est agréable de se rafraîchir, se reposer, se restaurer, invité à cela par l'extrême gentillesse de ses habitants, et dont on ne part qu'à regret. Si le classement de la région de l'Adrar en zone rouge est discutable et discutée par les Mauritaniens, l'enclavement de Oualata et sa proximité avec la frontière malienne font d'elle, une destination à risque. Il faut espérer que la situation évolue rapidement, car c'est un véritable joyau de la Mauritanie.

▶ **Tichit.** Des quatre villes classées au patrimoine mondial de l'humanité, Tichit est la plus difficile d'accès. Que vous veniez de Tidjikja ou de Oualata, il vous faudra compter deux ou trois jours en véhicule tout-terrain et la présence d'un chauffeur à la fois guide et mécanicien est impérative. Au Néolithique, il y a environ 3 000 ans, la région était en partie recouverte d'un immense lac, l'Aoueker. Sur les rives de ce dernier se développa une civilisation de chasseurs et de pêcheurs et même, selon certains chercheurs, d'agriculteurs, activité fort peu répandue à l'époque. Les habitants étaient répartis sur 400 villages, divisés eux-mêmes en concessions, certains même agrémentés de rues et de places, ce qui démontre l'état avancé de cette civilisation. D'abord connu sous l'appellation de Chétou, le site prit le nom de Tichit au XIIe siècle. Cité prospère vivant du commerce transsaharien, comme toutes les villes anciennes de Mauritanie, elle possédait une des plus belles, sinon la plus belle, palmeraie du pays avec 20 000 palmiers. Ses habitants pratiquaient également l'élevage et la culture du mil. En plus de subir la raréfaction des caravanes commerciales, Tichit dut faire face plus tard à d'autres fléaux comme les sécheresses, les famines et les épidémies. L'excès de sel dans les nappes d'eau souterraines irriguant les cultures entraîna la mort de l'essentiel de sa palmeraie. En 1999, des pluies excessives – si elles ont permis ponctuellement la mise en cultures de certaines terres – ont surtout parachevé la destruction de nombreuses maisons. Que vous arriviez de l'est par Oualata ou de l'ouest par Tidjikja, vous serez fasciné par la beauté des sites traversés. Vous longerez de somptueuses falaises, appelées *dhars*, truffées de splendides gravures rupestres, en suivant la piste empruntée par les caravanes marchandes qui transportent le sel de Tichit vers le sud du pays. Les paysages se renouvellent sans cesse et sont d'une beauté à vous couper le souffle, de l'oasis perdue au milieu des sables aux falaises s'ouvrant sur de vertigineux canyons. Tichit se bat pour ne pas mourir, faites-lui l'honneur de lui rendre visite. Certes, les difficultés pour y accéder vous feront dire qu'elle se mérite mais, une fois sur place, vous serez récompensé par la vision de ces maisons caractéristiques à l'agencement complexe. Tichit possède une des plus belles architectures de la région du Tagant. Sa mosquée, édifiée au XIVe siècle, est considérée comme un joyau de l'architecture maure. Malheureusement, bien peu d'informations fiables sont disponibles sur Internet. Il est malheureusement indispensable de se renseigner au préalable sur les conditions pour assurer la sécurité d'un séjour dans la région.

DÉCOUVERTE

La Mauritanie en 20 mots-clés

Addax

Cette antilope, de près d'un mètre au garrot, peut pratiquement vivre sans boire. Elle puise l'eau nécessaire à sa survie en mangeant des feuilles et tout végétal contenant un peu d'eau. Malheureusement, les sécheresses répétées et surtout la chasse, pratiquée de nos jours avec des armes et des moyens de locomotion modernes, ont presque exterminé ce mammifère. On estime qu'il ne reste que 200 à 300 exemplaires dans le sud-ouest du Sahara. Ses sabots très larges font de l'addax la seule antilope capable de courir sur le sable. De superbes cornes, pouvant atteindre 90 cm de longueur, ornent une tête rehaussée par une tache brune sur le front. Son pelage entièrement jaune sable, à l'exception d'une crinière foncée, lui assure un camouflage parfait dans cet environnement ocre. Aux Etats-Unis, on tente de préserver l'espèce en élevant des addax en captivité dans l'espoir de les réintroduire dans le désert. Le faible nombre de spécimens survivants et la consanguinité ne laissent malheureusement que peu d'espoir, aux générations à venir, d'avoir la chance d'admirer l'addax dans son milieu naturel.

Commerce transsaharien

Littéralement, ce terme recouvre les échanges de marchandises que pratiquent les régions et les pays africains situés de part et d'autre du Sahara. Au fur et à mesure des siècles, la création d'étapes autour des oasis et l'introduction du dromadaire, très bien adapté au climat difficile, ont rendu cette traversée moins périlleuse.

L'origine du commerce transsaharien remonte au néolithique (5 000 av. J. -C.), si l'on se fie aux nombreuses peintures ornant les grottes du désert. Depuis cette époque jusqu'à l'ère chrétienne, les charrettes et les chars transportant sel, pierres taillées, perles puis cuivre sont tirés par des bœufs et des chevaux. Au début de notre ère, ce sont les Romains, en introduisant le dromadaire dans le Sahara, qui vont donner un nouvel élan aux échanges Nord-Sud. Le commerce porte alors sur les peaux d'animaux, l'ivoire, les œufs d'autruche et bientôt les esclaves. La montée en puissance du commerce transsaharien s'effectue à partir du VIIIe siècle, principalement entre le Maroc et l'empire du Ghana, en passant par Aoudaghost, dans le Sud mauritanien, étape cruciale sur la route des caravanes. L'or extrait des gisements situés aux sources des fleuves Sénégal et Niger constitue une monnaie d'échanges très prisée des commerçants musulmans du Nord. Durant plusieurs siècles, les produits manufacturés du Nord et quelques céréales sont échangés contre des produits précieux du Sud et des esclaves. Le sel et le mil font également partie des marchandises convoitées. Les imposantes caravanes marchandes peuvent compter jusqu'à mille dromadaires et mettent environ deux mois à traverser le désert. Le commerce transsaharien est alors à son apogée. L'arrivée des Européens au XVe siècle puis l'amélioration du commerce maritime, amorcent le déclin de ce type d'échanges. La fin du XIXe siècle et le début du XXe siècle, avec l'arrivée des Français qui créent de nouveaux axes transsahariens, correspondent à une forte diminution de ce genre de pratiques.

Aujourd'hui, le commerce transsaharien périclite, il porte essentiellement sur le transport de sel extrait de mines situées au centre du Sahara, notamment à Taoudeni, au nord du Mali, à destination des éleveurs du Sahel.

Désertification

La Terre se trouve actuellement dans une période de réchauffement climatique consécutif à des cycles climatiques naturels et aux interventions de l'homme. La désertification est la conjugaison de ces deux facteurs. Ne pouvant influer sur les cycles naturels, dont la Terre s'est plutôt bien accommodée depuis sa naissance il y a environ 5 milliards d'années, on doit donc s'interroger sur l'influence de l'homme. Cette prise de conscience est récente puisque le terme de désertification date de 1949. La désertification en Afrique touche surtout la zone sahélienne située au sud du Sahara. Elle se manifeste par la raréfaction puis la disparition des arbres et arbustes qui empêchent le désert d'avancer. Un pâturage trop intensif et surtout une consommation excessive de bois pour cuire les aliments sont à l'origine de la destruction de la couverture végétale. Paradoxalement, une irrigation mal contrôlée peut également concourir à faire reculer les terres fertiles. En effet, si la concentration en sel est trop importante dans l'eau qui draine les terres nouvellement conquises sur le désert, notamment, mais pas uniquement, près de l'embouchure d'un fleuve, l'importante évaporation due à la chaleur fixera le sel dans le sol. La conséquence à terme sera l'appauvrissement des récoltes, dans le meilleur des cas, voire la disparition de toute végétation supportant mal une forte salinité du sol.

Les solutions ne sont pas évidentes à trouver. Les populations du Sahel doivent avoir un accès libre aux pâturages pour nourrir leurs troupeaux. Le bois est, à ce jour, la seule énergie disponible pour se chauffer et cuire les aliments. La création de ceintures vertes pour protéger les villes, comme à Tombouctou (Mali), a montré ses limites. Les dunes mobiles, très nombreuses en Mauritanie, qui recouvrent régulièrement la ligne de chemin de fer entre Nouadhibou et Zouérate d'une part, et la route de l'Espoir entre Nouakchott et Néma d'autre part, ne semblent pas des facteurs décisifs dans l'avancée du désert.

Dromadaire

Même s'il appartient à la famille du chameau, le mammifère ruminant présent en Mauritanie est bel et bien un dromadaire, car le territoire du chameau à deux bosses se trouve en Asie centrale. Le dromadaire, quant à lui, vit en Afrique et dans la péninsule arabique. Ce représentant de la famille des camélidés, tout comme le lama, originaire de la cordillère des Andes, a longtemps été utilisé comme bête de somme. Particulièrement bien adapté aux conditions de vie difficiles du désert, cet animal très résistant a été introduit au Sahara au début de notre ère. Il remplaçait alors le cheval qui n'était plus adapté à l'aridité croissante qui touchait la région.

Plusieurs particularités permettent au dromadaire de s'adapter au désert. Sa bosse est une réserve de graisse et son métabolisme lui fournit un litre d'eau en oxydant un kilo de cette graisse. Ses longs cils lui protège les yeux et ses narines peuvent se fermer pour le préserver contre le sable soulevé lors de tempêtes. Les épines des résineux, dont il raffole, ne le rebutent pas. Ses articulations renforcées, particulièrement les genoux sur lesquels il repose pour baraquer, et ses sabots ne craignent pas le sable brûlant.

Sa sobriété légendaire n'est pas usurpée, il peut parcourir plus de 150 km en une journée. Les tentatives pour introduire le dromadaire en Espagne et dans le désert américain sont restées vaines.

Seule l'Australie, où l'animal a été introduit il y a un peu plus d'un siècle, compte encore environ 20 000 dromadaires vivant à l'état sauvage. De nos jours, il est toujours l'allié indispensable des nomades qui sillonnent le Sahara, même si les caravanes sont de moins en moins nombreuses. Ce « vaisseau du désert », en plus de transporter les marchandises et les effets de son propriétaire, lui assure une chevauchée confortable quoique déroutante pour un novice. La viande, fort goûteuse, et le lait du dromadaire lui procurent en plus les calories indispensables lors des longues méharées. Dans la région de l'Adrar, certains propriétaires de dromadaires louent leurs bêtes pour l'organisation de méharées et se procurent ainsi une nouvelle source de revenus.

Gommier

Ce membre de la famille des acacias produit la gomme arabique. Dès leur arrivée en Mauritanie, au XVe siècle, les Portugais, premiers Européens à poser le pied sur le sol mauritanien, installent un comptoir sur la côte, pour en assurer l'exportation. La gomme arabique a longtemps été utilisée dans l'industrie pharmaceutique, le textile, les engrais, la confiserie, etc. De nos jours, elle est peu à peu remplacée par des produits de synthèse. En revanche, le gommier est toujours très utile comme fixateur de dunes. En effet, il participe activement au maintien d'un tapis de végétation à l'abri de son tronc, divisé à la base en plusieurs tiges. Ses nombreuses racines retiennent le sable et fertilisent le sol. comme tout bon acacia, il est apprécié des dromadaires et des chèvres pour la qualité de son fourrage. De plus, la récolte des larmes de gomme, effectuée par incision en saison chaude, si elle exige une compétence spécifique, ne demande pas beaucoup de temps aux Mauritaniens qui la pratiquent dans le sud du pays.

Mendicité

Vous serez plutôt moins sollicité en Mauritanie que dans la plupart des autres pays africains. Si c'était le cas, voici quelques conseils que chacun est libre d'appliquer ou pas.

Si la main tendue appartient à une personne âgée, donnez-lui quelque chose : étant donné le rôle de la famille en Afrique, s'il en est réduit à mendier c'est que très probablement il n'en a plus. Et n'oubliez pas qu'il a peut-être combattu au côté de votre père ou de votre grand-père, il y a une cinquantaine d'années, dans les rangs de l'armée française. Si vous êtes sollicité par un handicapé ou, plus rare, par une femme, agissez comme bon vous semble. Trop d'éléments d'appréciation rentrent en ligne de compte. S'il fallait dégager une tendance ? Donnez ! Si c'est un enfant qui vous demande l'aumône, ne donnez pas. Plusieurs raisons peuvent amener un enfant à mendier. La plupart du temps, il doit restituer ce qu'il reçoit à un protecteur. Si vous souhaitez lui rendre service, donnez à une personnalité locale, instituteur ou chef de village, qui répartira ensuite équitablement votre don. Donner à un enfant qui mendie, c'est l'encourager à continuer et quel avenir cela lui prépare-t-il ?

Mercedes

Connaissez-vous une ville où 90 % des voitures en circulation sont de marque allemande, Mercedes en l'occurrence ? On vous voit réajuster vos lunettes pour les quadragénaires, les plus jeunes se grattent la tête avec un air interrogateur. Vous cherchez du côté de New York, Riyâd ou Tokyo. Certes, la marque germanique est très bien représentée dans ces mégalopoles, mais pas à un tel niveau. Un émirat du golfe Persique regorgeant de pétrodollars, comme Bahreïn, Dubaï ou le Qatar ? Vous avez certainement raison, mais la ville dont on vous parle est Nouakchott, capitale de la Mauritanie ! Lorsque vous déambulez dans les rues de Nouakchott, vous êtes frappé par le nombre de Mercedes. Bien sûr, peu d'entre elles ont moins de 20 ans d'âge, certaines ont même beaucoup plus. Il n'empêche que l'Afrique, ancienne chasse gardée de Peugeot grâce à ses inusables 404, 504 et 505, semble ne plus filer le parfait amour avec la marque française. On peut même affirmer qu'en Mauritanie non seulement le lion ne rugit plus, mais qu'il est bel et bien mort !

Météorite

En Mauritanie, on recense de nombreux cratères d'origine météoritique, c'est scientifiquement prouvé. Les plus spectaculaires sont situés à Tmeïmîchât, le long de la ligne de chemin de fer entre Nouadhibou et Choûm, à Tenoûmer, difficile d'accès à l'est de Zouérate, et à Aouelloul, à environ 80 km d'Atar sur la piste qui mène à Tidjikja. On discerne assez bien les reliefs de ces cratères, les endroits où ils se trouvent n'ayant pas eu à subir beaucoup de modifications, géologiques ou provoquées par l'homme, depuis la chute de ces météorites, il y a plusieurs millions d'années. Théodore Monod a longtemps cherché dans le Sahara, et plus particulièrement en Mauritanie, l'endroit où aurait pu s'écraser la gigantesque météorite qui aurait apporté avec elle le verre libyque, ce matériau inconnu sur la Terre.

Le cratère le plus imposant du pays est le Guelb er-Richât, dont les premiers cercles concentriques déforment la surface du sol, à une vingtaine de kilomètres au nord-est de Ouadane. Large de près de 40 km, on a longtemps pensé que ce cratère était, lui aussi, d'origine météoritique. Aujourd'hui, les scientifiques estiment que cette hypothèse est erronée. Il serait d'origine terrestre, une sorte de volcan avorté. En effet, une poussée insuffisante de magma aurait soulevé la croûte terrestre, mais cette éruption n'ayant pu aller à son terme par manque de puissance, la bulle créée serait lourdement retombée découpant à la surface de la terre les cercles concentriques aujourd'hui encore visibles.

Mirage

Certains ont eu la chance d'être confronté directement à un mirage ? Les autres ont certainement entendu parler du phénomène ou l'ont vu dans une scène de film, parfois caricaturale et pas toujours conforme à la réalité.

Contrairement à une idée reçue, les mirages ne sont pas une exclusivité des déserts, ils peuvent également se produire sur la banquise. La cause en est la superposition près du sol de couches d'air de températures et de densités différentes. L'illusion d'optique est produite par la réfraction des rayons lumineux qui, en s'incurvant, donnent deux ou plusieurs images du même objet. Visuellement, celles-ci seront inversées ou bien superposées ou plus ou moins tremblantes. Dans le Sahara mauritanien notamment, aux heures les plus chaudes de la journée, il est fréquent d'être « grugé » par la vision trompeuse d'une nappe d'eau au loin reflétant le paysage, alors qu'il ne s'agit, en fait, que de ce phénomène d'optique, proche de la perfection, nommé mirage.

Moustique

Présent pratiquement sur l'intégralité de la surface terrestre, cet insecte préfère néanmoins les régions chaudes du globe. Du moustique commun présent en Europe, auteur de piqûres relativement bénignes, au moustique tigre, féroce piqueur du continent asiatique, cet insecte est riche d'environ 2 000 espèces. Certaines d'entre elles transmettent des maladies telles que la dengue, la fièvre jaune ou le paludisme. Le sud de la Mauritanie, particulièrement la vallée du fleuve Sénégal, est propice à la reproduction des moustiques, la femelle pondant ses œufs dans l'eau. L'anophèle, vecteur du paludisme, autre nom de la malaria, est présent dans cette région. C'est la femelle qui, en se nourrissant de sang avec sa trompe suceuse, véhicule la maladie.

Palmier dattier

Cet arbre, cultivé en Mésopotamie dès l'Antiquité, a été introduit en Mauritanie par les Berbères qui eurent l'idée géniale de les planter en plein désert là où il y avait des sources. Ils venaient d'inventer les oasis. Au frais sous son feuillage, on y cultive des fruits et des légumes. Le palmier dattier n'est pas trop exigeant sur la quantité d'eau qui lui est nécessaire, ses racines pouvant boire jusqu'à dix mètres sous la surface du sol. Les nappes d'eau souterraines trop profondes et les sécheresses répétées nécessitent néanmoins que l'homme intervienne en lui apportant l'eau nécessaire à l'aide de motopompes ou de puits à balancier. Le palmier dattier accepte également une eau faiblement salée, mais en cas de trop forte salinité, l'arbre meurt comme la palmeraie de Tichit en a fait la cruelle expérience. En février-mars, les oasiens fécondent artificiellement les pieds femelles avec une poudreuse remplie de pollen prélevé sur les pieds mâles. En juillet-août, c'est la Guetna, la fête des Dattes. Nombreux sont les citadins qui se rendent à ce moment dans les oasis pour y célébrer le fruit providence. Aliment très sain et se conservant remarquablement bien, les dattes n'ont qu'un défaut. Consommées en grande quantité, elles favorisent les caries dentaires. Une centaine de palmeraies abritant environ 1,3 million de palmiers dattiers existent dans le pays, dont la moitié dans la région de l'Adrar.

Paludisme

Le paludisme n'existe plus en Europe depuis environ une cinquantaine d'années, il est en forte régression en Amérique centrale et en Amérique du Sud. En revanche, il affecte toujours les régions les plus démunies d'Asie et d'Amérique latine et il est omniprésent en Afrique. On estime à une petite centaine les pays atteints par cette maladie et 3 % des voyageurs se rendant dans une région touchée par le paludisme en reviennent porteurs. Le vecteur du paludisme est l'anophèle, une espèce de moustique, dont seule la femelle transmet la maladie par sa piqûre. Le premier à l'évoquer fut un médecin grec, Hippocrate (400 av. J. -C.). Le cardinal de Richelieu en fut atteint au XVIIe siècle. Alphonse Laveran obtint le prix Nobel de médecine en 1907 pour la découverte du parasite responsable de la maladie, l'hématozoaire. Aujourd'hui, le vaccin contre le paludisme tarde à être découvert, même si un Colombien, le docteur Pattaroyo, semble tout près d'aboutir. Le seul remède préventif consiste à prendre un antipaludéen de synthèse spécifique au pays où vous comptez vous rendre et à vous protéger des piqûres de moustique en portant des vêtements couvrant le maximum de votre peau, tout en utilisant des moustiquaires et des produits répulsifs. L'incubation de la maladie est variable, d'une à plusieurs semaines. Une fois déclaré, le paludisme se traduit par une forte poussée de fièvre et une succession rapide de frissons et de sueurs. A Nouakchott et au nord de la route de l'Espoir, ce qui correspond à peu près au 18e parallèle, le territoire de la Mauritanie est pratiquement vierge de paludisme. Mais la région s'étendant au sud de la route de l'Espoir, et plus particulièrement la vallée du fleuve Sénégal, est une zone fortement impaludée.

Passe

Pas d'équivoque, en Mauritanie, une passe est un passage qui permet, à partir d'une plaine, d'accéder à un plateau ou à un massif tabulaire. On peut également dire qu'elle facilite le franchissement des *dhars*, ces falaises très nombreuses dans le pays. Lorsque vous suivez un itinéraire qui nécessite de franchir une passe, il vous faut un guide, dans la plupart des cas, car généralement ces passes sont difficiles à trouver. Si vous ne connaissez pas la topographie de l'endroit, vous risquez de tourner en rond un bon moment au pied de la falaise avant de trouver la solution.

La passe la plus connue, en Mauritanie, est la passe d'Amogjâr, rendue célèbre par le film d'Alain Corneau, *Fort Saganne*, tourné en 1983. Cette production, dont les principaux acteurs sont Gérard Depardieu, Philippe Noiret et Sophie Marceau, a nécessité pour sa réalisation des moyens logistiques énormes. La passe d'Amogjâr est située sur l'ancienne piste qui relie Atar à Chinguetti. Cette piste est certes plus longue d'une heure et plus dangereuse que la nouvelle, récemment construite, mais elle vaut la peine d'être empruntée, tant elle est magnifique. De plus, les *dhars* que vous longez sont truffés de grottes abritant de splendides peintures rupestres. La passe d'Amogjâr, très difficile à trouver dans le sens de la montée, est actuellement presque impraticable car elle est très détériorée. Il faut espérer que dans un avenir proche, quelques travaux permettront de l'emprunter à nouveau dans des conditions de sécurité acceptables.

Le Radeau de la Méduse

Ce chef-d'œuvre d'une surface de 40 m² mondialement connu, réalisé en 1817 par le peintre Théodore Géricault est exposé de nos jours au musée du Louvre. Il immortalise l'odyssée de la *Méduse*. Ce navire amiral de la flotte française, avec à son bord plus de 400 marins et soldats, vogue en 1816 au large des côtes mauritaniennes, cap au sud, avec comme objectif de bouter les Anglais hors du Sénégal qu'ils occupent alors. Malheureusement pour la *Méduse*, l'inexpérience de son capitaine et les hauts-fonds du banc d'Arguin ont raison du bateau, les survivants du naufrage se réfugient sur un radeau. Celui-ci dérive pendant plusieurs jours avant de s'échouer. Dans cet environnement hostile et après avoir vainement essayé de trouver de la nourriture, les rescapés finissent par se manger entre eux. Seuls 15 survivants sont retrouvés sur les 150 qui avaient trouvé refuge sur le radeau lors du naufrage.

Sahara

S'étendant sur 5 200 km, de l'océan Atlantique, à l'ouest, à la mer Rouge, à l'est, et sur 1 500 km, des abords de la Méditerranée, au nord, au Sahel, au sud, c'est le plus grand désert du monde avec une superficie d'environ 9 000 000 de km², soit 15 fois la superficie de la France. Le Sahara occupe les deux tiers de la surface du territoire mauritanien. Ce désert, jadis fertile, s'étend chaque jour un peu plus, principalement vers le sud. L'eau est présente dans le sous-sol à de nombreux endroits, le problème étant la captation de cette manne salvatrice, souvent très profonde. Là où l'eau affleure, les oasis émergent du désert. Située à une profondeur moyenne, elle peut être canalisée et alimenter une grande ville, comme c'est le cas avec la nappe fossile d'Idîni, située à une trentaine de mètres de profondeur, qui subvient aux besoins de Nouakchott. Les précipitations très faibles, voire nulles dans le désert libyque, ne permettent que l'apparition d'une faune et d'une flore particulièrement bien adaptées à ces conditions draconiennes. Le relief du Sahara, peu marqué en Mauritanie, dépasse rarement 500 m d'altitude. En revanche, au nord du Tchad, dans la région du Tibesti, l'Emi Koussi, avec ses 3 415 m, constitue le plus haut sommet du Sahara. L'amplitude thermique y est très importante, les températures diurnes dépassent fréquemment 50 °C en été alors qu'il gèle l'hiver à Tamanrasset dans le Sud algérien. Le sous-sol est assez riche avec des gisements importants de pétrole en Algérie et en Libye, de phosphates au Sahara occidental et de fer en Mauritanie. Les Touaregs, pratiquement absents en Mauritanie, et les Maures constituent les populations mythiques représentatives du nomadisme spécifique au désert. La vallée du Nil, le seul fleuve réalisant l'exploit de traverser le Sahara, abrite une population à part le long de son cours.

Sahraouis

Dans le nord du pays (Zouérate, Nouadhibou et même en descendant jusqu'à Atar), si vous sympathisez avec un Mauritanien, vous découvrirez peut-être, au fil de la conversation, que vous avez affaire à un Sahraoui. Depuis 1975, date de l'abandon par l'Espagne de sa colonie du Sahara occidental, le peuple sahraoui attend l'organisation d'un référendum d'autodétermination sous l'égide des Nations unies. Une partie des Sahraouis est restée au Sahara occidental, d'autres vivent dans les camps de réfugiés de Tindouf, dans l'extrême Sud-Ouest algérien, et enfin, un important contingent est établi dans le nord de la Mauritanie. De culture maure et parlant le hassanya, la langue des Mauritaniens, leur intégration ne pose pas de problème particulier.

Soleil

Neuf heures de présence quotidienne, et, ce, quelle que soit la saison, au nord comme au sud, voilà ce qui vous attend en Mauritanie. Autant dire que puisqu'il vous est impossible d'y échapper, mieux vaut donc connaître ses effets positifs comme négatifs. L'astre solaire, en plus d'un bénéfice esthétique plutôt apprécié de nos jours, accélère la synthèse de la vitamine D dans notre corps. Il assure également, selon de récentes études dignes de foi, un effet antidépresseur sur notre organisme. Mais une absence de protection efficace peut entraîner quelques conséquences fâcheuses, allant du simple coup de soleil jusqu'à un vieillissement prématuré de la peau, voire un risque de cancer. Il est donc impératif de vous préserver du soleil par une protection vestimentaire appropriée et l'application régulière de filtres et d'écrans solaires. Une attention spécifique est à apporter aux yeux et aux lèvres, particulièrement sensibles aux ultraviolets. Et surtout, n'oubliez pas de boire, même si vous n'en ressentez pas le besoin.

Trekking

C'est principalement par le biais de cette activité que la région de l'Adrar et, à un degré moindre, celles du Tagant et du banc d'Arguin ont vu arriver un flux de touristes de plus en plus nombreux. Manière écologique de découvrir le désert, elle peut se révéler très enrichissante à condition que le marcheur soit conscient du niveau de difficulté de la marche. Rien de pire en effet, que de consacrer l'essentiel de son énergie à suivre le rythme d'un groupe trop rapide car on n'apprécie plus l'environnement qu'on traverse. La plupart du temps, le portage des bagages s'effectue à dos de dromadaire ou par des véhicules 4x4 que vous retrouvez le soir au bivouac. Seul inconvénient : en 8 ou 15 jours, la durée moyenne des *treks*, vous ne parcourez pas beaucoup de terrain et, vivant en autonomie totale, vous n'avez aucun contact avec la population.
Les Mauritaniens ont beaucoup de mal à comprendre pourquoi des Blancs payent si cher pour venir marcher dans leur pays, eux qui marchent beaucoup mais uniquement par nécessité. Alors, ils ont trouvé la réponse. Ils se disent qu'en Europe, il y a tellement de goudron pour accueillir toutes ces automobiles que marcher est devenu impossible. Voilà pourquoi les Blancs viennent en Mauritanie pour marcher, le goudron et les voitures étant peu nombreuses. Et très franchement, voyez-vous une autre explication à ce phénomène ?

Troupeaux

Il y a de grandes chances pour que vous croisiez des troupeaux de vaches, de dromadaires, de chèvres ou de moutons. Les ânes, de nature plus solitaire, errent le plus souvent seuls ou à deux ou trois. Il est indispensable, lorsque vous circulez sur les routes mauritaniennes, de prêter la plus grande attention à ces animaux qui peuvent surgir à tout moment devant votre véhicule. Ils sont plutôt placides, pas vraiment du genre à changer de direction au dernier moment, mais méfiez-vous, il existe quelques spécimens très caractériels. Les chèvres sont certainement les moins suicidaires, calculatrices voire finaudes, elles sont en général les premières à s'éloigner dès qu'un véhicule approche. Que dire des moutons ? Sinon qu'ils suivent le mouvement, fidèles en cela à leur réputation. C'est pourquoi vous ne serez pas surpris de croiser au hasard de vos pérégrinations, un troupeau de moutons escortés par deux ou trois chèvres. Ces dernières en apercevant une voiture s'en éloignent, les moutons suivent les chèvres. Ces généralités ne vous mettent évidemment pas à l'abri d'une chèvre en pleine déprime changeant brusquement de direction ou d'un âne ayant raté de peu le concours d'entrée à Polytechnique !

Zrig

Cette boisson n'est autre que le lait de dromadaire, breuvage traditionnel des nomades qui en disposent pratiquement à volonté. En brousse, le *zrig* est consommé quasi immédiatement après la traite ; dans les principales villes mauritaniennes, on le trouve conditionné dans des emballages industriels comme le lait en Europe. Une fois stérilisé, le lait de dromadaire est assez proche du lait de vache, juste un peu plus lourd en bouche. La stérilisation lui fait perdre une grande partie de son caractère mais elle garantit au consommateur une hygiène irréprochable. Le vrai *zrig* est disponible en brousse et à la périphérie des principales villes de Mauritanie où il est conditionné dans des sachets en plastique. Plus goûteux, il est très agréable à déguster. Ayant eu l'imprudence d'attendre quelque temps avant de la consommer, nous dirons pudiquement que notre système digestif a très modérément apprécié et que notre transit intestinal s'en est fort mal trouvé. Ne reculant devant aucun sacrifice pour informer de manière objective nos lecteurs, nous avons réessayé de domestiquer le *zrig*. Consommé à plusieurs reprises, mais immédiatement après son achat, il s'est révélé être un excellent compagnon et n'a plus donné aucun signe d'incompatibilité avec nos fragiles estomacs européens. Conclusion : nous ne saurions que trop conseiller aux voyageurs d'essayer le *zrig*, en évitant toutefois de le conserver trop longtemps.

Survol de la Mauritanie

Géographie

Pays du Maghreb, la Mauritanie est frontalière du Sahara occidental, revendiqué par le Maroc, au nord, de l'Algérie au nord-est, du Mali à l'est et au sud-est, et du Sénégal au sud. A l'ouest, l'océan Atlantique vient lécher ses côtes sur près de 700 km. Avec 3 millions d'habitants pour une superficie équivalente à deux fois celle de la France, la densité de population de la Mauritanie est une des plus faibles du monde. Autant dire que le mot « désertique » s'applique parfaitement au pays.

Relief

Si l'on excepte Zouérate, Nouadhibou, Atar, Akjoujt et quelques oasis, la partie du pays qui se trouve au nord du 19e parallèle est essentiellement désertique, ce qui représente les deux tiers de la Mauritanie. Le relief érodé ne laisse émerger que de rares massifs de faible altitude, au milieu de vastes espaces caillouteux appelés regs et de dunes sableuses nommées ergs. Le point culminant du pays se trouve près de Zouérate, à 915 m. Au centre, le relief est zébré par des escarpements le plus souvent orientés nord-sud, comme entre Atar et Kiffa ou des falaises nommées dahrs entre Tidjikja et Néma. Ces paysages, d'où émergent d'énormes plateaux tabulaires au milieu d'une mer de sable, sont d'une beauté à vous couper le souffle. De nombreuses oasis parsèment le décor, telles des îlots de vie perdus au milieu de cet océan minéral. Au sud, la plaine alluviale du fleuve Sénégal, appelée Chemama, permet la culture de céréales comme le riz, le sorgho et le mil. Sur la façade atlantique, les côtes mauritaniennes sont rocheuses au nord du cap Blanc, près de Nouadhibou. Entre le cap Blanc et le cap Timirist, c'est le domaine privilégié des oiseaux et des poissons. La côte, principalement occupée par la réserve du parc national du banc d'Arguin, est un dédale de petites îles et de bancs de sable. Ensuite, entre le cap Timirist et le Sénégal, c'est une plage de sable de 400 km qui vous attend.

Fleuve

D'une longueur totale de 1 700 km, le Sénégal prend sa source dans le Fouta Djalon en Guinée Conakry. Malien sur la moitié de son cours, il fait office de frontière entre le Sénégal et la Mauritanie. Dans le pays, nul besoin de préciser le fleuve Sénégal, il suffit bien souvent de l'appeler le Fleuve. Il est vrai qu'il n'y a pas d'autre fleuve permanent. Même ses affluents sur la rive mauritanienne sont des oueds intermittents. Pendant l'hivernage, le fleuve Sénégal prend ses aises et peut atteindre 20 km de largeur près de son embouchure, ce qui permet ainsi de mettre en culture de plus en plus de surfaces irriguées. Près de Rosso,

Palmeraie d'Azougui.

le barrage de Diama régule la montée des eaux en amont, tout en fournissant de l'électricité. Il a également pour objectif d'empêcher, en aval, la remontée des eaux salées de l'océan qui, dans le passé, nuisait aux cultures. En effet, lorsque la région était victime d'une faible pluviométrie, les eaux du Sénégal se retrouvaient plus basses que le niveau de l'océan et ce dernier avait tendance à pénétrer très profondément à l'intérieur des terres. Au Mali, le barrage de Manantali doit, à terme, permettre la navigation de gros bateaux sur les 800 km qui font office de frontière naturelle entre le Sénégal et la Mauritanie. La Mauritanie appartient, avec le Mali et le Sénégal, à l'Organisation pour la mise en valeur du fleuve Sénégal qui vise, à l'aide des barrages, à réguler son cours afin d'en améliorer la navigabilité et d'optimiser l'irrigation de ses berges.

Découpage administratif

La Mauritanie est divisée en 12 régions, elles-mêmes partagées en départements. Il convient aussi d'y ajouter le district de Nouakchott. Les 5 régions du Nord, Adrar, Dakhlet Nouadhibou, Tagant, Tiris Zemmour et Inchiri, qui représentent environ les deux tiers de la surface de la Mauritanie, n'abritent que 322 000 habitants, soit environ 11 % de la population du pays.

- **Région I :** Hodh el-Chargui, 289 000 habitants, chef-lieu : Néma.
- **Région II :** Hodh el-Gharbi, 216 000 habitants, chef-lieu : Ayoûn el-Atroûs.
- **Région III :** Assaba, 223 000 habitants, chef-lieu : Kiffa.
- **Région IV :** Gorgol, 235 000 habitants, chef-lieu : Kaédi.
- **Région V :** Brakna, 25 0000 habitants, chef-lieu : Aleg.
- **Région VI :** Trarza, 229 000 habitants, chef-lieu : Rosso.
- **Région VII :** Adrar, 75 000 habitants, chef-lieu : Atar.
- **Région VIII :** Dakhlet Nouadhibou, 107 000 habitants, chef-lieu : Nouadhibou.
- **Région IX :** Tagant, 80 000 habitants, chef-lieu : Tidjikja.
- **Région X :** Guidimaka, 156 000 habitants, chef-lieu : Sélibabi.
- **Région XI :** Tiris Zemmour, 46 000 habitants, chef-lieu : Zouérate.
- **Région XII :** Inchiri, 14 000 habitants, chef-lieu : Akjoujt.
- **District de Nouakchott :** 900 000 habitants.

Climat

Saharien au nord et sahélien au sud, le climat est chaud et sec. Le rivage atlantique qui bénéficie de l'alizé maritime est relativement préservé des fortes chaleurs. Le reste du pays atteint les 40 °C, voire plus, entre mai et août. Dans le nord, les nuits d'hiver peuvent être fraîches avec 10 °C et quelquefois moins si l'harmattan se lève. Ce vent, sec et puissant, souffle en rafales, ses bourrasques provoquent à l'occasion de formidables tempêtes de sable, principalement l'hiver. Quelles que soient la région et la saison, l'ensoleillement quotidien dure neuf heures en moyenne. L'alizé continental, qui souffle suivant un axe nord-est, contribue largement à l'avancée du désert. La saison des pluies, ou hivernage, court en principe de juin à septembre, elle n'affecte que le sud du pays. En 1984-1985 et 1991-1992, le pays a dû faire face à la sécheresse. Avec une pluviométrie n'atteignant que la moitié de son niveau normal, les conséquences sur l'élevage et les cultures ont été désastreuses. En revanche, l'année 2010 s'est révélée généreuse en pluie et le désert était bien vert cette année-là ! Une bonne année pour les cultures et la Guetna.

Orage dans le désert

Dans le nord-est de la Mauritanie, les rares pluies peuvent être accompagnées d'orages. Et en plein désert un orage est un spectacle dont vous vous souviendrez toute votre vie. Si, en plus, vous êtes réveillé en pleine nuit par les éclairs, votre stupéfaction n'en sera que plus grande. L'air déjà lourd, car malgré la nuit, il fera entre 25 et 30 °C, deviendra presque suffocant, l'atmosphère se chargera d'électricité. Vous serez alors témoin d'un de ces spectacles, que seule la nature peut vous offrir. Avant d'aller vous mettre à l'abri dans le véhicule, et pour peu que les éclairs précèdent la pluie, vous ne pourrez vous empêcher d'admirer à l'air libre cette superbe vision. Aux quatre points cardinaux, aucun relief ne s'y opposant, les éclairs déchireront le ciel, avec une luminosité décuplée, embrasant l'intégralité du panorama s'offrant à votre regard. Le bruit assourdissant qui les accompagnera semblera être d'une puissance inconnue sous nos latitudes.

Par moments, vous y verrez comme en plein jour, la succession des zébrures dans le ciel étant de plus en plus rapide. La puissance développée par les éléments provoquera chez vous un sentiment d'impuissance et d'humilité rare. Les premières gouttes, chaudes, énormes et très agréables, arriveront, puis leur multiplication vous fera rapidement gagner l'abri que représente votre 4x4. Le spectacle continuera sous vos yeux, toujours aussi dantesque, même si la protection de votre voiture fait un peu baisser votre taux d'adrénaline. Les gouttes s'espaceront, les coups de tonnerre perdront de leur intensité en s'éloignant, vous irez respirer dehors cette atmosphère étonnamment fraîche, dans cet environnement minéral chauffé à blanc quelques heures auparavant, avant de finir votre nuit sur la banquette du véhicule. Dame nature, au petit matin, vous réservera une autre surprise. En plus de devoir zigzaguer entre les flaques, le sol tellement aride par endroits ne pouvant absorber cet afflux d'eau si brusque, vous vous frotterez les yeux pour être certain que ce qui s'offre à votre regard est bien la réalité. D'innombrables graines qui attendaient ces précipitations salvatrices, certaines depuis plusieurs années, sagement blotties quelque part dans le sol, auront germé en quelques heures. Un couvert végétal, incongru en ces lieux, disparate mais bien présent, donnera au désert un incroyable air de famille avec le gazon de Wimbledon à la fin du tournoi. Cette végétation aura une existence éphémère et sera capable d'attendre pour revivre les prochaines pluies, dans quelques jours de façon incertaine ou dans quelques années plus sûrement. Ces plantes sont l'exemple même de la fantastique capacité d'adaptation de la nature à un environnement hostile et de la spécificité de la flore du Sahara.

Tempête de sable

Si un jour, vous deviez vous lancer, accompagné d'un chauffeur et d'un guide, dans le désert mauritanien alors que menace ce qui ne serait encore qu'un vent de sable, sachez que ce serait une erreur. En effet, le chauffeur et le guide vous l'auront sûrement dit, et ils savent de quoi ils parlent, s'aventurer sur une piste saharienne, alors que le vent commence à souffler, peut avoir des conséquences fâcheuses. Dans le désert, le vent se lève très vite, et le vent de sable se transformera souvent en tempête de sable. Même hors des massifs dunaires, l'érosion provoque le détachement de petites particules de sable qui se soulèvent dès que le vent apparaît. Si, circuler au milieu d'un vent de sable est difficile, le faire pendant une tempête de sable est impossible.

Les notions de vent et de tempête sont très subjectives, mais vous ferez rapidement vous-même la différence. Lorsque le vent forcira, les grains de sable étant projetés à l'horizontale, et que la densité des matériaux circulant dans l'air réduira la visibilité à moins d'un mètre, vous devrez envisager l'idée de faire face à une tempête de sable. Et quand le guide et le chauffeur vous diront : « On arrête, et mettons l'avant du 4x4 face au vent pour éviter que le sable ne pénètre dans le moteur par le pot d'échappement », vous devrez, non plus envisager cette idée, mais l'accepter. Même vitres fermées, le sable s'immiscera à l'intérieur du véhicule et il ne vous restera plus qu'à attendre que les éléments se calment, en espérant que cette tempête soit la plus courte possible. Il serait d'ailleurs judicieux de dire la moins longue possible, car il n'est pas rare que des tempêtes de sable durent plusieurs heures. En conclusion, il n'existe pas de raisons assez bonnes pour aller contre les conseils de vos accompagnateurs. Ils connaissent le terrain pour y vivre à longueur d'année, ainsi que les caprices de la météo de la région. Mieux vaut écouter leurs avis, même s'ils vous semblent être d'une prudence excessive, plutôt que vos désirs.

Environnement – Écologie

Comme dans tous les pays émergents, la Mauritanie dispose de faibles moyens pour se préoccuper de ce problème. Le parc national du banc d'Arguin (PNBA) et le parc national du Diawling sont cruciaux pour la survie de beaucoup d'espèces animales. Il est important, dans ces conditions, de faire appel au sens civique de chacun pour faire en sorte que ce lieu reste en l'état. Fort heureusement, la route goudronnée reliant Nouadhibou à Nouakchott évite judicieusement le territoire du PNBA. Ce qui est une excellente nouvelle lorsqu'on sait qu'auparavant, les Européens, qui descendaient sur Nouakchott pour vendre une voiture, traversaient le PNBA. Ainsi ne transitent plus aujourd'hui sur cette aire protégée que les personnes motivées par sa découverte. Il faudra bien, un jour, que quelqu'un se penche sur le problème des sacs plastiques. Lorsque vous achetez quoi que ce soit, en Mauritanie comme dans la plupart des autres pays africains, on vous le met immanquablement dans un sac plastique.

Faire – Ne pas faire

La Mauritanie possède une culture différente de la nôtre, aussi il convient de respecter un certain nombre de préceptes lorsqu'on visite ce pays. Ce ne sont pas, pour la plupart, des obligations, simplement des conseils de conduite à adopter si l'on souhaite vivre en harmonie avec les Mauritaniens.

L'observation de ces quelques principes simples doit vous permettre de nouer des relations de confiance avec les Mauritaniens. Ainsi vous rapporterez non seulement d'exceptionnels souvenirs visuels de ce pays, mais aussi des souvenirs de cœur.

- **Vous remarquerez rapidement que les Mauritaniens se saluent longuement,** même s'ils se rencontrent plusieurs fois par jour. Sans en arriver là, un *Malekoum Salam* de votre part en réponse à un *Salamalec Koum* sera très apprécié.

- **Si vous êtes invité à rentrer dans une maison ou sous une tente, la convenance impose de vous déchausser.** Une invitation à dîner ou à déjeuner ne se refuse pas ; si vous mangez dans un plat commun avec les doigts, lavez-vous les mains et n'utilisez que la main droite, car la gauche servant à la toilette est considérée comme impure.

- **Si vous voyagez en couple, évitez les débordements affectifs** trop visibles et ne vous offusquez pas si deux Mauritaniens se tiennent par la main, c'est le signe d'une grande amitié entre eux.

- **Homme ou femme, ne tendez jamais la main en premier vers un Mauritanien du sexe opposé,** certaines femmes se contentent de saluer poliment d'un signe de tête ; chez les hommes, ce cas de figure est plus rare.

- **Au cours de la discussion, abordez avec prudence et tolérance certains sujets sensibles** comme la politique ou la religion.

- **Pendant la période du ramadan, évitez de vous afficher en train de boire, de fumer ou de manger** entre le lever et le coucher du soleil par respect pour les adeptes du jeûne.

- **La tenue vestimentaire doit être en harmonie avec le pays visité,** évitez les habits moulants ou trop courts, comme les shorts. Les femmes doivent veiller à ne pas exhiber leurs jambes : dans la société mauritanienne, il est mieux accepté de dévoiler ses bras et ses épaules, voire sa poitrine, que ses jambes.

- **Il n'est pas plus question de « voler » une photo que de payer pour la prendre,** ces deux attitudes opposées sont à proscrire. Que penseriez-vous d'un Mauritanien vous prenant en photo chez vous grâce à son téléobjectif ? Qu'il se croit au zoo ! Une photo doit être prise avec l'accord du sujet cadré. A ce propos, nous vous rappelons qu'il est formellement interdit de photographier tout ce qui ressemble de près ou de loin à une installation militaire.

- **Les cadeaux, s'ils entretiennent l'amitié, ne doivent pas être faits pour soulager votre conscience,** un peu de bon sens doit vous permettre d'éviter ce genre de bourde. Les dons, médicaments, fournitures scolaires ou autres, sont à effectuer de préférence à un responsable local, instituteur, infirmier, etc.

- **Un bivouac improvisé ne doit pas être transformé après votre passage en un dépôt d'ordures,** emportez vos détritus car si vous les enterrez, ils risquent d'être déterrés, notamment par des chacals, et pollueront ensuite l'endroit.

- **L'eau est en Mauritanie une denrée rare, aussi oubliez vos réflexes de douche à l'occidentale,** frugalité et propreté peuvent s'accorder pour peu que vous y mettiez du vôtre.

- **Ne prélevez rien sur le terrain,** ni vestiges préhistoriques, ni végétaux, ni récoltes.

- **Le marchandage est une coutume autant qu'un art de vivre,** sa pratique demande flegme, humour et surtout beaucoup de patience. Si vous désirez participer à ce jeu en achetant quelque chose, respectez les règles. Il ne sert à rien de casser honteusement les prix et, surtout, n'entamez une négociation que si vous avez réellement l'intention d'acheter.

- **Un dernier point, vous serez immanquablement convié à boire le thé,** ou plutôt les trois thés traditionnels. Cette invitation est un honneur, la refuser est considéré comme une offense, on peut éventuellement ne pas prendre le troisième thé, mais les deux premiers sont incontournables.

Retrouvez l'index général en fin de guide

Passe encore pour des légumes au marché, mais si vous achetez une bouteille d'eau ou un paquet de cigarettes, vous aurez également droit à votre sac. Et ces sacs, on les retrouve inévitablement dans les rues, à la périphérie des villes et même dans le désert, accrochés aux branches des acacias. Quand on sait que ce matériau mettra plusieurs dizaines d'années à se recycler dans la nature, cela fait peur, non ? Autre problème, le cimetière des bateaux. Cet endroit, au sud de Nouadhibou est l'exemple même d'une aide peu ou pas coordonnée provenant de pays riches à destination d'un pays en voie de développement. En effet, gisent ici environ 150 bateaux de pêche, certains de fort tonnage, échoués sur le flanc, voire carrément brisés en deux par la houle. Dans le cadre des accords de pêche bilatéraux entre la Mauritanie et les pays exploitant les ressources halieutiques du pays, ces derniers ont livré à Nouadhibou cette flottille de navires sans se soucier de la formation d'équipages pour les conduire. Résultat, ces bateaux n'ont jamais pris la mer, pour la plupart, et ils rouillent aujourd'hui sans que personne n'y trouve quelque chose à redire. Autre problème, en août 2004, un navire de fort tonnage est venu s'échouer tout au bout de la presqu'île du cap Blanc, dénaturant ainsi le paysage. Etant donné le gabarit du navire, il pourrait bien rester là fort longtemps. D'autre part, la surexploitation des eaux mauritaniennes par des flottes de bateaux-usines coréens, japonais, russes et espagnols ne se soucie pas du renouvellement des poissons et des crustacés prélevés. Les pêcheurs artisanaux se plaignent de la rareté, voire de la disparition de certaines espèces. Il est particulièrement indigne pour l'espèce humaine de voir des requins-marteaux (sur lesquels, seul l'aileron dorsal manque) de plus de 2 m de longueur pourrir sur le port de Nouadhibou simplement parce que des Asiatiques à la libido déficiente pensent que manger l'aileron de cet animal leur permettra de retrouver une virilité défaillante. Et toc !

Parcs nationaux

▶ **Parc national du banc d'Arguin.** Sa superficie couvre de manière égale le domaine terrestre et le domaine maritime et représente au total 12 000 km². Cet espace agit à la façon d'un poumon pour un grand nombre d'espèces animales, notamment ornithologiques. La partie maritime composée de hauts-fonds, d'herbiers et de vasières, joue le rôle de *nursery* pour de nombreuses variétés de poissons. Ces derniers, à leur tour, serviront de repas à la multitude d'oiseaux sédentaires ou seulement de passage dans le parc, mais aussi à ses habitants, les pêcheurs imraguens.

▶ **Parc national du Diawling.** Il a été créé pour répondre à la dégradation des espaces naturels engendrée par les barrages construits sur le fleuve Sénégal. Depuis une dizaine d'années, les gestionnaires du parc ont recréé l'inondation saisonnière, à l'aide de digues et d'ouvrages, principale source de la richesse du parc. Ce parc à visage humain, de 16 000 hectares, reçoit à nouveau la visite d'oiseaux migrateurs tels que des canards, des sarcelles, des hirondelles et autres aigles ou faucons. L'abondance de poissons, pendant l'hivernage, dans ces eaux de faible profondeur attire en quantité aigrettes, cormorans, pélicans et hérons. Les phacochères et les troupeaux de bovins, de caprins et de dromadaires sont attirés par la végétation naissante poussant en quantité sur les rivages libérés par les eaux. Le parc est habité par des Wolofs sédentaires, des Maures de moins en moins nomades et des Peuls.

Faune et flore

La flore

Dans les grandes étendues arides du nord de la Mauritanie, le minéral domine, c'est le domaine des regs et des ergs. La végétation est limitée à des buissons et à de rares acacias.

Dans les oasis, îlots de vie, le palmier dattier est roi. Peu regardant sur la qualité et la quantité d'eau qui lui est nécessaire grâce à son profond enracinement, il favorise sous son feuillage la culture de fruits et légumes. En plus de ses fruits consacrés lors de la fête des Dattes, la Guetna, qui a lieu dans les oasis en juillet-août, le palmier dattier sert à fabriquer des clôtures et des poutres. Plus au sud s'étend la savane sahélienne. La végétation se densifie, le gommier, dont la gomme arabique a longtemps constitué une importante source de revenus pour le pays, apparaît. Puis c'est au tour du baobab dont le fruit, le pain de singe, fait le régal des enfants. Dans le baobab, tout est bon. Ses feuilles servent à l'élaboration de sauces accompagnant les plats, sans oublier ses bienfaisantes vertus antidiarrhéiques. Ses graines sont riches en vitamines et son écorce très fibreuse est utilisée dans la fabrication de cordages. A l'extrême sud, les forêts-galeries abritent une végétation dense le long des écoulements d'eau.

Addax.

La faune

Sans remonter à 6 000 ans, époque à laquelle, la Mauritanie bénéficiant d un climat humide, les éléphants et les hippopotames se partageaient le pays, il faut bien reconnaître que le XXe siècle a vu disparaître une bonne partie de la faune mauritanienne. Il faudrait un miracle pour que, de nos jours, vous aperceviez une autruche, une gazelle ou un guépard des sables.

En revanche, le désert abrite toujours différentes espèces de chacals, d'hyènes et de renards, dont le plus caractéristique est le fennec, avec ses grandes oreilles. Ces prédateurs raffolent des lézards, insectes et autres gerboises. Plusieurs variétés de scorpions et de serpents complètent la faune spécifique du désert. Mais, rassurez-vous, ces bestioles fuient la présence de l'homme et à moins de les rechercher en soulevant une pierre ou en marchant dessus, vous n'avez que fort peu de risque de vous retrouver en leur présence. Dans le sud du pays, des singes, de rares éléphants et de très hypothétiques lions tentent de résister à la présence de l'homme qui empiète chaque jour un peu plus sur leurs espaces de survie. Quelques crocodiles piégés par le réchauffement climatique subsistent dans de grandes mares aux alentours de Moudjéria et Tamchekket. La façade atlantique, elle, déborde de vie animale. Les eaux mauritaniennes sont reconnues comme les plus poissonneuses de la planète. Elles ont fait d'ailleurs l'objet d'un pillage systématique par les flottes industrielles de chalutiers soviétiques, japonais ou espagnols. Les côtes sont alternativement abordées par un courant froid venant des Canaries et un courant chaud en provenance du golfe de Guinée, ce qui explique l'incroyable diversité de poissons et de mammifères marins qui s'y côtoient. Sans préférence, on peut citer les dauphins, principaux alliés des pêcheurs imraguens qui, comme eux, convoitent les mulets. Les pêcheurs sportifs de la baie du Lévrier traquent les raies, les daurades et les mérous. Il n'est pas rare que des pêcheurs ramènent également des barracudas, des bars, des thons et des maquereaux, sans oublier les poulpes et les langoustes. Vous comprenez mieux pourquoi ces eaux ont fait l'objet de tant de convoitises. Une telle abondance ne peut laisser indifférent un prédateur comme le requin, dont de nombreuses espèces fréquentent les eaux mauritaniennes, heureusement le plus souvent au large. Au nord de Nouadhibou, le cap Blanc abrite une espèce en voie de disparition, le phoque moine. Ils sont aujourd'hui réduits à environ 500 représentants sur la planète, la seule colonie du cap Blanc étant estimée à environ 200 individus jusqu'en 1997. Cette côte est faite de hautes falaises abritant des grottes inaccessibles à l'homme et constitue ainsi un territoire idéal aux femelles qui donnent naissance, tous les deux ans, à un seul petit. Le phoque moine, qui atteint un poids de 300 kg pour une longueur de 3 m une fois adulte, n'a aucune peine à se nourrir dans des eaux aussi généreuses.

Histoire

De l'origine à l'ère chrétienne

Eléphants, hippopotames, girafes et antilopes sont les principaux représentants de la faune mauritanienne. Le climat humide qui y règne les attire en grand nombre. De nombreux lacs intérieurs et les rivages de l'océan Atlantique, recouverts d'une impénétrable mangrove, abritent toutes sortes de poissons et de coquillages. Non, vous ne rêvez pas. Cette description est bien celle de la Mauritanie, mais telle qu'elle était 6 000 ans avant l'ère chrétienne !

C'est la période à partir de laquelle les scientifiques possèdent des données fiables sur les populations vivant dans cette partie du Sahara. Car si les premières traces de présence humaine datent du Paléolithique inférieur (environ 600 000 ans avant notre ère), la plupart des connaissances concernant le climat et le mode de vie des hommes qui constituent la société d'alors doivent être prudemment au conditionnel. Une certitude néanmoins, l'évolution des outils qu'utilisent ces hommes : d'abord de simples galets, puis des cailloux éclatés donnant un semblant de tranchant sur une face. La découverte du feu permet la fabrication de lames, de hachoirs, puis d'outils de plus en plus élaborés utilisables sur leurs deux faces. Certains de ces ustensiles sont dotés d'un prolongement que l'on peut assimiler à un manche. Cette civilisation agropastorale regroupe des représentants berbères généralement nomades et éleveurs et des Noirs plutôt sédentaires et agriculteurs.

A partir du Néolithique (8 000 ans avant notre ère), apparaît au nord du Niger, puis au nord de la Mauritanie, une civilisation de chasseurs attirée par le gibier décrit précédemment. Ce peuple pratique également la pêche et la récolte de coquillages le long des rivages de l'océan et autour des lacs intérieurs. Le climat d'alors est essentiellement humide, entrecoupé de très courtes périodes plus sèches. La découverte de la céramique en Mauritanie (4 000 ans avant notre ère) va changer fondamentalement le quotidien de ces hommes. Les récipients en terre cuite ou en poterie permettent non seulement de cuire la nourriture, mais également de la stocker et donc de la conserver ; ce qui leur permet de ne plus être tributaires des aléas climatiques qui déterminent en grande partie l'abondance du gibier. Cette découverte amène également les hommes à se sédentariser et à pratiquer l'élevage de bovins (environ 2 000 ans avant notre ère). Petit à petit, les chasseurs découvrent l'arc, les pêcheurs l'hameçon et le harpon. Dans la région de Tichit, apparaissent des cultivateurs de mil (environ 1 000 ans avant notre ère). Fait notable à l'époque, les centaines de villages situés le long des falaises autour de Tichit et Oualata sont constitués de maisons en pierre sèche, dotées de plusieurs pièces et même de dépendances, pour certaines. Au cours du dernier millénaire avant notre ère, l'avancée du désert par le nord se fait de plus en plus pressante.

Durant cette période, des populations venues d'Afrique du Nord amènent avec eux le cheval et les « chars » représentés en nombre sur les peintures rupestres. Ces chars servent au transport des biens et des personnes ou sont représentatifs du pouvoir de leurs propriétaires. Les chevaux ne supportant pas les conditions climatiques imposées par l'avancée du désert, ils ne survivent pas et sont remplacés au début l'ère chrétienne par le dromadaire. Au cours de cette période, les hommes découvrent les mines de cuivre d'Akjoujt, encore en service de nos jours. Grâce à des forges rudimentaires, le minerai extrait est transformé en armes, outils et bijoux.

De l'ère chrétienne à la présence européenne

À l'origine, Berbères et Noirs se partagent le territoire, puis sous l'influence du climat, les Noirs migrent vers le sud et les Berbères vers le nord. Ces derniers, avec l'apparition du dromadaire vers le IIe siècle, s'adaptent au climat et à la vie nomade. De plus, ils plantent des palmiers dattiers près des sources, créant ainsi les oasis. Vers la fin du Ier millénaire, la Mauritanie devient l'une des principales voies pour le passage des caravanes faisant commerce entre l'Europe et l'Afrique noire. Les tissus, les bijoux et les parfums du Vieux Continent s'échangent principalement contre l'or des empires négro-africains. Passant alternativement sous la domination des Almoravides et de l'empire du Ghana, la Mauritanie subit, vers 1400, une deuxième vague d'arabisation. Les tribus hassanes, venues de Haute-Egypte, combattent les tribus berbères, composées en grande partie de pasteurs nomades non arabisés. Les Hassanes finissent par l'emporter et imposent leur langue, le hassanya, toujours pratiqué de nos jours. Le processus d'arabisation est en marche, on parle dorénavant d'Arabo-Berbères. Les émirats installés par les tribus hassanes tiennent le pays tant bien que mal, jusqu'à l'arrivée des Européens, et plus particulièrement des Français installés au Sénégal depuis 1638. La véritable pénétration française ne commence que vers 1885. Entre-temps, les Maures, mélange ethnique produit par les Arabo-Berbères, les tribus locales et les tribus conquérantes, doivent toujours faire face aux visées expansionnistes des royaumes noirs limitrophes. Menant à la fois la guerre sainte (*djihad*) contre les Bambaras animistes du royaume de Ségou au Mali et une farouche résistance à la pression française venant du Sénégal, leur chef emblématique, El Hadj Omar Tall, instaure l'islam en religion d'État au XIXe siècle. Ce n'est que vers la fin du siècle que la puissance de l'armée française prend le pas sur la résistance maure, affaiblie par des dissensions ethniques et raciales.

L'Empire du Ghana

Fondé au IVe siècle par des Berbères, l'empire du Ghana est devenu au fil des siècles un territoire prospère grâce au commerce transsaharien des esclaves, du sel et surtout de l'or. Très vite gouverné par les Négro-Africains, il s'étend du Sénégal au Niger en passant par le sud de la Mauritanie.

Koumbi Saleh la capitale, située au sud de la première région de la Mauritanie d'aujourd'hui, est une cité florissante de 20 000 habitants. Le Ghana animiste fait preuve d'une grande tolérance à l'égard des musulmans puisque sa capitale est dotée d'une douzaine de mosquées. Aoudaghost, située aux confins des IIe et IXe régions mauritaniennes, est une cité caravanière prospère de 6 000 habitants. En 1054, Aoudaghost est pris par les Almoravides qui ont lancé le djihad, la guerre sainte, contre le Ghana animiste. Le déclin de l'empire du Ghana est alors amorcé. C'est bientôt au tour de la capitale, Koumbi Saleh, de se rendre aux Almoravides et à leur chef Aboubakr ibn Omar en 1076. C'est pratiquement la fin de l'empire du Ghana, qui survivra jusqu'au début du XIIIe siècle avant d'être annexé à l'empire du Mali. L'une des principales conséquences pour la région est la conversion à l'islam de la majeure partie de la population, y compris celle d'origine négro-africaine.

De l'occupation française à l'indépendance

Les premiers Européens à avoir mis le pied en Mauritanie sont vraisemblablement des Portugais. En effet, en 1443, ils installent dans la baie d'Arguin un comptoir commercial. A l'époque, le commerce de la gomme arabique est florissant, la Mauritanie en est un gros producteur et son exportation s'effectue par ce comptoir. Les puissances européennes lorgnent farouchement sur ce comptoir pour y faire accoster leur flotte marchande. Successivement, il passe aux mains des Hollandais, des Anglais, des Hollandais à nouveau, des Français, encore des Hollandais et enfin, cette fois-ci de façon définitive pour ce qui concerne la présence européenne, des Français en 1724. Mais cette présence européenne se limite essentiellement à ce comptoir, les rares expéditions à l'intérieur du pays ne débouchent sur rien de concret. Le premier Européen à réussir la traversée du sud au nord du pays est Léopold Malet, en 1850. Le général Louis Faidherbe, gouverneur du Sénégal, et son armée franchissent le fleuve Sénégal et annexent sa rive droite sous prétexte que l'insécurité règne dans cette région. A la tentative par la méthode douce de Xavier Coppolani, qui tente de pacifier la région du Tagant en 1902 mais est assassiné trois ans plus tard, succède l'occupation militaire conduite par le général Gouraud à partir de 1907. Ses troupes occupent successivement Atar en 1909, Tichit en 1911 puis Oualata en 1912 où l'émir Ahmed Ould Aïdah, leader des opposants, est fait prisonnier. En 1920, la Mauritanie devient une colonie française rattachée à l'Afrique occidentale française bien que le pays soit loin d'être pacifié. Mais il est vrai que, dans le même temps en Europe, l'armée française a dû faire face, avec le premier conflit mondial, à d'autres urgences. Les tribus R'Gueïbalt et Oulad Bousbah, derniers bastions de la résistance à la pénétration française, tiennent jusqu'en 1934 et ce n'est que deux ans plus tard que l'occupation quasi totale du territoire est réalisée dans les faits.

Chronologie

▶ **Environ 600 000 av. J. -C. >** Première trace de présence humaine datant du paléolithique inférieur. Peu d'informations fiables sur cette période.

▶ **8 000 av. J. -C. >** Néolithique. Apparition d'une civilisation de chasseurs attirés par le gibier.

▶ **4 000 av. J. -C >** Découverte de la céramique.

▶ **2 000 av. J. - C. >** Semi-sédentarisation des hommes qui deviennent éleveurs.

▶ **IIe siècle >** Apparition du dromadaire.

▶ **IVe siècle >** Création de l'Empire du Ghana animiste, par des Berbères, qui va prospérer pendant plusieurs siècles grâce au commerce des esclaves, de l'or et du sel.

▶ **1054 >** Les Almoravides musulmans prennent Aoudaghost, la capitale économique de l'Empire du Ghana.

▶ **1076 >** C'est au tour de la capitale, Koumbi Saleh, de tomber aux mains des Almoravides. La guerre sainte est gagnée.

▶ **1147 >** Fin de la domination des Almoravides musulmans.

▶ **Début du XVe siècle >** Seconde vague d'arabisation menée par des tribus hassanes, venues de Haute Egypte. Elles devront lutter d'abord contre les tentatives d'invasion des royaumes noirs voisins, puis plus tard contre la pression de la France venant du Sénégal.

▶ **1885 >** L'armée française prend le dessus sur la résistance maure dirigée par l'emblématique El Hadj Omar Tall.

▶ **1907 >** Le Général Gouraud occupe petit à petit l'ensemble du territoire.

▶ **1920 >** La Mauritanie devient une colonie française rattachée à l'Afrique occidentale française (A-OF).

▶ **1946 >** La Mauritanie devient Territoire d'Outre-Mer.

▶ **1956 >** La loi Defferre donne au territoire l'autonomie interne.

▶ **1957 >** Premiers accrochages entre l'Armée de Libération Nationale et l'armée française.

▶ **28 novembre 1960 >** La république islamique de Mauritanie devient indépendante. Son premier président est Mokhtar Ould Daddah.

▶ **1975 >** La Mauritanie occupe le Sud du Sahara occidental, quitté par les Espagnols.

▶ **10 juillet 1978 >** Ould Daddah est renversé par Mustapha Ould Saleck.

▶ **1979 >** La Mauritanie se retire du Sahara occidental.

▶ **12 décembre 1984 >** Le colonel Maaouya Ould Sid'Ahmed Taya s'installe à la tête de l'Etat.

▶ **1989 >** Graves affrontements raciaux entre Maures et Négro-Africains.

▶ **24 janvier 1992 >** Première élection présidentielle. Maaouya Ould Sid'Ahmed Taya est élu.

▶ **12 décembre 1997 >** Maaouya Ould Sid'Ahmed Taya est réélu lors de la deuxième élection présidentielle.

▶ **8 juin 2003 >** Première tentative de coup d'Etat sérieuse contre Maaouya Ould Sid'Ahmed Taya, elle avortera.

▶ **De juin 2003 à août 2005 >** De nombreux mouvements sociaux ébranlent le pays et plusieurs tentatives de putschs échouent.

▶ **3 août 2005 >** Un coup d'Etat renverse le président mauritanien Maaouya Ould Sid'Ahmed Taya. Le nouvel homme fort de la Mauritanie est le colonel Ely Ould Mohamed Vall.

▶ **25 mars 2007 >** Election présidentielle. Sidi Mohamed Ould Cheikh Abdallahi est élu président de la Mauritanie.

▶ **6 août 2008 >** Coup d'état militaire orchestré par le général Mohamed Ould Abdel Aziz.

▶ **Juillet 2009 >** Abdel Aziz est donné vainqueur des élections présidentielles, à l'issue d'un vote contesté.

La Constitution française du 27 octobre 1946 donne à la Mauritanie le statut de territoire d'outre-mer ce qui lui offre la possibilité d'envoyer à l'Assemblée nationale française un député, Horma Ould Babana, qui, dix ans plus tard s'exilera au Maroc pour y fonder l'Armée de libération nationale. Après une timide revendication marocaine sur la Mauritanie en 1955, la loi Defferre donne au pays l'autonomie interne en 1956. En janvier 1957, des accrochages sont signalés dans le nord du pays entre l'Armée de libération nationale de l'ex-député Horma Ould Babana et les militaires français. L'année suivante, le roi du Maroc, Mohamed V, revendique le territoire, cette fois très officiellement. Dans le même temps, les populations noires demandent leur rattachement au Sénégal. La république islamique de Mauritanie est proclamée, et devient indépendante le 28 novembre 1960, mettant ainsi fin aux convoitises. L'occupation française a été moins marquante en Mauritanie que dans la plupart des autres colonies d'Afrique. La France souhaitait avant tout sécuriser un passage entre ses colonies d'Afrique du Nord et le Sénégal, pour que le commerce transsaharien prospère. Avoir l'intégralité du pays sous son contrôle ne présentait pas un grand intérêt, ni sur le plan commercial, ni sur le plan stratégique. D'autre part, la fierté des combattants mauritaniens et leur parfaite connaissance de leur territoire leur ont permis bien souvent de se replier loin de toute présence française, ce désert immense pouvant devenir très rapidement inhospitalier à qui ne le connaît pas parfaitement.

Les années post-indépendance

Sous la présidence de Mokhtar Ould Daddah, premier président de la jeune république, la Mauritanie gagne sa place sur l'échiquier international avec l'entrée à l'Organisation des Nations unies en 1961 et la reconnaissance par le Maroc en 1969. La visite officielle du président Georges Pompidou, deux ans plus tard, confirme le nouvel Etat. Mais de graves troubles intérieurs déstabilisent le pays, les ouvriers, les étudiants, le monde paysan accablé par la sécheresse manifestent en nombre. En 1975, le Maroc et la Mauritanie se partagent le Sahara occidental que l'Espagne quitte, créant ainsi la très éphémère XIIIe région mauritanienne. Le Front Polisario (Front populaire pour la libération de la Saguia el-Hamra et du Rio de Oro), mouvement armé pour la création d'un Etat indépendant en lieu et place de l'ancienne colonie espagnole, ne l'entend pas de cette oreille. Malgré le soutien militaire marocain, puis français en 1977, l'armée mauritanienne ne peut empêcher le Front Polisario de mener des raids meurtriers dans le nord du pays et même à Nouakchott, la capitale. La coupe est pleine, le président Mokhtar Ould Daddah est renversé par un coup d'Etat militaire fomenté par le lieutenant-colonel Mustapha Ould Saleck, le 10 juillet 1978. Très vite, les nouveaux dirigeants du pays s'emploient à régulariser la situation avec le Front Polisario en signant avec lui un cessez-le-feu en octobre 1978 puis en se retirant de la XIIIe région suite aux accords d'Alger du 5 août 1979. La Mauritanie reconnaît la République arabe sahraouie démocratique en 1984. Entre 1978 et 1984, la vie politique mauritanienne est marquée par plusieurs tentatives de coups d'Etat. Finalement, le 12 décembre 1984, le colonel Maaouya Ould Sid Ahmed Taya s'installe à la tête de l'Etat. La politique du nouvel homme fort du pays se traduit par l'émergence d'une certaine forme de démocratie. Des élections municipales se tiennent dans les treize capitales régionales en 1986 puis trois ans plus tard dans 164 communes rurales. Cette décentralisation est une grande première dans le pays. En 1989, de terribles affrontements raciaux opposent Maures et Négro-Africains, faisant de nombreuses victimes de part et d'autre. Des Mauritaniens vivant au Sénégal en sont expulsés et des éleveurs noirs sont renvoyés de Mauritanie. Le mois d'août voit la rupture des relations diplomatiques entre la Mauritanie et le Sénégal, il faudra attendre 1992 pour que la frontière entre les deux pays voisins soit rouverte. Sous la pression internationale, le colonel Taya promulgue une nouvelle constitution en 1991, qui autorise notamment le multipartisme et la liberté de la presse. Lors de la première élection présidentielle, le 24 janvier 1992, plusieurs partis présentent un candidat, le colonel Taya est élu avec 62 % des suffrages. Sans être une garantie absolue de régularité, remarquons simplement que ce pourcentage relativement faible (même si dans les démocraties occidentales beaucoup d'élus s'en féliciteraient) est plutôt un gage de confiance pour un continent où beaucoup d'élections, dites démocratiques, se soldent par des résultats souvent supérieurs à 90 %. Le processus démocratique est conforté par l'élection de 56 sénateurs et 79 députés. Malgré des entorses aux libertés de plus en plus nombreuses, notamment en ce qui concerne la presse, les instances internationales soutiennent l'économie mauritanienne tant au niveau du Fonds monétaire international que de la Banque mondiale.

La contrepartie étant que l'endettement par rapport à son produit intérieur brut de la Mauritanie est le plus élevé des pays africains. Le pays semble avoir acquis une relative stabilité politique comparativement à ses voisins de l'Afrique de l'Ouest, sévèrement affaiblis par la spectaculaire dévaluation du franc CFA en 1994, ou à l'Algérie, confrontée directement à la montée du terrorisme. Les relations franco-mauritaniennes sont au beau fixe. A la visite officielle du président Sid Ahmed Taya en France en 1993 répond celle du président Jacques Chirac en 1997. Le 12 décembre 1997, lors de l'élection présidentielle boycottée par l'opposition, Maaouya Ould Sid Ahmed Taya est réélu avec 90 % des voix. Après s'être isolée du monde en 1991 par son soutien à Saddam Hussein lors de la guerre du Golfe, la Mauritanie reconnaît Israël en octobre 1999. L'opinion publique ayant pris fait et cause pour les Palestiniens, une certaine agitation urbaine voit le jour. En juillet 1999, la Mauritanie rétablit le visa pour les ressortissants français à la suite de l'arrestation en France d'un capitaine de l'armée mauritanienne accusé d'avoir pratiqué la torture dans son pays au début des années 1990. Remis en liberté sous contrôle judiciaire, il quitte clandestinement la France en avril 2000. Les rapports avec l'Irak se détériorent et aboutissent, en novembre 1999, à la fermeture de son ambassade. La brouille avec l'Irak, le rapprochement avec Israël, incitent les Etats-Unis à s'intéresser de plus près à la Mauritanie. L'éloignement franco-mauritanien consécutif au rétablissement du visa pour les Français agit comme un appel d'air pour les Etats-Unis qui s'empressent de signer d'importants accords commerciaux avec le pays.

La Mauritanie aujourd'hui

Le 8 juin 2003, la Mauritanie est secouée par une tentative de coup d'Etat perpétrée par Saleh Ould Hanana, ancien commandant d'artillerie dans l'armée mauritanienne, et quelques acolytes. Pendant une trentaine d'heures, ils vont tenter de liquider physiquement le président Maaouiya Ould Sid Ahmed Taya en bombardant la présidence ; ils vont ouvrir les portes de la prison de la capitale et en libérer ses occupants pour accentuer la pagaille, mais en vain. Bientôt des renforts légalistes affluent de Boutîlimit, d'Atar et de Rosso et les putschistes n'ont plus qu'à prendre la poudre d'escampette pour s'évanouir dans le désert, probablement vers le nord-est et la frontière malienne. Entre juin 2003 et août 2005, de nombreux mouvements sociaux ébranlent le pays et plusieurs tentatives de putschs échouent. Le 3 août 2005, alors qu'il revenait des obsèques du roi Fahd, en Arabie Saoudite, le président mauritanien Maaouiya Ould Sid' Ahmed Taya est renversé par un coup d'Etat. Les 17 putschistes du Comité militaire pour la justice et la démocratie (CMJD) ont annoncé leur intention de rester au pouvoir deux ans au maximum. Ils affirment vouloir mettre fin à une dérive « totalitaire » et ramener le pays vers une véritable démocratie. Le nouvel homme fort de la Mauritanie est le colonel Ely Ould Mohamed Vall. Le 19 juin 2006, l'ancien président mauritanien, Maaouiya Ould Sid'Ahmed Taya, renversé le 3 août 2005 et actuellement en exil au Qatar, est pressenti comme étant le cerveau du complot découvert à Nouakchott. Le 25 juin 2006, premier pas vers ce retour à la démocratie. Les électeurs approuvent massivement la réforme constitutionnelle visant à remettre la Mauritanie sur la voie de la démocratie. Le « oui » l'emporte en effet à plus de 96 %. Cette réforme soumise par référendum aux citoyens propose notamment d'interdire au chef de l'Etat d'accomplir plus de deux quinquennats et de rester en fonction au-delà de 75 ans. La date de l'élection présidentielle est fixée au le 11 mars 2007. Lors du second tour du 25 mars 2007, Sidi Mohamed Ould Cheikh Abdallahi est élu président de la Mauritanie. Il obtient 52,85 % des suffrages exprimés contre 47,15 % pour son rival, Ahmed Ould Daddah. La participation s'établit à 67,48 %. Il est à noter que le colonel Ely Ould Mohamed Vall, instigateur du coup d'Etat du 3 août 2005, a respecté les deux promesses qu'il avait faites lors de son arrivée au pouvoir : ne pas rester au sommet de l'Etat plus de 2 ans et ne pas se présenter à l'élection. En août 2008, après avoir été limogé par Abdallahi avec trois autres militaires, le général Mohamed Ould Abdel Aziz, ex-chef de la garde présidentielle, prend les commandes d'un coup d'état qui renversera le pouvoir de l'ancien président. Abdallahi et son premier ministre Yahya Ould Ahmed Waghf seront arrêtés. Les généraux putschistes s'organiseront en Conseil d'État, avec Abdel Aziz à sa tête. En avril 2009, il quittera finalement ce poste dans l'optique de se présenter aux présidentielles organisées en juillet. Les résultats, bien que contestés par de nombreux journalistes et intellectuels, le donnent vainqueur.

Politique et économie

POLITIQUE

Depuis l'arrivée au pouvoir de Mohamed Ould Abdel Aziz en juillet 2009, certains des éléments suivants pourraient subir des modifications.

Structure étatique

La Constitution. Comme beaucoup d'anciennes colonies françaises ayant accédé à l'indépendance dans les années 1960, la Mauritanie a adopté une Constitution assez proche du système français. Au niveau du pouvoir exécutif, représenté par le président de la République et le Premier ministre, comme au niveau du pouvoir législatif entre les mains du Parlement, constitué de l'Assemblée nationale et du Sénat. Le 25 juin 2006, les Mauritaniens approuvent massivement (96 %) la réforme de la Constitution. Les principales mesures de cette révision sont l'interdiction faite au Chef de l'Etat d'exercer plus de deux mandats, ces derniers étant ramenés à 5 ans et l'impossibilité d'occuper cette fonction au-delà de 75 ans.

Les pouvoirs. L'exécutif, confié au Premier ministre et au président de la République, est cependant dominé par ce dernier. C'est en effet lui qui choisit le Premier ministre et les ministres. L'élection présidentielle s'effectue au suffrage direct, le président est élu pour 5 ans. S'agissant de ses prerogatives, il peut dissoudre l'Assemblée nationale et consulter les Mauritaniens par référendum. Le législatif est assuré par le Parlement. Celui-ci comprend les 95 membres de l'Assemblée nationale et les 56 membres du Sénat. Les députés, élus au suffrage direct pour 5 ans, peuvent voter une motion de censure. Les sénateurs, dont le président assure l'intérim du pouvoir en cas d'empêchement du président de la République, sont élus au suffrage indirect pour 6 ans. La régularité des élections et la vérification de la légalité des lois votées par le Parlement, dans le respect de la Constitution, sont assurées par le Conseil constitutionnel. Ce dernier comporte trois membres nommés par le président de la République, deux par le président de l'Assemblée nationale et un par le président du Sénat. Ces 6 membres ont un mandat de 9 ans non renouvelable. A titre consultatif, le Haut Conseil islamique et le Conseil économique et social peuvent être saisis.

Partis

La Constitution de 1991 a permis la création de partis politiques de toutes tendances, sauf islamique. Le Parti républicain démocratique et social (PRDS) était celui du président Taya. Le Rassemblement pour la démocratie et l'unité nationale (RDU) faisait partie de la majorité qui soutenait le président. L'opposition était représentée principalement par l'Union des forces démocratiques (UFD) jusqu'à sa dissolution par le Gouvernement en octobre 2000. L'opposition mauritanienne s'est souvent présentée divisée aux différents scrutins, allant même jusqu'à boycotter l'élection présidentielle de 1997. Entre le coup d'état de 2005 et l'élection présidentielle de mars 2007, tout a été remis à plat, les partis dissous ou renommés.
Le paysage politique n'en est que plus flou depuis l'accès du général Mohamed Ould Abdel Aziz au poste de président.

Coalition des Partis majoritaires (CPM) : partis politiques soutenant le président actuel (PRDR, UPR, RD, HATEM-PMUC, UCD).

Coalition de l'Opposition démocratique (COD) : partis politiques de l'opposition (APP, RFD, UFP, PNDD-ADIL, Alternatif ou El-Badil).

Enjeux actuels

En Mauritanie, la politique du président Abdel Aziz n'est pas du goût de tout le monde. Sous l'impulsion des révolutions dans le monde arabe début 2011, plusieurs manifestations anti-régime ont bravé l'interdiction de rejoindre la rue, sans jamais dépasser plusieurs centaines de manifestants. On se souvient également de ce Mauritanien de 43 ans qui s'était immolé par le feu en janvier 2011 dans sa voiture, devant le sénat mauritanien. Si les revendications pour plus de démocratie existent réellement, le dernier coup d'état est encore dans les mémoires, ce qui explique en grande partie la faible implication de la population dans ces manifestations.

ÉCONOMIE

Principales ressources

Agriculture. Depuis toujours agropastorale, l'économie mauritanienne a été contrainte, à cause de sécheresses répétées, de s'orienter vers davantage de culture et moins d'élevage. Les troupeaux sont les premières victimes lorsque la pluviométrie est insuffisante. La société s'en est trouvée modifiée, les éleveurs dont les troupeaux avaient été décimés n'ayant pas d'autres solutions que de se sédentariser. Le cheptel se compose de bovins, de moutons, de chèvres et, de plus en plus rarement, de dromadaires à cause de la raréfaction des caravanes. L'élevage est l'activité principale des Maures. La culture se limite au sud du pays et dans les oasis. Les productions principales sont le riz, le mil, le sorgho, le maïs et les patates douces dans la Chemama. Les oasis produisent surtout des dattes, des tomates et des oignons. En plus des modifications climatiques, les récoltes doivent composer avec de ponctuelles mais terribles invasions de criquets et autres sauterelles. De nos jours, l'économie agropastorale occupe environ 50 % de la population active.

La pêche. Les eaux les plus poissonneuses du monde se trouvent sur la façade maritime du nord du pays. Cela explique certainement que, jusqu'à 1989, les côtes mauritaniennes ont été pillées par une kyrielle de chalutiers industriels et autres navires-usines des flottes soviétiques, japonaises et coréennes. Depuis cette date, sans doute conscientes de l'épuisement des ressources halieutiques, les autorités du pays ont réglementé la pêche. Les Mauritaniens n'appréciant que modérément le poisson, l'essentiel des prises est destiné à l'exportation. Il existe également une pêche artisanale pratiquée par des hommes qui, malgré leurs pirogues à moteur, prennent des risques insensés pour franchir la barre longeant les côtes afin d'arriver sur les lieux de pêche.

Fer et autres métaux. En plein désert, dans le nord du pays, le gisement de fer de la Kediet ej-Jill permet à la Mauritanie d'avoir une rentrée de devises conséquente. Ces revenus sont néanmoins soumis aux fluctuations du marché international, malgré l'exceptionnelle qualité du minerai extrait. Il a fallu créer une ville, Zouérate, pour assurer la production et l'acheminement du minerai vers Nouadhibou. De là, il est expédié par des minéraliers vers les pays industriels. La ligne de chemin de fer entre Zouérate et Nouadhibou, longue de plus de 600 km, n'existe également que grâce à la présence du fer à Zouérate. Récemment, de nouvelles découvertes dans un rayon de moins de 100 kilomètres autour de Zouérate ont rassuré les autorités qui s'inquiétaient de l'épuisement du gisement primaire. Des

Chameaux s'abreuvant dans le Sahara.

Les dromadaires trafiquants

La Mauritanie est un paradis pour les fumeurs, car le prix des cigarettes y est très bas. Un paquet de cigarettes américaines blondes aux couleurs rouge et blanc vaut 200 MRO. Une grosse commande permet de le payer encore moins cher. Cet état de fait entraîne un trafic entre la Mauritanie et les Etats voisins. Il existe différentes manières pour faire franchir une frontière à des marchandises prohibées, mais celle que nous vous présentons ci-dessous est certainement une des plus originales. Imaginez un point *A* et un point *B* distants de plusieurs dizaines de kilomètres. Entre les deux, une frontière *F* assez perméable, mais où un contrôle est possible. Une caravane de marchandises en règle s'élance du point *A*, où les dromadaires sont longuement et abondamment abreuvés, pour se rendre au point *B*. La frontière *F* est passée sans encombre. Une fois arrivés au point *B*, les commerçants vendent leurs marchandises le plus normalement du monde, puis restent quelques jours sur place sans faire boire les dromadaires. Un jour, les chameliers chargent les animaux de marchandises illicites (des cigarettes, la plupart du temps) et reviennent rapidement au point *A* sans leurs montures. C'est à ce moment que le tour se joue. Les dromadaires ont la particularité, s'ils sont très assoiffés et libres de leurs mouvements, de toujours revenir au dernier puits où ils se sont abreuvés. Cet instinct naturel de survie les conduit tout naturellement à rejoindre seuls le point *A*, en franchissant au passage la frontière *F*. Ce stratagème fonctionne à 99 %. Dans le cas contraire, si un contrôle intercepte le convoi, les marchandises prohibées sont perdues mais les trafiquants ne sont pas inquiétés puisqu'ils attendent sagement la caravane au point *A*. Les frontières s'étirant sur des milliers de kilomètres, le plus souvent dans des endroits désertiques et difficiles d'accès, il est impossible aux autorités de les surveiller entièrement. De plus, les trafiquants connaissent parfaitement la topographie des lieux.

DÉCOUVERTE

prospections, sur une plus grande échelle, laissent à penser que l'ensemble de la région est riche de ce minerai. Le sous-sol mauritanien renferme également du gypse, du cuivre et de l'or, mais ces gisements ne sont plus ou peu exploités. Les autorités fondent des espoirs sur des gisements de gaz dans l'océan au large de Nouakchott, de phosphates près de la frontière avec le Sénégal et de l'uranium dans le Nord. Du pétrole vient d'être découvert au large des côtes mauritaniennes, reste à savoir si son exploitation sera rentable.

▶ **Les hydrocarbures.** Les autorités fondent des espoirs sur des gisements de gaz dans l'océan au large de Nouakchott, de phosphates près de la frontière avec le Sénégal et de l'uranium dans le Nord. Du pétrole a été découvert au large des côtes mauritaniennes en 2001, et le site a commencé à être exploité en 2006. Reste à savoir si son exploitation sera rentable. Sur ce sujet, c'est un peu le miroir aux alouettes, on entend tout et n'importe quoi, des forages sont également en cours dans la région du Tagant. Bien malin qui peut dire, sur ce sujet sensible, ce qu'il en est réellement. Toujours est-il qu'officiellement, les réserves du gisement offshore de Chinguetti sont estimées à quelque 120 millions de barils. Total, qui exploite des gisements dans la région de Ouadane notamment, a une nouvelle fois annoncé une pause dans ses activités… à suivre.

Place du tourisme

Pratiquement inexistant avant 1995, le tourisme en Mauritanie s'est développé à plus grande vitesse à partir de 1997, les amoureux du désert cherchant à trouver un remplaçant à l'Algérie, à la suite des différents problèmes sécuritaires. Les régions de l'Adrar et du Tagant offrent aux amateurs de désert toute la palette des paysages sahariens. Les villes anciennes sont riches d'un patrimoine culturel reconnu par l'Unesco. Cette reconnaissance permet de lutter contre l'enclavement, l'ensablement et de préserver, notamment à Chinguetti, des manuscrits vieux de plus de mille ans. La Côte atlantique, longue de 750 km, abrite le parc national du banc d'Arguin. Cette réserve, dont l'accès est strictement réglementé, accueille sur plus de 12 000 km² une variété considérable de poissons, de mammifères marins et d'oiseaux. Au nord du banc d'Arguin, se pratique la pêche au gros dans la baie de l'Etoile.

© ALEXO - FOTOLIA

Le littoral mauritanien entre le cap Timirist et la frontière sénégalaise s'étend sur plus de 400 km. Cette plage de sable ininterrompue favorise, au sud de Nouakchott, la pratique du surf. Au nord de Nouakchott, la côte est vierge de toute activité nautique. Si l'on ajoute le sens de l'hospitalité des Mauritaniens, le climat ensoleillé, voire très ensoleillé, au fait que vous ne serez pas, sauf exception, victime de la petite criminalité qui sévit souvent dans les régions touristiques, force est de reconnaître que la Mauritanie possède de bien belles cartes dans son jeu. Comme dans tous les pays sahariens, il est préférable d'aller en Mauritanie entre octobre et avril, afin d'éviter les très fortes températures. Sur la côte atlantique, les alizés rendent la chaleur beaucoup plus supportable, même l'été.

Enjeux actuels

Oui mais voilà, le développement du tourisme en Mauritanie a été stoppé net et reste à l'état embryonnaire. Inexistant voilà une décennie, il a bénéficié de quelques années de vols charters reliant directement Paris, Lyon ou Marseille à Atar, et de l'organisation de circuits principalement ciblés dans la région de l'Adrar, autour des villes d'Atar, Chinguetti, Ouadane et de l'oasis de Terjît. L'histoire du pays et les affinités linguistiques aidant, la Mauritanie a accueilli essentiellement une clientèle originaire de France (plus de 90 % des touristes en Mauritanie sont Français). Cette situation de monopole s'est finalement soldée par de lourdes conséquences pour le tourisme mauritanien, à l'annonce de l'arrêt des vols de Point Afrique vers Atar. Une nouvelle désertification touche actuellement le pays, celle des touristes… Les extensions de circuits organisées dans la région du Tagant autour de Tidjikja, et au parc national du banc d'Arguin, ont été avortées à leurs débuts. Le réseau routier, le principal problème que rencontrait alors la Mauritanie pour le développement de son tourisme, continue de se développer à son rythme, ce qui laisserait présager de bonnes perspectives pour le tourisme si la situation relative à la sécurité s'améliorait rapidement. Des portions de goudron sont actuellement en cours de réalisation d'Atar à Tidjikja et de Tien'Ben (situé entre Bogué et Aleg) à Rosso. Le Sud-Ouest avec le fleuve Sénégal et le parc national du Diawling, faisant office de frontière naturelle sur plus de 800 km et ayant l'avantage d'être situé en zone orange, pourrait bénéficier dans les années à venir d'une nouvelle stratégie en matière de tourisme. Dans une interview donnée au magazine nouakchottois *Citymag* en février 2011, Hamady Samba Bâ, chef du Département Communication à l'Office National du Tourisme mauritanien, déclare que la solution pourrait consister à se tourner vers des pays européens comme l'Espagne et l'Italie, mais aussi et surtout de développer le marché chinois. Une initiative contrariée par les problèmes de la desserte en avion (bien entendu plus longue que depuis la France !) et les barrières linguistiques. L'Université de Nouakchott aurait ouvert une filière d'interprétariat qui accueillerait quelques dizaines d'étudiants mauritaniens, ajoute-t-il.

Population et langues

Population

Population arabo-berbère

Les Maures, autre dénomination des Arabo-Berbères, revendiquent haut et fort leur origine arabe, même s'ils ont pratiquement tous, de près ou de loin, du sang berbère dans les veines. Officiellement les Arabo-Berbères représentent entre 75 et 80 % de la population mauritanienne. Il est probable que ce chiffre est surestimé, les populations négro-africaines ayant un taux de natalité largement supérieur aux Arabo-Berbères. Ces derniers sont à la base de la construction de l'Etat mauritanien pour avoir pris les rênes du pays, dès l'indépendance en 1960. De nos jours, ils assument la quasi-intégralité des responsabilités dans le pays.

Les tribus maures sont très bien organisées, la hiérarchie y est scrupuleusement respectée, l'activité principale de chacun détermine son rang dans la société. En simplifiant, on peut y distinguer les classes dominantes, représentées par les marabouts ou lettrés, et les guerriers. Tous les autres sont appelés les dépendants ou tributaires (car ils devaient payer tribut aux guerriers ou aux marabouts), qu'ils soient affranchis, artisans ou serviteurs. Ils occupent différentes fonctions au sein de la société maure, pasteurs ou bergers pour les tributaires, gardiens de troupeaux ou cultivateurs pour les dépendants. Les musiciens appelés griots et les artisans, qu'ils travaillent le métal, le cuir ou le bois, font également partie d'une caste à statut social inférieur. Même si la présence française et les migrations imposées par les sécheresses répétées ont atténué cette hiérarchie, c'est encore de nos jours une des composantes essentielles de la société maure. Les Maures peuvent être blancs aux yeux clairs, notamment certains Berbères, métis ou noirs s'ils appartiennent à d'anciennes tribus d'esclaves affranchis.

Population négro-africaine

Tout comme chez les Maures, la société négro-africaine est régie par toute une hiérarchie de castes. Ils représentent de 20 à 25 % de la population mauritanienne. La polygamie étant une pratique beaucoup plus répandue chez les Négro-Africains que chez les Arabo-Berbères, ce pourcentage est appelé à augmenter dans les années à venir. Ils occupent pour la plupart le sud du pays, pratiquant l'élevage et la culture dans les zones humides le long du fleuve Sénégal. On distingue cinq ethnies principales.

- **Wolofs.** Principal groupe ethnique au Sénégal, avec deux millions de représentants, ils sont environ deux fois moins nombreux en Mauritanie. Ils restent néanmoins, avec 9 % de la population, la principale composante avec les Toucouleur de la société négro-africaine. La majorité d'entre eux est installée dans la basse vallée du fleuve, vers Rosso.
- **Toucouleurs.** Représentant 8 % de la population, ils cultivent le mil et le sorgho entre autres céréales. Dans la moyenne vallée du fleuve, vers Bogué et Kaédi, ils pratiquent également l'élevage et la pêche. Ils furent islamisés très tôt, bien avant l'arrivée des Almoravides.
- **Sarakolés ou Soninkés.** Très nombreux dans la région de Sélibabi, ce sont les descendants de l'empire du Ghana. Surtout cultivateurs sédentaires, ils vouent un profond respect au cheval. Souvent obligés de s'expatrier pour subvenir aux besoins de leurs familles, ils représentent 4 % de la population mauritanienne.

Peuls. D'abord essentiellement éleveurs bovins, ils ont dû, suite aux sécheresses, se diversifier et pratiquent également de nos jours la culture du mil. A l'origine nomades, on les retrouve sur pratiquement toute la bande sahélienne du continent africain. Ils représentent 4 % de la population.

Bambaras. Avec à peine 1 % des Mauritaniens, les Bambaras, surtout présents à l'est du pays, dans la région de Néma, sont agriculteurs et quelquefois artisans. Cette ethnie est originaire du Mali où elle représente un tiers de la population.

Imraguens. On dénombre environ 3 000 Imraguens sur l'ensemble de la côte, dont 1 250 dans l'enceinte du parc national du banc d'Arguin. Ils ne constituent pas à proprement parler une ethnie essentielle de la société mauritanienne, mais plutôt une minorité établie sur la côte aux alentours du cap Timirist. Ces nomades, d'origine berbère et noire, proches des tributaires maures, se caractérisent par leur méthode de pêche. Deux fois par an, de mars à mai, puis d'octobre à décembre, ils pêchent le mulet en suivant une technique ancestrale. Les Imraguens se tiennent postés sur la plage, des dauphins patrouillent au large. Entre les deux, des bancs de mulets s'agitent, sautent hors de l'eau. Le brouhaha caractéristique provoqué par les mulets est synonyme pour les dauphins d'un festin royal. Lorsque les bancs de mulets passent à proximité des côtes où se trouvent les Imraguens, ceux-ci rentrent dans l'océan et frappent sa surface avec tout ustensile susceptible de reproduire le bruit des mulets retombant dans l'eau. Instinctivement, les dauphins se rapprochent de la côte et poussent les mulets vers les pêcheurs. Ces derniers n'ont plus qu'à les capturer à l'aide de grands filets lestés et équipés de flotteurs. Les poissons qui parviennent à s'échapper servent de repas aux dauphins qui ne se sont pas déplacés pour rien. Une petite partie de cette pêche est consommée sur place, mais l'essentiel est séché avant d'être expédié vers Nouadhibou et Nouakchott. Les œufs de mulets servent à la préparation de la poutargue, sorte de saucisse plate, dont une partie est exportée.

Langues

Les langues officielles sont l'arabe et le français. Les autres langues parlées en Mauritanie sont le poular, parlé par les Peuls et les Toucouleurs, le soninké et le wolof. L'arabe pratiqué en Mauritanie est le hassanyia, un arabe très pur importé dans le pays par des tribus nomades, les Hassanes, venues de Haute-Égypte au XIIIe siècle. En fait, lorsqu'on parle de « langue arabe », il s'agit d'un terme générique. Il existe un arabe littéraire utilisé dans le Coran et certains écrits et une vingtaine d'arabes dialectaux spécifiques à une région ou à un pays. Le hassanya, pratiqué en Mauritanie par 80 % de la population, est l'un de ces dialectes.

Mode de vie

Vie sociale

Famille. Dans ce domaine, nous aurions beaucoup à apprendre de nos amis mauritaniens. Ici, à de rares exceptions près, les liens sont soudés au sein de la cellule familiale, les enfants devenus grands subvenant aux besoins des parents trop âgés pour travailler. Les Africains, en général, et les Mauritaniens, en particulier, sont très étonnés (et le mot est faible) d'apprendre que, chez nous, certains anciens terminent leur vie dans des maisons de retraite !

Santé, retraite. Comme dans tous les pays émergents, l'accès à la santé, la protection sociale et la retraite est réservé à une élite, seule en mesure d'en assurer le coût. Particulièrement dans le sud du pays, les plantes médicinales remplacent, bien souvent avec bonheur, nos antibiotiques.

Habitat. Aujourd'hui, même si un Mauritanien sur deux habite en ville, la tradition reste fortement ancrée dans l'esprit de ceux qui étaient encore, il n'y a pas si longtemps, nomades. De nos jours, il n'est pas rare de découvrir à Nouakchott, une *khaima* (tente maure) installée dans le jardin d'une maison. Il est également fréquent de trouver en périphérie de Nouakchott, notamment sur les routes conduisant à Rosso et à Boutilimit, des *khaimas* où les habitants de la capitale viennent passer le week-end pour se ressourcer et se rapprocher de leurs racines. Les nomades utilisent cette *khaima* lors de la transhumance à la recherche de pâturages pour leurs troupeaux. A l'origine en laine de mouton noir et poil de dromadaire, la *khaima* était noire et résultait du travail des femmes. Cette tente imperméable peut atteindre 50 m² de surface et repose sur deux « V » inversés. La tension de la toile est assurée par des cordes reliées à des piquets plantés dans le sol. Si le vent souffle trop fort, en écartant les « V » inversés, on abaisse la hauteur de la *khaima* pour se préserver ainsi des caprices d'Eole. De nos jours, des tentes blanches en coton tendent à supplanter les traditionnelles tentes noires, même si la résistance aux intempéries et à l'usure du temps de ce nouveau matériau est moindre. Des nattes recouvrent le sol et trois côtés de la *khaima* font office de murs, le quatrième côté étant l'entrée de la tente. Le mobilier est sommaire, car il doit être léger et facilement transportable. Des coussins en cuir, superbement décorés, ornent joliment cette demeure.

Hobbies. A part la chasse à Keur Macène et la pêche largement pratiquée à Nouadhibou, la Mauritanie n'est pas spécialement bien pourvue dans le domaine des jeux, des loisirs et des sports. En revanche, la pratique de la pêche comblera les plus difficiles des pêcheurs, les eaux mauritaniennes étant toujours considérées comme les plus poissonneuses du monde. En Mauritanie, le sport national, c'est la pétanque ! Avis à tous ceux qui, surpris de l'apprendre, mettront au défi leurs amis mauritaniens : la Mauritanie a terminé troisième et a donc obtenu la médaille de bronze aux derniers championnats du monde de pétanque, organisés par la Turquie. Derrière la France certes, mais sur ses talons !

Mœurs et faits de société

La société mauritanienne fonctionne dans le respect de quelques traditions, certaines ancestrales, d'autres beaucoup plus récentes.

Place de la femme. Si dans la plupart des pays musulmans, on pense que la place de la femme est réduite à la portion congrue, c'est moins frappant en Mauritanie. Certes, il n'y a pas si longtemps, les bébés de sexe féminin étaient plus ou moins gavés dans le but d'en faire de futures mères aux formes rassurantes pour leur progéniture. Mais aujourd'hui, les mamans mauritaniennes peuvent être aussi maternelles tout en étant plus sveltes. Les jeunes filles se marient rarement avant 16 ans et le font de plus en plus par choix. A l'occasion d'un mariage, c'est la famille de la femme qui fournit le mobilier, l'homme apportant, en plus d'une dot conséquente, le reste de l'équipement nécessaire à la vie du futur couple. En Mauritanie, le divorce n'est plus une situation exceptionnelle, il peut même être prononcé à la demande de la femme. Le plus élémentaire savoir-vivre impose à l'homme de verser à son ex-femme une compensation financière en plus de la restitution de ses biens mobiliers. La situation de la femme en Mauritanie n'est certes pas idyllique, mais l'est-elle quelque part ? En tous les cas, son évolution va dans le bon sens, et il est intéressant de le remarquer.

Émigration clandestine vers l'U. E.

La Commission européenne a validé un ensemble de mesures afin d'aider la Mauritanie à faire face au flux croissant de clandestins vers les îles Canaries. Ce programme, d'un montant de près de 2,5 millions d'euros, se veut une réponse à l'arrivée massive d'émigrants dans ces îles. Il a été conçu en partenariat avec les autorités espagnoles. Les principales mesures viseront essentiellement à aider la Mauritanie à surveiller ses frontières maritimes et terrestres et à renvoyer les migrants vers leur pays d'origine. Elles mettront l'accent sur des actions destinées en premier lieu à dissuader les clandestins potentiels de quitter leur pays d'origine pour tenter une traversée maritime souvent au risque de leur vie. Ces mesures portent notamment sur les aspects suivants :

- **Couverture des coûts de fonctionnement** de quatre navires de patrouille – donnés par l'Espagne à la Mauritanie – de septembre 2006 à février 2007.
- **Fourniture aux autorités de moyens logistiques** et d'une formation en vue d'une surveillance plus efficace des frontières.
- **Don de fonds consacrés à l'accueil des migrants** et à leur rapatriement dans leur pays d'origine.

Cette prise de conscience de l'Union européenne est consécutive à la forte augmentation de flux migratoires venant d'Afrique noire et ayant pour destination finale l'Europe. Ces clandestins traversent la Mauritanie du sud au nord, quelques-uns tentent de rejoindre les îles Canaries à partir de Nouadhibou, mais l'immense majorité a pour dernière destination terrestre les environs de Tarfaya dans le Sud marocain. Une fois arrivés dans cette région, les clandestins s'entassent dans des embarcations inadaptées à la navigation en mer et, même si les Canaries ne sont qu'à une centaine de kilomètres, nombre de ces barques n'arriveront jamais à bon port. Les images terribles de ces naufragés sont arrivées sur les écrans européens, ce qui a incité le Vieux Continent à réagir.

Même si elle a tendance à s'améliorer, la situation des Mauritaniennes reste peu enviable, selon les critères occidentaux, en ce qui concerne l'accès à l'éducation et le statut de coépouse, même si la situation a plutôt tendance à progresser plus rapidement dans ce domaine que dans d'autres. Sans parler du problème de l'excision.

- **Excision.** C'est la mutilation, partielle ou totale, du clitoris, des petites lèvres et des grandes lèvres de l'organe génital féminin. Les jeunes filles peuvent également subir une infibulation, opération qui consiste à coudre partiellement les petites lèvres, en ne laissant qu'un petit espace pour l'évacuation du flux menstruel et de l'urine. Les conditions d'hygiène dans lesquelles se déroulent ces opérations entraînent souvent des complications sur le plan médical. Quelques-unes des conséquences de cet acte : on peut contracter le tétanos en cas d'infection et ressentir de fortes douleurs lors des rapports sexuels et des accouchements. Les justifications de l'excision des jeunes filles sont, non seulement liées à la religion et à la culture, mais aussi, semble-t-il, au fait que le clitoris étant l'acteur principal de la stimulation sexuelle féminine, une femme excisée est plus passive et moins tentée par une relation extraconjugale. Ce sont souvent les mères qui demandent que leurs filles soient excisées, ce qui ne facilite pas le travail des associations principalement occidentales, mais pas uniquement, militant contre cette pratique. Jusqu'où peuvent-elles intervenir sans que leur action ne puisse être qualifiée d'ingérence dans les pratiques culturelles d'un pays ?
- **La polygamie.** Savez-vous précisément ce qu'est la polygamie ? En fait, sociologiquement, c'est un terme généraliste qui désigne effectivement l'union d'un homme avec plus d'une épouse, mais aussi et plus rarement l'union d'une femme avec plusieurs époux. Dans le premier cas, un homme et plusieurs épouses, le terme exact est « polygynie », dans le second cas, une femme et plusieurs époux, il convient d'employer le terme « polyandrie ». Bien sûr, c'est de polygynie dont nous allons parler. Très répandue dans les pays musulmans, et donc en Mauritanie, cette pratique a séduit tout au long de l'histoire de nombreuses sociétés de par le monde. Un époux retire quelques avantages de la polygynie, elle lui donne un statut social important, ses femmes contribuent, d'autant

plus qu'elles sont nombreuses, aux revenus du foyer et enfin, il est bien rare qu'elles aient toutes la migraine au même moment ! En contrepartie, s'il fait un cadeau à l'une de ses épouses, il se doit d'offrir le même ou son équivalent, à ses autres femmes. Ceci implique de sa part qu'il ait une puissance certaine dans le domaine financier aussi bien que dans le domaine sexuel puisqu'il doit être en mesure d'honorer toutes ses épouses sans discrimination. L'islam limite le nombre d'épouses à quatre pour tout homme adepte de la polygynie. Cette pratique est surtout en vigueur dans les populations négro-africaines du sud de la Mauritanie, les Maures étant plutôt, dans leur grande majorité, monogames. De nos jours, elle tend à s'estomper devant les revendications des femmes, l'urbanisation et les conditions économiques difficiles.

Religion

Dans la Constitution mauritanienne, il est stipulé que, pour se présenter à l'élection présidentielle, il faut impérativement être musulman. Il n'est donc pas étonnant que les Mauritaniens soient de confession musulmane à 99,9 %. L'islam est aujourd'hui la religion de plus d'un milliard d'hommes.

▶ **Islam.** Le prophète Mahomet, ou Muhammad en arabe, né à La Mecque vers 570, eut une vision de l'archange Gabriel vers 610. Celui-ci l'investit d'une mission capitale, prêcher la foi en un dieu unique, Allah. Son message est recueilli dans un texte sacré, le Coran, qu'aucun musulman ne peut modifier. Devant l'hostilité du pouvoir en place à l'époque à La Mecque, le prophète dut se réfugier à Médine en 622. Cette fuite est plus connue sous le nom d'Hégire. De là, il fonda une société qui, petit à petit, imposa l'islam au détriment des anciennes coutumes de l'Arabie. Le devoir de s'opposer par tous les moyens à ceux qui n'approuvent pas cette foi nouvelle est connu sous le nom de *djihad* ou « guerre sainte ». Devant tant de ferveur, les autorités de La Mecque ne purent que s'y rallier en 630. Deux ans plus tard, sa mission remplie, le prophète mourrait. Cinq fondamentaux régissent l'islam, appelés les piliers. Il s'agit de la profession de foi, de l'application des cinq prières quotidiennes, du respect du jeûne du mois du ramadan, de l'aumône rituelle destinée aux pauvres et aux défenseurs de l'islam, et enfin, du pèlerinage à La Mecque, le *hadj*, à effectuer au moins une fois dans sa vie. Les musulmans sont tenus de les appliquer. La communauté musulmane répartie à la surface du globe comprend principalement deux grandes familles, les sunnites et les chiites. L'islam pratiqué en Mauritanie est sunnite malékite. Ces écoles de pensée se démarquent entre elles par des points de détails qui ne remettent absolument pas en cause les fondamentaux de l'Islam. Au cours des siècles, des confréries religieuses se sont constituées où se retrouvent les marabouts et leurs disciples. Cette étude poussée de la théologie musulmane et une connaissance approfondie de la médecine, des mathématiques et du droit, entre autres disciplines scientifiques, sont à l'origine du rayonnement spirituel et intellectuel de villes comme Ouadane, Oualata et surtout Chinguetti. Cette dernière, septième ville sainte de l'islam, possède plusieurs bibliothèques renfermant des trésors sous forme de manuscrits, la plupart du temps remarquablement conservés. Les Mauritaniens pratiquent l'islam de façon assidue tout en faisant preuve d'une assez grande tolérance à l'égard des mécréants. Rien à voir avec les errances prônées par certains intégristes qui semblent oublier que le Coran prêche la tolérance.

Fêtes religieuses

▶ **Aïd el-Kebir** commémore le sacrifice d'Isaac par son père Abraham obéissant à un ordre divin, lorsque Dieu, satisfait de sa soumission, lui envoya un bélier à sacrifier à la place de son fils. On la nomme également la « fête du mouton » car, ce jour-là, chaque famille sacrifie un mouton. Ella a lieu généralement en novembre.

▶ **1er Moharram.** Nouvel An musulman. Il aura lieu le 26 novembre 2011 et fêtera l'entrée dans l'an 1433.

▶ **Achouara.** C'est le dixième jour de l'année. Il s'agit à l'origine de l'anniversaire de la mort de Hussein, le petit-fils du prophète, en 680. Cette commémoration aura lieu 10 jours après la fête précédente.

▶ **Mouloud.** Cette fête commémore la naissance de Mahomet. Elle a lieu à la mi-mars.

▶ **Ramadan.** Cette période de jeûne s'est déroulée au mois d'août de l'année 2011.

▶ **Aïd el-Seghir ou Aïd el-Fitr.** C'est la « petite fête », qui clôture le ramadan.

Les confréries religieuses

Très nombreuses en Afrique saharienne et subsaharienne, les confréries musulmanes regroupent, autour d'un marabout ou cheik, des étudiants ou taliban, motivés par une même approche spécifique du Coran et son application dans la vie quotidienne. Cette façon de transmettre la connaissance (*baraka*), se nomme la *silsila*. Le but est de permettre aux étudiants de se rapprocher du prophète Mahomet, et donc du dieu unique, Allah. Il existe, en Afrique, quatre confréries principales. En Mauritanie, la Qadiriya et la Tidjaniya sont les confréries les mieux représentées.

La Qadiriya : fondée en Irak par Abd el-Qader el-Jilani, il y a presque 1 000 ans. Elle apparaît en Afrique au XVe siècle. Surtout présente en Mauritanie et au Sénégal, c'est la plus ancienne des confréries. Au début du XXe siècle, ses membres ont facilité la pénétration française en Mauritanie afin de se préserver des raids des tribus guerrières. Moktar Ould Daddah, premier président de la République est issu d'une famille de marabouts membres de cette confrérie.

La Tidjaniya : un Algérien, Mohammed el-Tidjanî, ancien membre de la Qadiriya a créé cette confrérie au XVIIIe siècle de retour de La Mecque. Son disciple le plus connu est El-Hadj Omar Tall, ce Toucouleur qui s'opposa au général Faidherbe, dans sa conquête du Sud mauritanien, au milieu du XIXe siècle. Elle est bien implantée au Sénégal et en Mauritanie.

La Senoussiya : d'origine libyenne, bien que créée par un Algérien, Mohammed el-Sanusi, cette confrérie date de 1843. C'est celle qui s'est le plus impliquée dans la politique, de l'assassinat de Charles de Foucault en 1916, dans le Hoggar, à l'aide qu'elle apporte aux Alliés en Libye, pendant la Seconde Guerre mondiale pour combattre l'Italie occupante. Le roi Idris Ier, prédécesseur du colonel Khadafi, en était le chef. De nos jours, elle est présente en Libye et au Tchad.

Le Mouridisme : son inspirateur, Amadou Bamba Mbaké, de l'ethnie des Toucouleurs, fonde cette confrérie en 1886 au Sénégal. Les membres de cette sphère, très structurée, sont présents dans toutes les couches sociales de la population, et chez les expatriés. Elle est très présente chez les Wolofs, dont l'ethnie est majoritaire au Sénégal.

L'influence des Frères musulmans y est faible, même si c'est à leur demande que la vente et la consommation d'alcool furent interdites dans le pays. Le calendrier musulman, également appelé calendrier de l'Hégire, en référence à la fuite du prophète Mahomet de La Mecque vers Médine, débute le 16 juillet 622.

Calendrier musulman. Dans la religion musulmane, on parle de calendrier de l'Hégire, en référence à la date à laquelle Mahomet s'est enfui de La Mecque pour se réfugier à Médine. La première année de l'Hégire commence donc le 16 juillet 622. L'année est partagée en douze mois, qui sont alignés sur le mouvement de la Lune et non du Soleil. Ainsi, les mois durent 29 ou 30 jours, et une année lunaire dure 354,5 jours en moyenne, contre 365,25 jours en moyenne dans le calendrier solaire, soit une différence de 10,75 jours. Pour déterminer l'année de l'Hégire dans laquelle nous sommes, il nous suffit donc de résoudre l'équation suivante : Année de l'Hégire = (année chrétienne - 622) / 0,97. Ainsi : (2011 - 622) / 0,97 = 1432. Nous sommes donc en 1432 selon le calendrier de l'Hégire. De même, le Nouvel An musulman se situe chaque année 10,75 jours avant celui de l'année précédente dans le calendrier chrétien.

Animisme. Officiellement peu présent en Mauritanie, l'animisme n'est pas une religion mais une croyance. Répandue dans de nombreux pays africains, l'une de ses particularités est de donner une âme aux phénomènes naturels. L'animisme était la croyance de l'empire du Ghana présent en Mauritanie jusqu'au XIe siècle. Aucune religion monothéiste n'ayant pu évincer totalement l'animisme, on peut être à la fois musulman et animiste ou, pourquoi pas, catholique et animiste. Un Mauritanien peut très bien se révéler bon musulman en s'efforçant de respecter les cinq piliers de l'islam, tout en se rendant chez un féticheur qui va lui recommander de porter des gris-gris pour faciliter la réussite d'un projet ou d'une entreprise.

Arts et culture

ARCHITECTURE

Les plus beaux exemples de l'architecture en Mauritanie sont répertoriés dans les villes anciennes : Chinguetti, Ouadane, Tichit, Rachid, Tidjikja et Oualata. Ces villes sont érigées, la plupart du temps, sur des promontoires ou accrochées au flan d'une falaise. Cette situation leur permet d'éviter la crue dévastatrice d'un oued intermittent, étant toujours situées près d'une palmeraie qui demande un minimum d'eau. L'architecture de ces villes s'inspire des villages fortifiés d'Afrique du Nord, également connus sous l'appellation de ksar. L'imposante largeur des murs et un réel enfouissement de ces maisons dans le sol confèrent à ces habitations une excellente isolation thermique. Les murs, le plus souvent en pierres sèches tenues entre elles par un mélange de paille et de terre, sont recouverts d'un crépi en banco, une sorte de pisé. L'intérieur de ces maisons est souvent labyrinthique, la succession de pièces, d'escaliers et de terrasses devait dissuader de s'y aventurer les auteurs de pillages pratiqués lors des razzias. Seule Ouadane avait pris la précaution de se réfugier à l'abri de hautes fortifications. A l'exception de Oualata dont la décoration intérieure et extérieure des maisons est magnifique, et de Tichit, à un degré moindre, les autres villes devaient donner de l'extérieur l'impression d'une relative austérité pour ne pas attirer l'attention des pillards passant à proximité.

ARTISANAT

Le pluriel est obligatoire dans ce domaine. Chez les Maures, le commerce est une seconde nature et ils y excellent dans bien des domaines. Les peaux de vaches, chèvres, moutons et dromadaires servent à fabriquer toutes sortes de sacs, coussins, couvertures, etc. Des cordonniers travaillent ces cuirs et confectionnent de magnifiques sandales, ceintures et autres étuis à usages multiples. Les forgerons sont spécialisés dans le travail des métaux. Ils utilisent indifféremment, et avec une grande habileté, le fer, le cuivre et l'argent. Leur production est orientée, à la fois, vers la réalisation d'objets traditionnels nécessaires à la vie courante comme les fusils, les couteaux et les haches, mais, également, vers la création de bijoux, de bagues et de pipes. Les bijoutiers travaillent aussi l'or ; certaines pièces sont incrustées d'ébène. Le travail du bois et la poterie sont présents dans le Sud mauritanien. Très utilisés pour la réalisation d'ustensiles de cuisine, la poterie et le travail du bois tentent de résister à l'invasion de produits manufacturés, certes moins fragiles, mais provenant de l'étranger et beaucoup moins authentiques.

Que ramener de son voyage ?

- **Vous trouverez de beaux coussins et tapis** à Nouakchott, ainsi que de nombreux étals de tissus aux motifs africains au marché Cinquième, le marché du quartier de Sebkha, le 5e arrondissement de la capitale.
- **Des théières et verres Wà thé décorés** vous permettront de faire découvrir à vos proches ce rituel à votre retour. Vous pourrez également acheter un boubou (habit traditionnel maure) et un *melafah* (grande pièce de tissu qui habille les femmes).
- **On trouve toutes sortes de bijoux artisanaux,** de qualité très variable. Les perles de Kiffa séduisent par leurs couleurs.
- **À votre retour,** les souvenirs soigneusement choisis ne manqueront pas d'évoquer en vous tout ce que vous y avez vécu et vous aideront à raconter votre voyage. A vous, pourtant, de trouver comment ramener les nouvelles valeurs et le nouveau mode de vie auxquels vous avez forcément été confronté. Nous avons ramené, entre autres, la sieste mauritanienne, facile à transporter dans les bagages…

On trouve en Mauritanie de splendides vêtements traditionnels comme le boubou, blancs ou bleus selon que vous êtes pauvre ou riche, ou le séroual, pantalon large à porter avec le boubou. La nature du tissu dont ils sont composés, coton simple ou bazin damassé, ainsi que la richesse des broderies dont ils sont parés déterminent en grande partie l'échelon social de leurs propriétaires. Les femmes pratiquent encore la teinte des tissus à l'indigo et la technique traditionnelle du batik, qui consiste à masquer à l'aide de cire les parties que l'on ne veut pas teindre. La fabrication des tapis en Mauritanie, quoique récente puisque initiée par les Français au lendemain de la Seconde Guerre mondiale, n'en représente pas moins une activité de plus en plus reconnue, y compris à l'étranger. En laine, dans les tons bruns et beiges, leurs motifs géométriques déterminent bien souvent la région où ils ont été fabriqués. Depuis quelques années, une forme d'artisanat touristique se développe à Nouakchott et dans la région de l'Adrar : comment expliquer, sinon, la profusion de pinces à glace ou de coupe-papier ? La simple logique doit permettre à tout un chacun de discerner le faux-vrai du vrai-faux et d'agir suivant ses convictions.

CINÉMA

En attendant le bonheur

Fait assez rare pour être souligné, un film mauritanien réalisé par Abderrahmane Sissako a quitté son pays d'origine pour venir toucher le public français dans les salles obscures en janvier 2003. *En attendant le bonheur* narre l'histoire de destins croisés qui se noient dans une quête individuelle du plaisir. A travers des regards profonds et perdus à la fois, mais aussi de magnifiques couleurs de fond, les scènes s'enchaînent et captent l'attention du spectateur. A défaut d'être un documentaire sur la Mauritanie, *En attendant le bonheur* est un formidable poème imagé qui tire sa force de sa remarquable mise en scène.

Deux réalisateurs mauritaniens ont acquis une renommée qui a dépassé les frontières du pays.
Sydney Sokhona en traitant du problème de l'émigration, et surtout Med Hondo qui, après être arrivé en France clandestinement, est parvenu à décrocher des petits rôles dans des films réalisés par Robert Enrico, John Houston ou Costa-Gavras. Une fois passé de l'autre côté de la caméra, il a réalisé des films dénonçant tour à tour l'oppression dont est victime le peuple sahraoui, l'esclavage, le racisme, l'émigration et les méfaits de la colonisation. Il se revendique comme Africain, ne faisant pas de différence entre Africain noir et Africain blanc, préférant réunir plutôt que diviser.

MÉDIAS

■ **CRIDEM. ORG**
www.cridem.org
Sans doute le meilleur site d'information en ligne. Actualités et info en continu, un site de référence pour les expatriés, les locaux et les voyageurs à destination de la Mauritanie.

■ **MCOMMEMAURITANIE**
mcommemauritanie.blogspot.com
Blog tenu par Claire, une jeune Suissesse installée depuis plusieurs années à Nouakchott. La qualité des articles et les nombreuses photos invitent au voyage.

MUSIQUE

Domaine réservé des griots, la musique traditionnelle maure ne s'inspire pas de la musique arabe. La plupart du temps, les griots interprètent des poèmes chantés en langue hassanya. Ils s'accompagnent d'instruments traditionnels, le plus utilisé étant le *tidinit*, sorte de luth à quatre cordes. Les percussions sont également présentes sous forme de calebasses de différentes tailles ou de tambours dont le plus connu est le *t'bol*. L'*ardine* complète cet éventail non exhaustif, cette harpe jouée par les femmes comporte de 8 à 12 cordes. S'éloignant petit à petit du rôle social qu'elle avait auparavant, la musique maure s'oriente de nos jours, avec l'apparition d'instruments modernes comme la guitare, vers une clientèle plus citadine ouverte sur l'Occident. Les Maures harratines pratiquent une forme de danse assez spectaculaire, mélange de traditions et de modernisme. Ils sont accompagnés dans leurs évolutions par plusieurs instruments de musique, comme des guitares, des tam-tams ou des petites percussions. Ces danses, dont les plus connues sont la *bleïda* et la *kashra*, mettent en scène des représentations d'actes de la vie quotidienne. De nombreuses parties de chasse y trouvent leur place : certains danseurs grimés campent avec un réel mimétisme le gibier convoité, souvent des hyènes, d'autres armés de fusils en bois incarnent les chasseurs. D'autres tableaux mettent en relief l'aspect immortel d'un chef, la puissance et le respect qu'il dégage lui valant, non sans malice, un certain intérêt de la gent féminine. Dans tous les cas de figure, ces danses réclament de leurs exécutants une condition physique et une souplesse irréprochables, car les danseurs effectuent à un rythme effréné des sauts et des cabrioles difficilement compatibles avec une surcharge pondérale, même légère. Le groupe Lansar, originaire de la région du Trarza, est l'un des plus réputés, non seulement en Mauritanie, mais aussi au-delà des frontières, et se produit dans toute l'Afrique de l'Ouest.

PEINTURE ET ARTS GRAPHIQUES

A l'instar d'autres pays sahariens comme l'Algérie, le Mali, le Niger et le Tchad, la Mauritanie est riche en peintures et en gravures rupestres. Celles, présumées du début du Néolithique (vers 7 000 av. J. -C.), représentent les spécimens de la faune sauvage de l'époque : girafes, éléphants et rhinocéros. D'autres artistes, 4 000 ans plus tard, nous montrent surtout leurs troupeaux de bovins. Vers 1 000 av. J. -C, les œuvres dépeignent encore le cheptel de leurs auteurs, mais aussi des scènes de chasse.

Les gravures et peintures rupestres se rencontrent surtout dans la région de l'Adrar, à El-Ghallâouïya, au nord-est de Ouadane et dans la passe d'Amogjâr, entre Atar et Chinguetti en empruntant l'ancienne piste. Plus généralement, les *dhars* qui longent les pistes entre Atar, Tidjikja, Tichit et Oualata sont truffés de ces représentations, particulièrement à Aghrijît. Ce petit village, situé à une trentaine de kilomètres à l'est de Tichit, présente l'avantage, en plus de ces gravures rupestres, d'être un site archéologique superbe.

FESTIVITÉS

En dehors des fêtes religieuses propres au calendrier musulman, les festivités et autres événements culturels sont plutôt rares en Mauritanie. A l'exception de la fête des dattes que tout Mauritanien qui se respecte ne manquerait pour rien au monde !

La fête de la Guetna

La fête de la Guetna est un événement célébré dans toutes les régions du pays. En juillet ou en août, suivant les précipitations et les conditions climatiques, les palmiers-dattiers sont à l'honneur et livrent leurs premières dattes à l'occasion d'une grande cérémonie qui se fête principalement en brousse. C'est l'occasion de retrouver la famille et de danser sur les rythmes et les chants des griots, dans la fraîcheur de la nuit, réunis autour du feu. La tradition veut que l'on garde le noyau de la première datte de l'année comme porte-bonheur. L'Association nationale des guides sahariens (ANGS), une jeune association de professionnels du tourisme établie à Nouakchott, a pour projet de développer des activités touristiques autour de cet événement, aussi bien pour les étrangers, qui ne sont pas nombreux en Mauritanie à cette saison, que pour les Mauritaniens. Une initiative à saluer, et à suivre de près !

Cuisine locale

Dans le sud du pays, la cuisine est d'inspiration négro-africaine et à base de céréales, comme le riz ou le mil. Le poisson, la viande de mouton et de bœuf, plus rarement, complètent ces plats. Servies avec des sauces d'arachide ou de gombo, relevées de piment, de gingembre ou de poissons fermentés et séchés, ces spécialités ne conviennent pas à tous les palais européens. Le plus connu de ces plats est le tiboudienne dont raffolent les Wolofs, majoritaires dans la région de Rosso. Ce riz au poisson est composé de légumes, de manioc, d'huile d'arachide et de yets (coquillages). Ceux-ci ressemblent à des gros escargots de mer. Leur chair fermentée et séchée, son odeur et son goût si particuliers ne passent pas inaperçus. Pour se désaltérer, à part l'eau à consommer avec prudence et le thé omniprésent, les sodas appelés sucreries côtoient des jus de fruits dont le plus répandu est le bissap. Cette boisson rouge, souvent présentée dans des petits sachets, provient d'un arbre de la famille des hibiscus. Le lait est également très présent, surtout chez les Peuls. La cuisine maure est de tradition saharienne. En Mauritanie, comme dans tous les pays intégrant dans leur territoire un espace saharien, elle est à base de viande et de lait. Les dattes et les céréales complètent l'essentiel de l'alimentation des Maures. La viande est consommée fraîche, grillée, bouillie ou séchée au soleil. À Nouadhibou, il est possible de déguster en saison et pour un prix modique toutes sortes de poissons et de crustacés dont de succulentes langoustes qui étaient encore dans leur milieu naturel quelques heures auparavant. Enfin, étant en terre d'islam, la consommation d'alcool et de porc est prohibée.

La viande et le lait de dromadaire, riche en vitamine C, sont fort appréciés des Maures. Le riz et le couscous à base de farine de blé ou de mil sont servis la plupart du temps sans sauce. Moutons, chèvres, dromadaires et bœufs fournissent aujourd'hui les étals des boucheries mauritaniennes depuis la disparition des autruches et autres addax, ces grosses antilopes qui vivaient dans le Sahara il y a quelques décennies. Contrairement aux populations du Sud, les Maures n'aiment pas le poisson et les coquillages.

Le thé. Importé de Chine, le thé est la boisson nationale qui coupe la faim, atténue la fatigue, diminue la soif et serait excellente pour le foie. Le cérémonial du thé est incontournable et a lieu en toute occasion et quel que soit l'endroit. Bien que présent en Mauritanie depuis peu de temps puisqu'il n'y a été introduit que vers 1860, le thé concurrence sérieusement le *zrig,* appellation locale du lait de dromadaire, la boisson traditionnelle des nomades. A son apparition dans le pays, le thé était considéré comme la boisson à la mode. Les Mauritaniens peuvent arrêter une activité, quelle qu'elle soit, pour préparer le thé et cela qu'ils soient en voyage, au bureau ou en voiture. Vous serez immanquablement invité à en déguster. La préparation du thé répond à une méthodologie très précise qui peut dérouter le novice. En fait, ce cérémonial, s'il peut vous sembler un peu long, répond exactement au mode de vie des nomades. Le rituel de préparation vous surprendra avec le réchaud à bois ou à gaz, le dosage précis du thé, du sucre et de la menthe dans une théière depuis longtemps amortie, et les verres si caractéristiques. L'extrême habileté du préparateur de thé est également à observer, un bon thé doit être transvasé à de nombreuses reprises de la théière aux verres en une cascade de liquide s'étirant quelquefois jusqu'à un mètre. Essayez donc, mais gare aux taches ! Le préposé au thé doit goûter fréquemment le breuvage pour vérifier le dosage des différents ingrédients et il doit faire en sorte qu'il y ait beaucoup de mousse. Difficile de savoir si la citation est d'inspiration traditionnelle ou réservée aux touristes, mais on dit que « le premier thé est âcre comme la vie, le deuxième doux comme l'amour et le troisième suave comme la mort ». Elle se réfère aux trois thés habituellement servis, le troisième étant naturellement moins fort que le deuxième, lui-même moins fort que le premier.

La viande halal. Les axes routiers goudronnés en Mauritanie sont fréquentés par de nombreux bœufs, dromadaires, ânes, chèvres et moutons. Certains y laissent la vie, percutés par un véhicule, mais ils ne sont pas pour autant consommés, ce qui peut surprendre le néophyte. Il faut savoir que les musulmans ne consomment que la viande d'animaux tués en respectant certaines règles. Entre autres, les bêtes dont la viande est destinée à la consommation doivent être égorgées en citant le nom d'Allah. Ce rituel permet d'obtenir de la viande halal et empêche la consommation de viande provenant de bêtes tuées différemment.

Enfants du pays

Moktar Ould Daddah

Issu d'une famille de marabouts de Boutilimit dans la VIe région, il préside aux destinées du pays du 28 novembre 1960, jour de l'indépendance, jusqu'au coup d'Etat militaire du 10 juillet 1978. Né en 1924, il étudie d'abord à Saint-Louis du Sénégal, puis après une brève carrière de fonctionnaire, il reprend des études de droit en France jusqu'en 1956. Revenu en Afrique, il exerce la profession d'avocat avant de se lancer en politique. Son ascension fulgurante le porte à la présidence, lorsque son pays accède à l'indépendance. Il est à l'origine de la création de Nouakchott, capitale du nouvel Etat. Sa politique proche de l'ancienne puissance coloniale jusqu'en 1973, garante d'une certaine prospérité économique, lui procure quelques inimitiés. A partir de 1973, il prend ses distances avec la France, la Mauritanie sort de la zone franc pour créer sa propre monnaie, l'ouguiya. Elle devient membre de la Ligue arabe, et les mines de Zouérate sont nationalisées. Même si sur le plan international tout se passe bien, Mokhtar Ould Daddah étant même élu président de l'Organisation de l'unité africaine (UOA) en 1971, son autorité est menacée à l'intérieur même du pays. Des conflits ethniques entre Noirs et Maures, l'agitation estudiantine, les grèves aux mines de fer de Zouérate l'affaiblissent considérablement. Malgré trois réélections en 1966, 1971 et 1976 à la tête du pays, le conflit armé contre le Front Polisario agit comme une goutte d'eau dans un vase déjà bien plein. Il est destitué le 10 juillet 1978. Le père de l'indépendance réapparaît furtivement le 25 janvier 1995 depuis son exil de Nice pour critiquer le pouvoir en place. Mais son âge, ses vingt-trois années d'exil et les résultats économiques, somme toute, corrects obtenus par Sid Ahmed Taya, son successeur, font qu'il ne reçoit que peu d'écho en Mauritanie. Il décède le 14 octobre 2003.

Maaouya Ould Sid Ahmed Taya

Il succède à la tête du Comité militaire de salut national à Mohamed Khouna ould Haïdallah, dont il fut Premier ministre en 1981, profitant de sa présence à Bujumbura à l'occasion du XIe Sommet franco-africain. L'instabilité politique qui caractérise la Mauritanie entre 1978 et 1984 cesse avec son arrivée en décembre 1984. Ses deux objectifs principaux sont le redressement économique et la démocratisation de la vie politique. Dans un climat difficile, avec notamment l'échec d'un coup d'Etat en octobre 1987, et les sempiternelles tensions avec le Sénégal débouchant sur les très graves émeutes de 1989, il instille la démocratie dans son pays.

Premier président élu démocratiquement lors d'élections pluralistes en 1992, il tente de redresser l'économie de la Mauritanie en revalorisant le secteur de la pêche qui représente 60 % des exportations et celui de l'extraction du minerai de fer. Il instaure des élections municipales, législatives et sénatoriales poursuivant ainsi le processus de démocratisation de l'exécutif mauritanien. La dissolution du Comité militaire de salut national, structure créée en 1979 pour gérer l'urgence, entérine sa volonté d'une plus grande démocratie pour son pays. Il est réélu en 1996 lors de l'élection présidentielle boycottée par l'opposition. Sa capacité à gérer les tensions entre Maures et Noirs à l'intérieur même du pays et les perspectives de l'économie mauritanienne, soutenue par les bailleurs de fonds internationaux, seront déterminantes dans l'optique de la prochaine échéance présidentielle de novembre 2003. Le 8 juin 2003, il mate une tentative de coup d'Etat fomentée par un ancien officier de l'armée. Le 3 août 2005, alors qu'il revenait des obsèques du roi Fahd, en Arabie Saoudite, un coup d'Etat le renverse.

Théodore Monod

Faire figurer ce scientifique humaniste dans les enfants du pays peut sembler de prime abord audacieux, mais, à y regarder de plus près, il y a effectivement sa place. Né en 1902 à Paris, il se découvre très vite une passion pour la nature et s'érige en défenseur du règne animal. A 19 ans, il publie son premier texte scientifique qui traite de l'influence des crustacés dans l'écosystème marin. Arrivé en 1922 à Nouadhibou, alors Port-Etienne, pour étudier les ressources halieutiques, il met moins d'un an pour effectuer un virage à 180 degrés et se détourner en partie de l'immensité océanique pour se consacrer à l'immensité saharienne.

Il va, pendant plus de 70 ans, parcourir le Sahara dans tous les sens, à pied et à dos de dromadaire. Adepte du jeûne, il démontre que l'homme est capable d'intenses efforts physiques sans apport de viande. Ses méharées réalisées dans des conditions frugales, voire ascétiques, le conduisent tout naturellement vers le végétarisme. Il découvre en 1940 dans le Tibesti une plante de la famille des gentianes baptisée Monodiella flexuosa en son honneur. Son étude du verre libyque étaye sa théorie selon laquelle ce matériau proviendrait d'une météorite tombée sur la Terre, il y a 25 millions d'années. C'est lui, qui au cours de ses expéditions sahariennes, contribue à combler les blancs des cartes coloniales, ces *terrae incognitae* qu'aucun Blanc n'a fréquentées avant lui. Parallèlement à cela, il continue à étudier les différentes formes de vie maritime, ses travaux lui valant la reconnaissance des carcinologistes qui donnent son nom à plusieurs espèces de crustacés. Découvert tardivement par les médias, il était tout sauf superficiel. Ce sage du désert était non seulement un scientifique respecté et écouté, mais aussi un être qui n'hésitait pas à s'engager là où l'homme risquait de perdre une partie de sa dignité. Impliqué dans des causes humanitaires comme la défense des sans-papiers, il pouvait également décider d'aller jeûner plusieurs jours à Taverny, haut lieu de l'armement nucléaire français, ou de manifester contre la chasse à la palombe dans le Sud-Ouest. Parmi ses nombreux ouvrages, citons son chef-d'œuvre, *L'Emeraude des Garamontes* et *Méharées*, un livre inclassable à lire pour une approche initiatique du Sahara. Ce défenseur de la vie sous toutes ses formes s'est éteint le 22 octobre 2000 à l'âge de 98 ans. La disparition de Théodore Monod corrobore pleinement cette phrase d'Amadou Hampaté Bâ : « En Afrique, un vieillard qui meurt, c'est une bibliothèque qui brûle. »

Mohamed Ould Ebnou

Ce commerçant de Chinguetti est à la fois un nostalgique de la splendeur passée de sa ville natale et un homme d'affaires ayant réussi. Désolé de voir Chinguetti de plus en plus isolée, il décide, au début des années 1980, de lutter contre l'inexorable. A l'époque, pour aller d'Atar, la capitale de la région, à Chinguetti, il faut rouler sur une piste difficile pendant au moins trois heures. Cette dernière emprunte la passe d'Amogjâr, pas évidente à trouver, qui permet de rejoindre le plateau où se situe Chinguetti. Cette piste magnifique, jalonnée de peintures rupestres, est en revanche très dangereuse, et l'entretien de ses 120 km fort coûteux. Mouhamedou ould Ebnou prend alors la décision de consacrer ses économies au financement d'une nouvelle piste, plus directe et plus sûre. Les Chinois, qui obtiennent le marché, doivent tailler une piste en découpant la montagne à coups d'explosifs. Les fondations sont préservées des infiltrations d'eau par l'adjonction de radiers. La construction durera une dizaine d'années, mais aujourd'hui, Chinguetti est à 83 km d'Atar, et ce voyage s'effectue dans des conditions de sécurité tout à fait satisfaisantes. Si de nos jours Chinguetti est la principale destination touristique de la Mauritanie, cette initiative privée y est pour beaucoup. Il est intéressant de saluer Mohamedou Ould Ebnou qui a consacré l'essentiel de sa fortune et de son temps à la réalisation de ce qu'il considère comme l'aboutissement de sa vie. Les habitants de la région l'ont bien compris en baptisant ce nouvel itinéraire « la route Ould Ebnou ».

Ely Cheikh Ould Mome

C'est l'un des marabouts les plus respectés de Mauritanie. Il vit à Atar où sa maison est toujours ouverte. S'il tombe malade, les plus hautes autorités du pays lui envoient, dans les meilleurs délais, un médecin des plus compétents. L'ami ou l'inconnu de passage dans la région trouve chez lui, en plus de précieux conseils, gîte et couvert. Le mot « marabout » est employé ici dans le sens le plus noble de son acception, c'est-à-dire qu'Ely cheik Ould Mome maîtrise parfaitement le Coran. Sa réputation est telle que des individus du monde entier viennent le consulter pour entendre ses précieuses recommandations. Dès que vous franchissez le seuil de la porte de sa maison, il connaît la raison pour laquelle vous désirez le rencontrer. Sa bonté est à la hauteur de ses connaissances spirituelles et religieuses puisqu'il fait abattre quotidiennement au moins un dromadaire pour nourrir les gens qui se pressent à son domicile dans l'attente d'un signe du marabout pour les recevoir. La légende raconte qu'il connaît un endroit, en plein désert, où se trouvent à profusion nourritures de toutes sortes et boissons telles qu'eau et thé. Le voyageur de passage, exténué par la fatigue et plusieurs jours de frugalité dans le désert, peut se reposer et se restaurer sur place sans retenue. Mais, s'il s'avise d'essayer d'emporter avec lui quelques victuailles pour continuer sa route, il sera pétrifié sur place, transformé en statue. Et si ce n'était pas une légende ?

Ahmedou Ould Abdelkader

Ce spécialiste de l'histoire des villes anciennes de Mauritanie a été un conseiller aux affaires culturelles auprès de la présidence, après avoir été incarcéré sous l'ancien régime. En Mauritanie on ne l'appelle pas par son nom, on dit simplement « Le Poète ». La poésie mauritanienne de très bonne facture peut se diviser en trois familles, la première écrite en arabe classique, la deuxième en hassanya et la troisième dans une des langues négro-africaines. Les écrits utilisant l'arabe classique, les plus élitistes, sont totalement indépendants de l'art musical. La poésie en hassanya, le plus souvent orale, est dialectique, elle évoque indifféremment un engagement moral de son auteur, auquel cas elle est indépendante de la musique ou une certaine forme de nostalgie qui peut être lyrique, chantée. Les œuvres écrites dans les langues négro-africaines (wolof, soninké ou poular) sont d'inspiration populaire et complètement dépendantes de la musique et de la danse. Ahmedou ould Abdelkader pratique une forme de poésie libre appelée le vers libre, formulée surtout en arabe classique et quelquefois en hassanya. Il puise son inspiration dans la symbolique, la politique et la nostalgie engendrée par l'absence d'un ami, d'une bien-aimée ou l'éloignement de son pays. Deux de ses œuvres, qu'il est malheureusement très difficile de traduire en français tout en respectant scrupuleusement le fond de sa pensée, méritent une attention particulière. Elles allient avec bonheur l'écologie et la sociologie. La première, *L'Appel de l'eau*, étudie avec une infinie sagesse les événements de 1989 au cours desquels les tensions entre la Mauritanie et le Sénégal entraînèrent de nombreux morts. Sa conclusion incite les riverains du fleuve à boire ensemble l'eau du Sénégal pour retrouver le chemin de la paix. La deuxième, *Les Vaisseaux*, relate d'une façon remarquable la formation et le passage d'une tempête de sable dans le desert.

Abderrahmane Sissako

Abderrahmane Sissako est né en Mauritanie en 1961. Après avoir passé une partie de son enfance au Mali, il revient dans son pays. Issu d'une famille de tradition nomade, il n'échappe pas à l'envie de connaître d'autres horizons et quitte la Mauritanie au début des années 1980 pour la Russie. Il poursuit ses études à Moscou à l'institut d'Etat du cinéma d'Union soviétique (VGIK). De cet enseignement, il tire rigueur et réalisme, deux qualités qui viennent

© ISTOCKPHOTO.COM/MICHAELYPARK

Corans anciens, dans une ancienne bibliothèque de Chinguetti.

contrebalancer l'exotisme de son œuvre. Si son film de fin d'études, *Le Jeu*, est projeté à Cannes en 1991, c'est surtout avec *Octobre* qu'il se fait connaître, un moyen-métrage montré dans la section « Un certain regard » en 1993. Productif, il enchaîne les films, toujours avec le même réalisme, des fictions documentarisées comme *Le Chameau* et *Les Bâtons flottants* en 1995, *Sabriya* et *Rostov-Luanda*. Malgré la quasi-inexistence du cinéma mauritanien, Abderrahmane Sissako a réussi à s'imposer comme l'un des plus brillants cinéastes auteurs africains. Puis en 1998, il est sélectionné pour participer à une collection sur l'an 2000 avec *La Vie sur la Terre*, dont le thème central est celui du départ. Thème que l'on retrouve d'ailleurs dans son film *En attendant le bonheur* récompensé par le prix de la critique internationale à Cannes en 2002. Dans son œuvre cinématographique – ce film en est l'exemple le plus parfait, l'intrigue se passe dans la ville de transit malienne de Nouhadhibou, de laquelle il est parti pour la Russie –, Abderrahmane Sissako mêle sa propre expérience de l'exil aux couleurs de l'Afrique car même s'il vit désormais en France, ce continent a su garder sa préférence. *Bamako*, son dernier film, a été présenté en sélection officielle à Cannes en 2006.

Lexique

Les langues officielles sont l'arabe et le français. Les autres langues parlées en Mauritanie sont le poular, parlé par les Peuls et les Toucouleurs, le soninké et le wolof. L'arabe pratiqué en Mauritanie est le hassanya, un arabe très pur importé dans le pays par des tribus nomades, les Hassanes, venues de Haute-Egypte au XIIIe siècle. En fait, lorsqu'on parle de langue arabe, c'est un terme générique. Il existe un arabe littéraire, utilisé dans le Coran et certains écrits, et une vingtaine d'arabes dialectaux spécifiques à une région ou à un pays. Le hassanya, pratiqué en Mauritanie par 80 % de la population, est l'un de ces dialectes. Il n'est pas question, ici, de vous enseigner le hassanya, mais simplement de vous présenter certaines expressions usuelles qui faciliteront votre séjour. Et vous remarquerez que les Mauritaniens seront très sensibles aux efforts que vous produirez pour parler quelques mots. Ce sera tout bénéfice pour entrer en contact avec vos interlocuteurs.

Formules de politesse

- **Bonjour >** *Salam alekoum*
- **Bonsoir >** *Eche hal maquil*
- **Bienvenue >** *Mar habane bik*
- **D'accord >** *Na'am*
- **Au nom de Dieu >** *Wa lah*
- **Bonne nuit >** *Leile saida*
- **Au revoir >** *Ma a salama*
- **Pardon >** *Simahe*
- **Merci >** *Choukrane*
- **De rien >** *Ma vi chi*
- **Es-tu en bonne santé ? >** *Yak manak hass be chi ?*
- **Êtes-vous en bonne santé ? >** *Ya kman koum hassine bi chi ?*
- **Comment va ta famille ? >** *Ech hal al aile ?*
- **S'il te plaît >** *Men fadlak*
- **S'il vous plaît >** *Man fadlikoum*

Mots utiles

- **Hier >** *Ya mess*
- **Aujourd'hui >** *Al youm*
- **Demain >** *Soubhe*
- **Oui >** *Ehe*
- **Non >** *Abde*
- **Et >** *We*
- **Avec >** *M'a*
- **Quoi ? >** *Chen hou ?*
- **Qui ? >** *Men ?*
- **Comment ? >** *Bâche ?*
- **Où ? >** *Vemenein ?*
- **Quand ? >** *Eïnta ?*
- **Mer >** *L'bhar*
- **Nuage >** *Lemzoune*
- **Ciel >** *Esma*
- **Puits >** *Hassi*
- **Soleil >** *Chems*
- **Lune >** *Qamar*
- **Etoile >** *Nijma*
- **Nuit >** *Eleïle*
- **Jour >** *N'har*
- **Pluie >** *S'habe*
- **C'est bon >** *Zeïn*
- **C'est pas bon >** *Mo hou zeïn*
- **C'est facile >** *Heweïne*
- **C'est difficile >** *Mo hou houeïn*
- **Il fait chaud >** *Hami*
- **Il fait froid >** *Barred*

Animaux

- **Araignée >** *Retla*
- **Dauphin >** *Ejel l'bhar*
- **Lézard >** *Jamrat el arde*
- **Phoque >** *Aghid l'bhar*
- **Scorpion >** *Agrab*
- **Serpent >** *Henache*

Au marché

- **Argent >** *Vadha*
- **Beurre >** *Zebda*
- **Café >** *Kave*
- **Cher >** *Wa err*
- **Chèvre >** *Anze*

© AUTHOR'S IMAGE

- **Combien ? >** *Kem ?*
- **Dromadaire >** *Jamel*
- **Eau >** *El ma*
- **Faux >** *Mo hou hag*
- **Grand >** *Kebir*
- **Lait >** *Leben*
- **Mouton >** *Kebche*
- **Œuf >** *Bedhe*
- **Or >** *Ze heb*
- **Pain >** *M'bourou*
- **Petit >** *S'kaïr*
- **Poisson >** *Houte*
- **Poulet >** *Dik*
- **Riz >** *Marou*
- **Thé >** *Etaye*
- **Tomates >** *Tamata*
- **Vache >** *Bagra*
- **Viande >** *La hame*
- **Vrai >** *Hague*

Compter

- **1 >** *Wahed*
- **2 >** *Iznein*
- **3 >** *Zelaze*
- **4 >** *Arab'a*
- **5 >** *Khamsa*
- **6 >** *Sita*
- **7 >** *Seb'a*
- **8 >** *Zemagna*
- **9 >** *Tis'a*
- **10 >** *Achra*
- **11 >** *Ezda'ech*
- **12 >** *Ezna'ech*
- **15 >** *Khemousta'ech*
- **20 >** *Ichrine*
- **30 >** *Zela zine*
- **40 >** *Arab'ine*
- **100 >** *Miya*
- **1000 >** *Elve*

Mots inutiles

- **Hôpital >** *Tab*
- **Malade >** *Maride*
- **Médecin >** *Tabibe*
- **Médicament >** *Edwa*
- **Rapatriement >** *Tasfir*
- **Alcool >** *Khamar*
- **Porc >** *Khanzir*

Quelques proverbes maures

Significatifs de la façon de vivre et de penser des Mauritaniens, ils ne peuvent qu'être profitables à celui ou celle qui s'en inspire.

« Qui ne se satisfait pas de peu, ne se satisfait pas de beaucoup. » « Confier un secret à un troisième est source de regret. » « La beauté du monde est faite de sa misère. » « Le désir ardent d'une chose la gâte souvent. » « Occupe-toi de ce qui ne t'abaisse pas. » « Le fardeau supporté en groupe est une plume. » « Où arrive la caravane qui se hâte, arrivera celle qui marche lentement. » « Vil est celui qui renie ses origines. » « Informe-toi afin de savoir ce que tu ignores. » « Le vieillard couché aperçoit ce que le jeune homme debout ne voit pas. » « Si un enfant te contredit, laisse-le parler. » « Prête du bien, on te le rendra. » « Un ouguiya dans la main vaut mieux que cent en train de se perdre. » « Les cheveux blancs ne supportent pas la souillure. » « Si on te vante les pâturages d'un pays, continue à faire paître le tien. » « Vous les Blancs vous avez la montre, nous les Africains nous avons le temps. » Ce dernier proverbe n'est pas maure, mais plus généralement africain.

Et aussi. . .

Vous pouvez être amené à entendre ou à lire certains termes inconnus ou méconnus dans votre vocabulaire, vous trouverez ci-dessous une explication simple de ces mots, d'origine hassanya pour la plupart.

- **Adrar :** montagne en berbère.
- **Aïn :** puits artésien qu'il soit coffré ou non, voir aussi « *Bïr* ».
- **Aklé :** ensemble de dunes quelquefois recouvertes d'une maigre végétation.
- **Amour :** le plus répandu des acacias poussant dans les dépressions inondables.
- **Ardine :** instrument de musique composé d'une calebasse et de 8 à 14 cordes, cette sorte de harpe est utilisée par les femmes.
- **Banco :** ce mélange de terre argileuse et de paille est utilisé pour la fabrication de briques. Considéré comme le « ciment mauritanien », il demande à être entretenu régulièrement, notamment après la saison des pluies.
- **Baraka :** bénédiction apportée par un descendant du Prophète.
- **Barkhane :** dune mobile en forme de croissant.
- **Batha :** partie ensablée d'un oued.
- **Bîr :** puits coffré.
- **Chadouf :** puits à balancier.
- **Cheikh :** éminence religieuse exerçant dans une école coranique.
- **Chérif :** descendant du Prophète qui peut offrir la bénédiction.
- **Dar :** maison.
- **Dhar :** falaise, escarpement.
- **Delou :** sorte d'outre en peau de chèvre servant à récolter l'eau dans les puits à balancier.
- **Erg :** ensemble de dunes de grande dimension.
- **Guelb :** piton rocheux souvent isolé.
- **Guelta :** bassin naturel permanent.
- **Guerba :** outre principalement utilisée pour le transport de l'eau.
- **Guetna :** récolte des dattes dans les oasis, donnant lieu à une fête en juillet et août.
- **Henné :** résultat d'un mélange de feuilles d'épineux et de beurre de dromadaire, utilisé comme produit de beauté par les femmes lors de cérémonies.
- **Hodh :** abreuvoir, bassin pour le bétail. Par extension, région fréquentée par de nombreux troupeaux.
- **Ksar :** endroit fortifié.
- **Mahadra :** centre d'enseignement religieux dirigé par un cheik.
- **Marabout :** érudit religieux en Mauritanie. Dans d'autres pays africains, ce terme est quelquefois galvaudé.
- **Méharée :** voyage à dos de dromadaire.
- **Moughata :** équivalent de notre sous-préfecture.
- **Oued :** rivière asséchée ou à écoulement intermittent.
- **Reg :** plaine caillouteuse.

NOUAKCHOTT

© ISTOCKPHOTO.COM/STEVE_POOT

Nouakchott

Les immanquables de Nouakchott

- **Le Musée national.** Pour découvrir les conditions de vie des populations ayant habité le pays au cours des millénaires. Exposition de maquettes, d'objets de la vie courante, d'outils et de photos réalisées à l'occasion de fouilles.
- **Les plages de l'océan Atlantique.** La plage au nord de Nouakchott est l'une des plus belles du monde, où il fait bon se prélasser et se baigner pour peu que l'on soit prudent.
- **Le marché Capitale.** Il fait plus penser aux marchés d'Afrique noire qu'aux marchés d'Afrique du Nord, on peut difficilement échapper à son animation, très couleur locale.
- **Le port de pêche.** Il faut absolument y aller au moment où les pêcheurs rentrent avec leur précieuse cargaison rapportée grâce à une multitude de pirogues multicolores.

La côte mauritanienne n'a pas toujours eu l'aspect que nous lui connaissons aujourd'hui. Successivement, le niveau de l'océan Atlantique s'est abaissé au moment de la période glaciaire, puis est remonté suite à la fonte des glaces, à la fin de celle-ci. C'est le président Mokhtar Ould Daddah qui choisit, le 24 juillet 1957, de transformer en capitale de la Mauritanie ce qui n'était qu'un village à l'époque. Pourquoi choisir un tel site, où il n'y avait même pas de palmeraie, comme siège des administrations du nouvel Etat ? Plusieurs raisons, aussi bien d'ordre politique que géographique, ont présidé à cette décision. De tout temps, la Mauritanie, ou ce qui allait le devenir, a été tiraillée entre ses populations arabo-berbères et négro-africaines, passant à tour de rôle sous la domination des unes et des autres pour aboutir au statu quo en vigueur de nos jours. Géographiquement, Nouakchott présentait l'avantage, bien que située en territoire maure, d'être très proche des populations noires de la région du fleuve Sénégal. Ce choix a été crucial pour que les éternelles tensions entre les deux peuples s'apaisent sans toutefois s'éteindre. Pendant un temps, pressenties pour devenir la capitale, Atar et Nouadhibou étaient situées trop au nord tandis que Rosso, également candidate, était trop au sud.

Sur le plan climatique, on a estimé l'emplacement favorable, bien que le site de la future capitale se soit retrouvé sous deux mètres d'eau lors des pluies exceptionnelles de 1950. Il est vrai que l'influence océanique rend supportables les fortes températures et à Nouakchott, le soir, la brise marine apporte même une fraîcheur bienvenue.

Le 5 mars 1958, la première pierre de Nouakchott fut officiellement posée. L'origine du nom de la capitale mauritanienne s'explique certainement par les amoncellements de coquillages que l'Océan, du temps où il recouvrait la région, a laissés derrière lui. Un chercheur, Mokhtar Ould Hamidoun, signale ainsi que Nouakchott veut dire étymologiquement, « le lieu où, quand on creuse un puits, l'eau apparaît à un niveau où abondent les coquilles. » La population de la capitale est passée de 5 000 habitants, lors de sa création, à plus de 900 000 habitants aujourd'hui, faisant exploser les prévisions. Cette démographie galopante a été induite par les sécheresses des années 1973-1974. Les éleveurs nomades, dont les troupeaux avaient été décimés, et les agriculteurs sédentaires, dont les terres étaient devenues stériles, avaient fui la brousse pour trouver refuge à Nouakchott. Cet afflux de population a apporté son lot habituel de problèmes. L'approvisionnement en eau de la capitale, d'abord assuré par des puits, puis par des citernes est aujourd'hui apparemment résolu. Depuis 1964, en effet, Nouakchott est relié à une vaste nappe d'eau fossile d'une surface de 180 km^2 située à une trentaine de mètres de profondeur, et à 60 kilomètres à l'est de Nouakchott, à Idîni. L'eau y est apportée à l'aide de canalisations et subvient pour le moment aux besoins des habitants de la capitale. En revanche, l'incertitude demeure quant au potentiel de renouvellement de cette nappe fossile, faisant peser sur Nouakchott une dangereuse incertitude. C'est pour cette raison que de sérieux projets étudient la faisabilité de la construction d'infrastructures pour dessaler l'eau de mer. La population de Nouakchott est jeune, on y vient pour pratiquer le commerce ou toute autre activité, même si le chômage y est important. On peut s'y faire soigner, aller à l'école et bénéficier de l'électricité, choses aléatoires en brousse. La ville se structure, des lotissements, alimentés en eau et en électricité, se substituent lentement mais sûrement aux « habitats spontanés », autrement dit aux bidonvilles. Les autorités attribuent des parcelles de terrain, en périphérie de la capitale, aux nouveaux arrivants. Nouakchott s'agrandit au bord du goudron, au nord-est le long de la canalisation d'eau et au sud-ouest vers le port. En 40 ans, la population urbaine en Mauritanie est passée de 5 % à plus de 60 %. Près d'un Mauritanien sur trois habite à Nouakchott.

TRANSPORTS

Nouakchott n'a pas les caractéristiques, quelquefois éprouvantes, d'autres capitales africaines comme Dakar ou Abidjan. La capitale de la Mauritanie est une ville agréable où vous prendrez plaisir à déambuler à pied dans le centre-ville, d'autant plus facilement qu'il n'est pas très grand. Pour rejoindre les quartiers de la périphérie, une multitude de moyens de transport est à votre disposition. On s'aperçoit de la petite taille de Nouakchott et de son côté gros village, confirmé par l'absence de buildings dénaturant son architecture, lorsque l'avion la survole lors de l'approche vers l'aéroport de la capitale.

Comment y accéder et en partir

Contrairement à la plupart des capitales, africaines ou non, d'ailleurs, l'aéroport de Nouakchott n'est pas très loin du centre-ville (Route d'Atar) ce qui permet de ne pas répondre aux sollicitations des taxis qui vous attendent dès la sortie du hall. En revanche, il vous sera plus difficile d'ignorer les porteurs. Dans tous les cas de figure, il est impératif de bien vous mettre d'accord sur le prix de la prestation avant qu'elle ne soit effectuée. Ce mode de fonctionnement est d'ailleurs valable non seulement à Nouakchott, mais également dans toute la Mauritanie et plus généralement dans l'Afrique tout entière. Cette précaution sera toujours très bien acceptée par vos interlocuteurs et vous évitera pas mal de palabres.

En marchant pendant environ 200 m, en direction du goudron, vous rejoignez l'axe Akjoujt-Atar où plusieurs possibilités s'offrent à vous pour rejoindre le cœur de la cité. La plus économique consiste à prendre un des innombrables minibus vert et jaune, facilement repérables à leur enseigne « Transports urbains des personnes ». Ils empruntent des itinéraires fixes, assurez-vous donc qu'ils vont dans la direction souhaitée. Ils sont souvent bondés et sont à déconseiller aux voyageurs surchargés de bagages. L'autre solution consiste à prendre un taxi, également vert et jaune, qui vous conduira précisément à l'adresse indiquée, mais vous demandera une somme beaucoup moins importante que celle exigée à la sortie de l'aéroport, simplement parce que vous avez parcouru ces 200 m. Vous venez de faire connaissance avec la magie africaine !

■ **AIR ALGÉRIE**

Carrefour BMD, BP 836
✆ +222 45 25 20 59
Fax : +222 45 25 20 59
Avec escale, plus ou moins longue, à Alger. À partir de 550 € aller-retour.

■ **AIR FRANCE**

Av. Kennedy, BP 662
✆ +222 45 25 18 02
Fax : +222 45 25 53 95
Premier tarif à 720 € l'aller-retour.
3 vols par semaine pour Nouakchott, directs ou avec une escale technique à Casablanca. Environ 5 heures de vol pour les directs.

■ **ROYAL AIR MAROC**

BP 1190 ✆ +222 45 25 35 64
www.royalairmaroc.com
Aller-retour à partir de 520 €.
Vols depuis et vers Paris avec escale, plus ou moins longue, à Casablanca.

■ **TUNIS AIR**

BP 5359 ✆ +222 45 25 87 63
Fax : +222 45 25 87 64
www.tunisair.com
resaonline@tunisair.com. tn
Beaucoup de Français résidant en Mauritanie utilisent cette compagnie pour rentrer au pays, il est vrai que l'inconvénient relatif d'une escale à Tunis est, bien souvent, compensé par des tarifs bien moins onéreux que les vols directs des autres compagnies entre Nouakchott et la France.

Nouakchott
Vers 1er rond-point Nouadhibou et port
Tayaret
Stade
Route des Ambassades
Rue de l'Ambassade du Sénégal
Ambassade du Sénégal
Hôtel Atlantik
Tafarit
Toujouine et vers 2ème rond-poin Nouadhibou
Galerie Tata
Hôtel Tfeïla
Avenue du Général de Gaulle
TEVRAKH-ZEINA
LA CAPITALE
Petit Café
Institut d'Etudes Islamiques
Société générale
Archives Nationales
Rue Mbdallaye
Ambassade de France
Cathédrale St-Joseph
Ambassade Américaine
Centre Culturel Français
Auberge Menata
Mauritel
Air France
Mattel
Avenue Kennedy
Rue Mamadou Konaté
Grande Mosquée
Rue Oman
Sénat
Mosquée
Rue Ahmed-ould-Mohamed
Rue Alioune
Hôp. Nouadhibou
Ministère
Poste
Avenue Gamal - Abdel
Hôpital
Musée National
Grand Marché
B. Soueid
Rue Habib
Avenue de l'Indépendance
Assemblée
Port
MEDINA
Rue H. Bouceif
Rue Ely-Ould-Abass
Rue de Mohamed
Rue Ely-Ould-M'Hamed
Rond-point clinique
Camp de garde
Rue Bakarr Makha
rue de la Mosquée Marocaine
Mosquée Marocaine
Vers marchés 5ème et 6ème
Sebkha

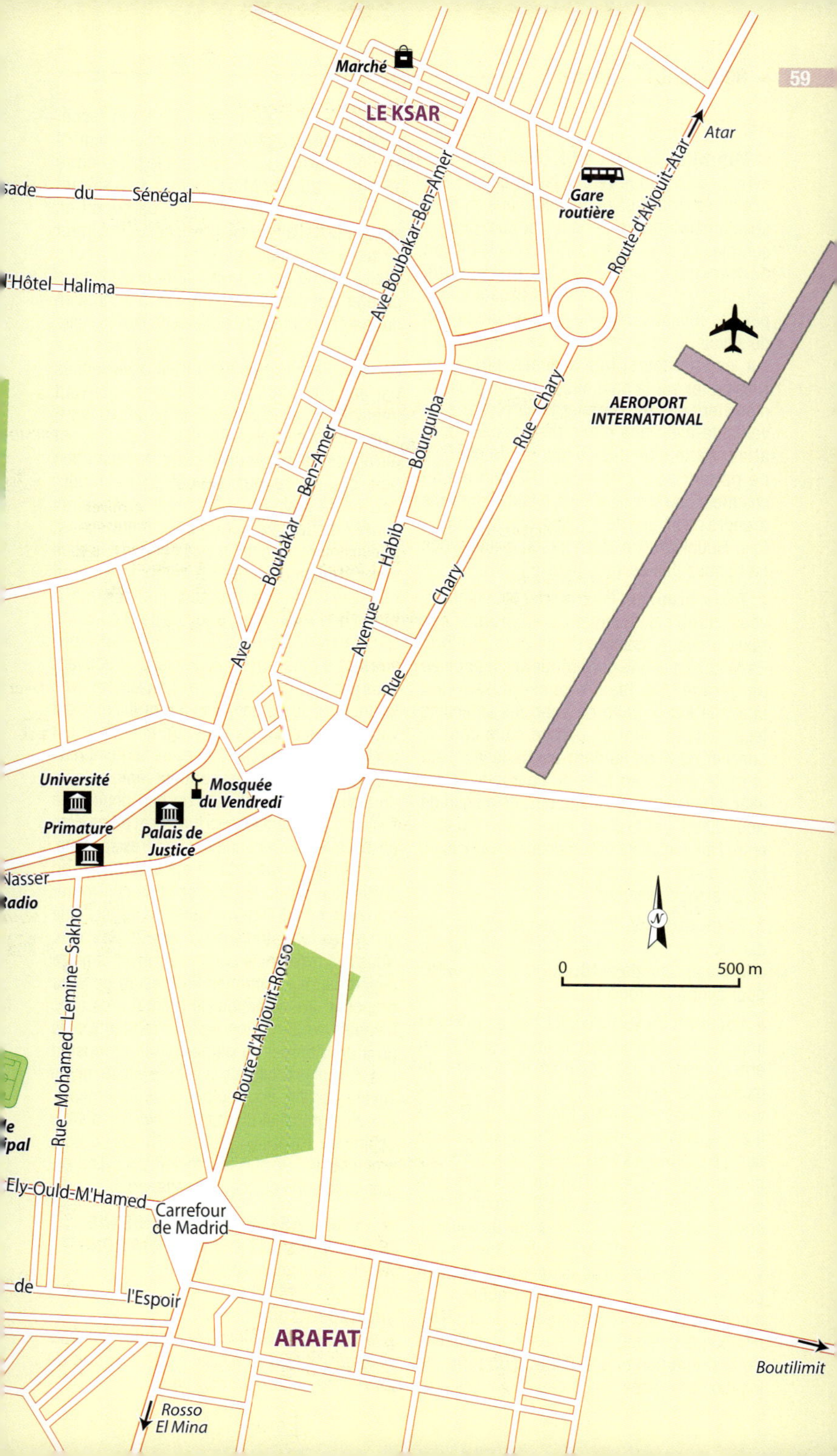
Marché
LE KSAR
sade du Sénégal
Gare routière
Atar
Route d'Akjoujt-Atar
Ave Boubakar-Ben-Amer
l'Hôtel Halima
AEROPORT INTERNATIONAL
Rue Chary
Avenue Habib Bourguiba
Ave Boubakar Ben-Amer
Université
Mosquée du Vendredi
Primature
Palais de Justice
Nasser
Radio
Rue Mohamed-Lemine-Sakho
Route d'Akjoujt-Rosso
0
500 m
Ely-Ould-M'Hamed
Carrefour de Madrid
de l'Espoir
ARAFAT
Boutilimit
Rosso El Mina

Se déplacer

Minibus. Nouakchott dispose d'une kyrielle de minibus vert et jaune qui suivent des itinéraires fixes et peuvent vous amener absolument partout dans la capitale pour la somme dérisoire de 40 MRO. C'est le moyen de transport favori des Mauritaniens qui connaissent parfaitement les trajets suivis par ces minibus. Mais le gros problème est de savoir où ils se rendent. Ne comptez pas sur les rabatteurs, trop occupés, pour vous renseigner sur la destination du minibus. Ils n'arrêtent pas de marteler la carrosserie du véhicule avec une pièce de monnaie pour attirer l'attention des clients et, de plus, ils ne parlent pas le français. Demandez au chauffeur l'arrêt ou le départ. Il faut néanmoins prendre ce moyen de transport au moins une fois, Nouakchott n'étant pas si grand, vous ne risquez pas de vous perdre !

Taxis-brousse. Pour quitter Nouakchott, vous aurez certainement à emprunter des taxis-brousse, partant d'une gare routière. En Mauritanie, une gare routière est appelée un garage. Les taxis-brousse desservant une ville sur le goudron sont des véhicules légers, qui partent du garage situé dans le quartier du Ksar, au nord-est de la ville, sur la route d'Atar, en face de l'aéroport. Pour aller à Rosso, se rendre au garage au sud de Nouakchott. Les taxis-brousse 4x4 se trouvent entre l'ancien stade et la mosquée marocaine. Les camions se prennent au garage du marché du 5e arrondissement.

Taxis urbains. Prix moyen d'une course dans Nouakchott : 200 MRO. Pour vous rendre à la plage, comptez 400 MRO et 500 MRO pour aller à l'aéroport.

Location de voitures. Il est pratiquement impossible à Nouakchott de faire la distinction entre agences de voyages et agence de location de véhicules. Un loueur de voitures vous proposera d'effectuer un circuit dont il est spécialiste, de la même façon qu'une agence de voyages vous offrira à la location les meilleurs 4x4 du pays ! C'est un imbroglio total dans ce domaine et il y a certainement plus de prétendus loueurs de voitures que de voitures à louer à Nouakchott. Beaucoup d'agences de voyages et de loueurs de voitures ne possèdent pas de véhicules et se mettent en quête d'une automobile lorsqu'ils ont trouvé un client, ce qui n'implique pas obligatoirement que la qualité de la prestation soit moindre. Les tarifs de location annoncés sont à peu de choses près les mêmes partout et sont, de toute façon, négociables. Comptez environ quotidiennement 10 000 MRO pour un véhicule léger et entre 15 000 et 25 000 MRO pour un 4x4, suivant le modèle, chauffeur compris, carburant en supplément. Faites bien préciser sur le contrat ce que le prix comprend. Lorsque vous louez un véhicule, il faut prendre en compte la location proprement dite, le carburant et la rétribution du chauffeur. Impératif également, de vous faire notifier par écrit sur le contrat que vous n'avez pas à régler les éventuels frais occasionnés par des crevaisons ou des pannes pouvant immobiliser le véhicule. Cela paraît évident, mais nous avons rencontré des touristes qui ont été obligés de régler une facture de réparation pour poursuivre leur voyage. Bien entendu, cela ne se produit pas chez les prestataires sérieux. Louer une voiture avec chauffeur est pratiquement obligatoire, étant donné que vous aurez immanquablement à quitter le goudron pour vous rendre sur les sites intéressants, à moins que vous ne soyez un as de la conduite tout-terrain. De plus, les chauffeurs sont souvent d'excellents mécaniciens et peuvent vous permettre de résoudre, simplement avec les moyens de fortune, bien des problèmes qui vous paraissent insolubles. Un chauffeur est également plus qualifié pour éviter les nombreux pièges et incidents pouvant survenir, cela va du trou béant au milieu d'un bon goudron à l'animal surgissant inopportunément de derrière un arbre. Enfin, la conduite étant très spéciale, en Afrique en général et en Mauritanie en particulier, il vous évitera de vous confronter trop rudement à l'interprétation très spécifique qu'ont les Mauritaniens du code de la route. Nous avons tenté de nous y retrouver dans ce capharnaüm et sommes en mesure de vous proposer une sélection de prestataires avec lesquels vous ne devriez pas rencontrer de gros problèmes. La plupart vous proposent des véhicules à louer de la voiture légère, genre Toyota Corolla, pour de petits déplacements, aux plus gros 4x4 du marché, *pick-up* double cabine ou Toyota GX, LX, climatisés ou non, propulsés par un puissant moteur six cylindres, bien utile dans certaines zones.

AMSR – AGENCE MAURITANIENNE DES SERVICES ET REPRÉSENTATIONS
Avenue de Gaulle, BP 3073
✆ +222 22 14 06 36
amstr2020@gmail.com
Entre la Société Générale et Mauritel. Comptez environ 23 000 MRO pour une location de 24 heures, chauffeur compris.

Mohamed et Boubakar forment une bonne équipe et ils s'occuperont de vous chercher un véhicule dès que vous vous serez mis d'accord. Encore une fois, la règle d'or pour faire des affaires et de ne pas être pressé ! Possibilité de louer les services d'un chauffeur, mettez-vous bien d'accord sur les clauses du contrat.

■ **ATLAS VOYAGES**
Avenue Nasser, BP 46
✆ +222 45 25 20 92 – +222 46 47 37 78
Fax : +222 45 25 75 70
voyagesatlas@yahoo.fr
A partir de 16 000 MRO, 20 000 MRO pour véhicule VX, 30 000 MRO Toyota Hilux.
Que vous souhaitiez découvrir en toute sécurité les villes historiques de Mauritanie, le parc national du banc d'Arguin ou parcourir le circuit des Oasis, Atlas Voyages est là pour vous satisfaire. Son équipe de professionnels du tourisme vous guidera tout en préservant votre liberté, pour que vous ayez envie de revenir et de faire venir en Mauritanie. En 4x4 climatisé ou à dos de dromadaire, votre voyage restera gravé au fond de votre mémoire. Très bon accueil de Moktar et de son équipe.

■ **EUROPCAR**
Avenue de Gaulle
✆ +222 45 25 11 36 – +222 36 30 32 41
www.europcar.com
europcar@mauritel.mr
Proche de Mattel.
Le grand logo peint sur la concession inspire bien entendu confiance aux touristes, amenés à un moment ou à un autre, à déambuler sur l'avenue du Général-de-Gaulle. Ici, Europcar, c'est un peu comme Michelin, c'est un gage de qualité. À Boutilimit, c'est un hôtel qui porte ce nom prestigieux. Pour en revenir à nos voitures, l'avantage de cette structure plus conséquente, c'est la disponibilité immédiate des véhicules. Quant aux standards attendus sur le service, détrompez-vous, ici comme ailleurs, on négocie chaque détail du contrat.

PRO SERVICES TOURS
BP 4512
✆ +222 45 29 56 57 – +222 46 55 35 35
Fax : +222 45 29 45 13
www.lestoilesmaures.com
proservicestour@yahoo.fr
Entre Kennedy et Charles-de-Gaulle, rue Alioune, passez devant l'auberge des Nomades, puis 1re à droite, 1re échoppe sur la droite. Circuits, méharées, randonnées, dans tout le pays. Prix très attractifs.
Vous voulez découvrir le pays avec de vrais professionnels ? Poussez la porte de Proservices Tours, on vous conduira au fond, dans le bureau de Cheibany. Installez-vous et prenez le temps, laissez-vous compter l'histoire de la Mauritanie, les richesses de son peuple et les causes et conséquences des difficultés qui le touche… Au troisième thé (pour les plus sceptiques !), vous serez vous aussi convaincu de la touchante sincérité qui anime ce grand érudit lorsqu'il parle de sa terre et des siens. Si bien, qu'il en oublierait presque de vous parler des circuits et méharées qu'il organise, et de son auberge, véritable havre de tranquillité à Atar… À vous de le lui rappeler !

■ **TENDADI TOURS**
BP 154
✆ +222 45 25 28 66
✆ +222 45 29 41 83
www.tenadi.com – info@tenadi.com
À côté de l'hôtel Halima. Location de véhicules à partir de 14 000 MRO pour une Toyota AV6, entre 17 000 et 25 000 MRO pour un 4x4.
Cette grosse agence propose des véhicules à la location, l'organisation de méharées et excursions à travers tout le pays ainsi qu'un service de billetterie, en plus des prestations proposées dans le complexe touristique de Tenadi. Un passage à l'agence de Nouakchott vous permettra de vous informer sur les différents tarifs et l'organisation de votre séjour.

PRATIQUE

Tourisme

■ **FÉDÉRATION DES BANQUES DU TOURISME ET DES SERVICES (FBTS)**
Immeuble CGEM
BP 383
✆ +222 45 29 07 69
Fax : +222 45 25 46 06

■ **OFFICE NATIONAL DU TOURISME**
✆ +222 45 29 03 44
www.tourisme.mr
Longez la Présidence vers le Nord, au carrefour avec la rue de l'hôtel Halima tout droit, puis sur votre gauche. Ouvert du dimanche au jeudi, de 10h à 16h environ.

L'édition précédente du Petit Futé vantait la bonne idée de la Mauritanie de se doter d'un Office national du tourisme (ONT). Dommage que l'ONT soit resté au stade d'idée… Si l'on ne met pas en doute qu'il s'engage tant bien que mal pour le secteur – son site internet est toujours « en construction » – il ne propose aucune brochure, et ne prévoit aucun accueil pour les touristes en quête de renseignements. On nous avait pourtant bien assuré que les brochures, attendues depuis longtemps, arriveraient « demain ». Malheureusement, notre scepticisme devant l'annonce s'est vérifié lors d'une nouvelle visite deux semaines plus tard… mais demain, peut-être ?

■ PARC NATIONAL DU BANC D'ARGUIN
Avenue Gamal Abdel Nasser
BP 5355 ✆ +222 45 25 85 41
Fax : +222 45 25 85 42
www.pnba.mr
adhadramy@yahoo.fr
Site Internet très complet.

■ PHARE DU DÉSERT TOURISME
Avenue Charles de Gaulle
✆ +222 46 44 24 21 – + 222 22 44 24 21
www.desertmauritanie.com
info@desertmauritanie.com
Le Désert de Mauritanie propose l'organisation de votre voyage. Les prestations sont variées : circuits (« Parc national du banc d'Arguin » et « Région de l'Adrar ») mais aussi trekkings qui se font à pied ou à dos de chameau. Grâce à cette agence vous pourrez personnaliser votre circuit et l'adapter à vos envies.

Argent

Les agences bancaires sont nombreuses à Nouakchott et beaucoup d'entre elles se sont récemment équipées de distributeurs automatiques de billets acceptant les cartes VISA. Plus besoin donc, en théorie, de ramener de grosses sommes en euros… Dans la pratique, les commissions pratiquées par les banques européennes sur les retraits en Mauritanie restent élevées (4-5 € par retrait), et l'importation de liquidités à changer sur place

« Mauritel, Mattel, Chinguitel, envoyer crédit 100 % ? »

Le téléphone portable est arrivé en Mauritanie en 2001, et il y fait un malheur. Des vendeurs ambulants proposent des cartes prépayées à tous les carrefours importants de Nouakchott. D'abord uniquement disponible dans la capitale mauritanienne, le portable a colonisé la région de l'Adrar, puis la quasi-totalité du territoire mauritanien. Aujourd'hui, on passe des « coups de fil » en plein désert. Vous noterez également avec une certaine malice que les trois opérateurs nationaux (Mauritel, Mattel, Chinguitel) s'immiscent incroyablement souvent dans la conversation des Mauritaniens. Certes, ce sont des mots faciles à repérer dans une conversation en hassanya, mais tout de même, si souvent ! Un élément de réponse ? Les nouvelles technologies de communication, notamment avec la démocratisation encore plus récente de l'internet, sont un sujet de conversation qui passionne cette population encore en grande partie nomade.

▶ **Pour passer vos appels,** le plus pratique et le plus économique est de se procurer une carte SIM locale. Pour cela, rendez-vous au « point chaud ». C'est ainsi que l'on nomme le marché aux portables en face de la grande mosquée saoudienne. Les vendeurs de cartes sont nombreux, choisissez votre opérateur (et même votre numéro !), et si vous êtes bon en négociation, vous vous en tirerez pour quelque 700 MRO… Très bien ! me direz-vous. Mais qu'en est-il de ces formules que l'on entend à tue-tête, dans la rue, au marché, qu'elles soient criées par des vendeurs ou répétées en boucle par des haut-parleurs ? Je parle bien sûr des fameux « envoyer crédit 100 % » et autres variations linguistiques, pour le moins énigmatiques la première fois qu'on les entend. Régulièrement, les opérateurs pratiquent des promotions sur les cartes de recharge. Ainsi, si un vendeur vous dit « Mauritel 100 % » et que vous lui prenez une recharge de 300 MRO, votre compte sera rechargé de 600 MRO. Vous suivez ? Plus compliqué : certains vendeurs ambulants font « le plein de crédit » pendant ces périodes de promotion, et, une fois la « fièvre du 100 % » passée, ils vous proposent un bonus plus petit mais toujours intéressant. Mettez-vous d'accord sur le bonus (50-80 %), puis donnez-leur votre numéro de portable, ils vous transféreront alors le crédit et vous recevrez un SMS de confirmation.

reste la solution la plus économique. Pour changer des euros en ouguiyas, vous serez fortement sollicité dans la rue, aux alentours du marché central (pour les petites sommes, taux de change aux alentours de 320 MRO pour 1 €). Pour les grosses sommes, préférez les agences bancaires (Société Générale), où vous profiterez d'un taux souvent plus intéressant que dans la rue… mais tout dépend bien entendu du cours du change, dont la fluctuation est importante (environ 300 MRO pour 1 € fin 2008, contre près de 400 MRO pour 1 € en 2011).

■ **BANQUE ALWAVA MAURITANIENNE ISLAMIQUE (BAMIS)**
Avenue du Général de Gaulle
✆ +222 45 25 14 24 – +222 45 25 22 66
www.bamis.mr
Entre la Société Générale et l'hôtel Tfeila. DAB VISA dans toutes les agences.

▸ **Autres adresses :** avenue du Roi Fayçal, rue de l'Ambassade du Sénégal.

■ **BANQUE ATTIJARI**
Avenue du Général de Gaulle
Entre l'Avenue du Général de Gaulle et l'Ambassade d'Allemagne. DAB VISA 24h/24.
À deux pas de l'agence de la Société Générale, récente implantation de cette banque tunisienne. Distributeur VISA à l'extérieur.

■ **BANQUE MAURITANIENNE POUR LE COMMERCE INTERNATIONAL (BMCI)**
Immeuble Afarco
Avenue Gamal Abdel Nasser
BP 622
✆ +222 45 25 24 69
Fax : +222 45 25 20 45

■ **SOCIÉTÉ GÉNÉRALE MAURITANIE**
Avenue du Général de Gaulle
BP 5085
✆ +222 45 29 70 00
www.sgm.mr
Ouvert de 8h30 à 14h, du dimanche au jeudi, DAB VISA 24/24h.
Possibilité de changer des euros en ouguiyas uniquement dans l'agence de l'avenue du Général-de-Gaulle située entre Mauritel et Galerie Tata. Prévoir un passeport. Dans toutes les agences, possibilité de retrait avec une carte VISA (commission entre 4 et 5 € par retrait selon votre établissement bancaire).

Un numéro à retenir : le 116 !

Si vous avez opté pour l'achat d'une carte SIM mauritanienne, ce que nous vous conseillons très fortement, vous pouvez en cas d'urgence contacter la gendarmerie 24/24h en composant le 116 depuis votre mobile.

Poste et télécommunications

■ **LA POSTE**
Avenue Gamal Abdel Nasser
✆ +222 45 25 72 27
www.mauripost.mr
mauripost@mauripost.mr
A l'angle de l'avenue Gamal Abdel Nasser et de l'avenue de l'Indépendance.
Vous y trouvez tout ce qu'il faut pour affranchir vos lettres ou colis.
Le tarif d'affranchissement d'une lettre est de 370 MRO pour la France. Possibilité également d'y téléphoner, un service très prisé avant l'arrivée du téléphone portable en Mauritanie et pour lequel il fallait longtemps faire la queue, ce qui n'est plus vraiment le cas aujourd'hui…

Internet

Le premier cybercafé aurait vu le jour dans la capitale début 2000. Depuis, il n'y a que l'embarras du choix pour surfer sur Internet. Inutile de vous conseiller une adresse plus qu'une autre, les « cybers » sont partout et se valent, autant au niveau du prix (tarif standard : 300 MRO/heure) que de la fiabilité de la connexion : plusieurs se trouvent à proximité du « point chaud », d'autres se font concurrence le long de l'avenue Kennedy, mais aussi à proximité des Galeries Tata… Si vous avez votre propre ordinateur et que vous cherchez une connexion wi-fi gratuite, reportez-vous à la rubrique « *Sortir – Bars et Cafés* ».

Urgences

Sauf exception, vous ne devriez pas avoir à subir de nuisances liées à la délinquance à Nouakchott. Si toutefois c'était le cas, voici les coordonnées des autorités compétentes dans ce domaine.

■ **COMMISSARIAT DE POLICE**
✆ +222 45 25 35 90
Celui-ci est le commissariat du centre-ville, mais il en existe dans presque chacun des 11 quartiers de Nouakchott.

■ **DIRECTION DE LA SÛRETÉ NATIONALE**
✆ +222 45 25 00 17
Notamment pour prolonger un visa.

■ **DIRECTION DES DOUANES**
✆ +222 45 25 14 04
Pour dédouaner un véhicule bien que, dans la plupart des cas, ce soit l'acheteur qui se charge de cette démarche.

Adresses utiles

■ **AMBASSADE D'ALGÉRIE**
BP 625 ✆ +222 45 25 35 69
Fax : +222 45 25 47 77

■ **AMBASSADE DE FRANCE**
Rue Ahmed Ould Mohamed
BP 231 ✆ +222 45 25 96 96
✆ +222 45 29 95 37
www.france-mauritanie.mr
Site Internet complet sur l'actualité diplomatique et les différentes missions de l'ambassade.

■ **AMBASSADE D'ESPAGNE**
BP 232 ✆ +222 45 25 20 80
Fax : +222 45 25 40 88

■ **AMBASSADE DU CANADA**
Centre Commercial Abass
Avenue du Général de Gaulle
Ilot « O », N° 34
✆ +222 45 29 26 97
Fax : +222 45 29 26 98
consulatcanada@mauritel.mr

■ **AMBASSADE DU MALI**
Quartier Tevragh Zeina
✆ +222 45 25 40 78

■ **AMBASSADE DU MAROC**
Avenue du Général de Gaulle
BP 621 ✆ +222 45 25 13 27
✆ +222 45 25 14 11
sifmanktt@gmail.com

■ **AMBASSADE DU SÉNÉGAL**
Quartier Tevragh Zeina
BP 2551
✆ +222 45 25 72 90
Fax : +222 45 25 72 91

■ **PDA COG CONSULTING**
BP 5088
✆ 45 29 69 08
pdacog-consulting@toptechnology.mr
Ce cabinet est à même de vous conseiller sur les formalités à effectuer et les erreurs à ne pas commettre si vous souhaitez vous installer en Mauritanie, que ce soit à titre privé ou professionnel.

ORIENTATION

Le centre-ville se déploie dans les rues adjacentes à l'avenue Gamal-Abdel-Nasser, entre l'hôtel El-Amane et l'hôtel Mercure Marhaba. Si vous continuez au-delà de l'hôtel El-Amane vers l'ouest, vous arrivez au port des pêcheurs, si vous prolongez à l'est au-delà de l'hôtel Marhaba, vous atteignez l'aéroport. Cette avenue est l'artère principale de Nouakchott, elle sépare les quartiers résidentiels, au nord de celle-ci, des quartiers populaires au sud. Il est conseillé, lorsque l'on souhaite se rendre à un endroit, de savoir dans quel quartier il se trouve. Les chauffeurs de taxi font tout pour vous conduire à votre destination, mais si celle-ci se trouve à proximité d'une ambassade ou d'un hôtel, spécifiez-le, cela leur sera d'un précieux secours. La ville possédant très peu de bâtiments de grande hauteur, hormis le récent Al-Khaima City Center (dans une rue adjacente à l'avenue Nasser) et son restaurant situé au dixième étage, il est assez facile de s'y repérer en s'aidant des minarets des deux plus hautes mosquées de la ville, surtout la mosquée saoudienne. Lorsque vous êtes sur l'avenue Gamal-Abdel-Nasser, les deux minarets typiques de la mosquée saoudienne sont au nord et le minaret caractéristique de la mosquée marocaine est au sud.
En périphérie du centre-ville, suite à l'explosion démographique de Nouakchott, six quartiers ont vu le jour, numérotés de 1 à 6 avec, dans l'ordre, Teyaret, le Ksar, Tevrakh Zeïna, Toujounine, Sebkha et El-Mina. Plus tard, les autorités de la capitale ont même dû créer trois autres quartiers, Arafat, Dar Naïm et Ryad, puis en 2001, deux nouveaux quartiers ont vu le jour. D'autres quartiers ont été également ajoutés à l'ouest de la ville et au nord en longeant le goudron qui conduit à Nouadhibou.

Le plan de la ville que nous vous proposons vous sera d'une grande aide pour situer approximativement les différentes adresses de la capitale. Attention toutefois, il ne se lit pas à l'européenne !
En effet, les noms de rues qui figurent sur le plan n'évoqueront absolument rien aux Nouakchottois (en dehors, à la rigueur, des trois artères principales qui se sont récemment vues attribuer des noms : Nasser, Kennedy et Général-de-Gaulle). Ils ont leurs repères bien à eux (repris sur le plan) : Mauritel, Mattel, Air France, carrefour BMD, galerie Tata, stade olympique, marché central etc... Même si la municipalité a organisé il y a quelques années un vaste programme visant à fournir une adresse à une grande partie de ses habitants – leur permettant ainsi de recevoir du courrier et d'être recensés, donc de payer des impôts ! –, l'orientation dans la ville reste un art difficile que seule la pratique quotidienne vous rendra plus familier.

SE LOGER

Se loger à Nouakchott n'est pas un problème. Il y en a pour tous les goûts et pour toutes les bourses, de l'auberge pour routards à partir de 2 000 MRO la nuit, à la chambre des établissements de standing avec piscine pour environ 40 000 MRO. Dans cette fourchette, auberges, petits hôtels et maisons d'hôtes, offrent de très bons compromis pour qui souhaite un certain confort sans dépenser plus de 15 000 MRO la nuit. À l'heure actuelle, il n'est pas forcément nécessaire de réserver, sauf contre-indication dans les descriptifs des établissements. Enfin, n'oubliez pas que tous les prix sont négociables, en particulier pour les longs séjours, les groupes...

Bien et pas cher

■ **AUBERGE AWKAR**
Rond-point de Nouadhibou
✆ +222 46 83 91 91 – +222 36 30 53 62
Fax : +222 45 25 93 30
aubergeawkar@yahoo.fr
En venant de Nouadhibou, au rond-point à gauche. GPS N18° 06.203 W15° 59.802. Chambre single 5 000 MRO, chambre double 10 000 MRO, en dortoir ou sous la khaima 2 000 MRO, wi-fi gratuit.
Voisine de l'Auberge Sahara, cet établissement propose sensiblement les mêmes services et s'adresse au même type de clientèle. C'est propre, le petit coin de verdure à l'intérieur de l'enceinte est agréable, et la cuisine à disposition, pour une fois bien équipée en vaisselle est très appréciée des routards. Pas de possibilité de restauration. Un coup de cafard ? Le supermarché d'en face vend du chocolat !

■ **AUBERGE DE LA DUNE**
Avenue Kennedy
BP 2395
✆ +222 36 31 01 77
✆ +222 44 32 57 53
En face d'Air France. Dortoir 2 000 MRO, chambre 5 000 MRO par pax, 7 000 MRO pour 2 pax.
Ouverte depuis 1996, cette auberge du centre-ville est une vieille adresse. Victime comme les autres de la baisse vertigineuse des activités touristiques depuis 2008, elle n'accueille aujourd'hui plus grand monde... Il n'empêche, les chambres sont toujours en bon état et la situation reste idéale. Le vent de fraîcheur de la Dune, c'est son café ! Il attire chaque jour dans sa belle cour intérieure ombragée, une bande de joyeux lurons dont les rires redonnent vie aux vieux murs ! Faites-y une halte et vous comprendrez ! Saïd, le patron, croit toujours à la reprise et s'attaque constamment à de nouveaux travaux. Son dernier projet ? La terrasse, où il aimerait installer une khaima et proposer des nuits à 1 000 MRO.

■ **AUBERGE DES NOMADES**
✆ +222 36 30 57 25
✆ +222 46 48 18 86
Longez la rue du restaurant Le Prince en direction de l'avenue De Gaulle, avant la station essence à droite. Chambre 3 personnes 5 000 MRO, en camping 1 000 MRO, en dortoir 1 500 MRO. Petit déjeuner non compris.
Derrière la porte en fer orange se cache une cour qui accueille camping-cars et tentes des nomades d'un jour ou plus. Au fond, le bâtiment compte 4 chambres de 2 à 4 personnes, dont une avec salle de bains privée.

Retrouvez l'index général en fin de guide

L'intérieur est, à ce prix-là, résolument rustique, la peinture depuis longtemps défraîchie, le dortoir n'a rien pour lui, mais les sanitaires sont relativement bien entretenus. Vous l'aurez compris, ce n'est pas le confort qu'on vient chercher ici, mais les petits prix et l'authenticité des voyageurs au petit porte-monnaie et au grand cœur qui y font halte : Tunisiens, Marocains... Une adresse à part, qui accueille sans doute très peu de touristes européens, mais qui ne manque pas d'un charme indéfinissable pour autant.

AUBERGE MENATA
Rue Abou Baker ✆ +222 45 25 79 59
✆ +222 46 43 27 30 – +222 46 03 54 01
auberge. menata@voila.fr

Dans une petite rue perpendiculaire à l'avenue du Général de Gaulle, au niveau de Mauritel. GPS N 18. 005590 - W 15058639. Tente ou camping-car 1 500 MRO, khaima 2 000 MRO, dortoir climatisé 3 000 MRO, chambre double 5 000 MRO (salle de bains commune) et 10 000 MRO (salle de bains privée). Petit déjeuner 1 000 MRO, plat du jour midi et soir 1 000 MRO, machine à laver 1 000 MRO, wi-fi gratuit.

Ouverte en février 2003, rénovée et agrandie en 2010, l'auberge Menata compte parmi les plus célèbres de Nouakchott et propose différents hébergements accessibles à toutes les bourses. Les *backpackers* se retrouvent sous la khaima ou en dortoir pour les plus frileux, les campeurs s'approprient la grande cour ensablée, les couples investissent les chambres, et tout ce beau monde se croise dans la cuisine, à la boutique, défile sur les transats à l'ombre de grands feuillus, rigole à tout va, partage un plat, un verre de thé... Les habitués y sont chez eux, les nouveaux venus chaleureusement accueillis et vite conviés aux grandes tablées. L'équipe sensationnelle forme une grande famille cosmopolite qui dégage une bonne humeur débordante et très communicative. En bref, si vous aimez les rencontres, c'est ici qu'il faut poser vos bagages. Impeccable sur l'hygiène, situation idéale d'où vous pourrez rayonner sans problème à pied. Le plus dur à Menata, c'est d'en partir.

AUBERGE SAHARA
Route de Nouadhibou
✆ +222 636 33 70
www.auberge-sahara.fr
auberge_sahara@yahoo.fr

Au 1er rond-point en venant de Nouadhibou, tout droit, puis sur la gauche. Khaima 2 000 MRO par personne, camping-car sur le parking extérieur 1 500 MRO, chambre de 6 000 à 8 000 MRO pour 2 personnes, 3 000 MRO par personne supplémentaire. Petit déjeuner de 1 000 à 1 600 MRO, repas 1 500 MRO. Wi-fi gratuit.

L'auberge Sahara est une adresse bien connue des routards qui descendent au Mali ou au Sénégal. Très pratique pour ceux qui ne font à Nouakchott qu'une halte, elle est facile à trouver, juste à l'entrée de la ville, ce qui évite de s'enfoncer complètement dans le chaos du trafic du centre. Grand parking extérieur surveillé, aire d'accueil pour tentes et camping-cars à l'intérieur de l'enceinte. L'accueil réservé par l'équipe est excellent, les installations sont bien entretenues et très propres, l'ambiance ethno des chambres et du salon réussie. Cuisine et ordinateur sont gracieusement mis à disposition des voyageurs. Tout cela fait que l'on croise toujours pas mal de monde à l'auberge Sahara. On discute du voyage sur la terrasse autour d'un plat, on s'échange des tuyaux, bref on y fait des rencontres, et c'est malheureusement devenu un sacré luxe dans les auberges de ce budget... À recommander sans retenue !

CAMPING LES SULTANES
Route de Nouadhibou
✆ +222 44 33 22 53 – +222 46 50 09 64
lessultanes2@yahoo.fr
Au PK 13 sur la route de Nouadhibou. Petite khaima (4 personnes) 4 000 MRO, grande khaima 8 000 MRO, en tente ou camping-car (24h) 1 500 MRO. Menu de 2 300 à 2 800 MRO avec ou sans dessert.
La place au camping se mérite : en venant de la capitale, il vous faudra quitter le goudron vers Nouadhibou pour une piste de tôle ondulée sur environ 2 km avant de pouvoir rejoindre le front de mer. On oublie vite les douleurs au derrière, une fois arrivé… Nicolas vous fera le tour du propriétaire : une plage de sable fin déserte, incroyablement propre, à perte de vue, les rouleaux de l'océan, la paillote du bar restaurant, la très bonne cuisine et l'odeur du poisson grillé, le terrain de volley. Bref, tout invite à la détente… sauf peut-être la douche à l'eau froide, qui, elle… raffermit la peau. Souvent très fréquenté le week-end par une clientèle d'expatriés, on y fait la fête jusqu'à point d'heure et la bière y coule à flots. Attention toutefois aux candidats à l'hébergement en tente ou khaima, il fait vite frais et humide en soirée, et le vent cesse rarement de souffler.

CAMPING TERGHIT VACANCES
BP 689 ✆ 4 525 66 73
Fax : 4 525 66 73
À proximité du port de pêche. En tente ou camping-car 1 500 MRO par personne.
Idéalement situé en bordure de l'océan, ce camping devrait être bondé. Et pourtant il ne l'est pas, c'est le moins que l'on puisse dire ! Pourquoi nous direz-vous ? Peut-être à cause de la patronne, pas spécialement commerçante, peut-être à cause de l'eau qui se coupe inexplicablement si vous restez trop longtemps sous la douche, peut-être à cause du prix. Toujours est-il qu'il n'y a pas grand monde au camping Terghit.

Confort ou charme

AUBERGE LA SANAGA
Avenue du Général de Gaulle
✆ +222 36 34 40 99 – +222 46 77 68 60
✆ +222 45 29 34 28
aubergelasanaga. onlc.fr
aubergelasanaga@yahoo.fr
Face au lycée Tevragh Zeina,
proche de l'ambassade du Maroc.
Chambre de 7 000 à 10 000 MRO pour 2 personnes, petit déjeuner 1 000 MRO, restauration de 1 000 à 2 500 MRO. Wi-fi gratuit, télévision par satellite.
Ouverte depuis peu, cette auberge est à la fois très calme et très centrale, à quelques dizaines de mètres des Galeries Tata, au bout d'une contre-allée de l'avenue du Général-de-Gaulle. Dans un immeuble en bon état, les chambres sont très spacieuses (dont une avec coin salon) et équipées de salles de bains privées avec baignoire pour la plupart. La taille des chambres et la propreté sont indéniablement deux atouts majeurs de cette nouvelle adresse, qui n'a malheureusement pas encore eu le temps de s'intéresser au volet déco et agencement des espaces. Si la literie est de bonne qualité, les chambres, en revanche, donnent vraiment l'impression d'être vides, quelques meubles supplémentaires et une touche de couleur pourraient facilement les agrémenter. Dommage aussi que la grande terrasse ne soit pas encore exploitée ! Très bon accueil de Dakori.

HÔTEL EL-AMANE
62 avenue Abdel Nasser
BP 13 et 1147 ✆ +222 45 25 21 78
✆ +222 45 25 37 65
www.hotel-el-amane.com
Entre les deux carrefours principaux avec l'avenue Kennedy et l'avenue du Général-de Gaulle. Chambre single 17 000 MRO, chambre double 19 000 MRO, petit déjeuner 2 300 MRO, wi-fi gratuit.
Un rapport qualité/prix intéressant sur Nouakchott et une situation on ne peut plus centrale, voilà de bons arguments pour ce petit hôtel de 23 chambres climatisées avec télévision par satellite et minibar. Le restaurant a également une très bonne réputation et le patio qui l'accueille est très agréable. Si vous hésitez encore, le sourire de Jeannette à l'accueil finira de vous convaincre.

HÔTEL EMIRA
1er Rond-point vers Nouadhibou
✆ +222 45 24 47 00 – +222 25 00 17 17
www.emirahotel.com
hotelemira@hotmail.fr
esparanorberto@hotmail.com
Chambre climatisée de 20 000 à 25 000 MRO pour 2 personnes (salle de bains privée et baignoire), suite à partir de 35 000 MRO environ, Petit déjeuner 2 000 MRO, connexion Internet.

NOUAKCHOTT

Cet hôtel de très grande capacité a bien du mal à remplir toutes ses chambres, pourtant, elles satisferont sans problème les exigences européennes : généreuses en tailles, propres, et bien équipées (bonne literie, télévision par satellite, minibar, climatisation, Internet). Un espace avec restaurant, bar et billard est en projet dans les immenses salles du rez-de-chaussée. La cafétéria est d'ores et déjà opérationnelle et inspire confiance. Une bonne adresse de la catégorie moyenne.

■ **HÔTEL HALIMA**
BP 5144 ✆ +222 45 25 79 21
Fax : +222 45 25 79 22
www.hotel-halima.com
contact@hotel-halima.com
Dans le quartier de la Présidence, en face de l'ambassade de Russie.
Chambre single 30 500 MRO, chambre double 34 000 MRO, suite 56 000 MRO. Petit déjeuner copieux 2 000 MRO. Wi-fi gratuit.
Preuve de la renommée de cette « vieille » enseigne de la capitale – l'hôtel Halima est un point de repère connu de tout Nouakchottois qui se respecte – le goudron qui passe devant son imposante façade ocre emprunte souvent son nom sur les rares plans de la ville. Bien situé dans le quartier chic et calme de la présidence ; ses 40 chambres et 6 suites sont climatisées et plutôt bien équipées. Un peu décevantes tout de même, la déco et la taille des chambres. Les suites sont en revanche plus colorées et accueillantes, avec leurs grands salons mauritaniens. Un peu léger pour les tarifs affichés... mais qui les lit encore, me direz-vous !

MAISON D'HÔTES JELOUA
Quartier Tevragh Zeina
✆ +222 45 29 06 80 – +222 36 36 94 50
✆ +222 37 17 68 85
www.escales-mauritanie.com/jeloua
maison. jeloua@voila.fr
Proche de la résidence de l'ambassadeur du Mali. GPS : N18. 06062-W15. 58745. Chambre ou appartement de 8 000 MRO (salle de bains commune) à 12 000 MRO (salle de bains privée). Petit déjeuner 1 500 MRO. Repas de 1 500 à 3 000 MRO. Wi-fi gratuit.
Dans les beaux quartiers de Nouakchott, cette maison d'hôtes est une de nos adresses préférées de la capitale. Équipées de tout le confort moderne, les sept chambres sont toutes décorées différemment et toutes aussi chaleureuses les unes que les autres. On déambule dans la grande bâtisse, d'un salon à l'autre, à travers la salle à manger, sur la terrasse, dans le jardin... Le charme et le calme de cet îlot de verdure en plein cœur de Tevragh Zeina sont les véritables points forts de la maison... Pas encore convaincu ? L'accueil et la gentillesse d'Olivia et Youba, la restauration simple et légère, la propreté du lieu et les différents services proposés (parking fermé et gardé, transfert aéroport, buanderie et blanchisserie, coin Internet, boutique d'artisanat), tout cela fait qu'il n'y a guère de meilleur choix pour séjourner à Nouakchott, sous réserve bien sûr, d'avoir le budget qui va avec.

■ **MONOTEL DAR EL-BARKA**
Quartier de l'ambassade de France
BP 1366
✆ +222 33 14 07 75
Face au Petit Café. Chambre single à partir de 22 000 MRO, chambre double 28 000 MRO. Restauration, salle de conférences, bar, discothèque, piscine.
Une fois le portail de l'hôtel passé, on s'est dit qu'il ne manquait que le buisson mort virevoltant – qui précède toujours le duel de cow-boys – pour y tourner un western dans les règles... On s'explique : les installations sont plutôt bien entretenues, la piscine est opérationnelle bien qu'un peu sableuse, cependant, le silence des longs couloirs est oppressant à souhait. Pour se loger, disons que c'est une adresse au cachet fantomatique certain. Il semble que le nouveau propriétaire n'a pas encore élaboré de stratégie pour son offre d'hébergement.

RÉSIDENCE LA BIENVENUE
Avenue du Général de Gaulle
✆ +222 45 25 14 21 – +222 36 69 10 73
Fax : +222 45 25 14 21
En face de Mattel.
Chambre climatisée de 11 000 à 13 000 MRO. Petit déjeuner compris, wi-fi gratuit, salle de bains douche ou baignoire.
Dans une vieille maison familiale en plein centre-ville, le rapport qualité/prix de cette auberge est excellent. Les chambres sont très bien tenues et décorées avec autant de soin que de goût. Côté jardin, les petites allées voient pousser roquette et tomates au milieu de beaux citronniers et bananiers. Bonne restauration européenne, simple et légère, le midi uniquement. Et l'accueil ne vient décidément pas ternir le tableau car Aurélia, une jeune Française, est très chaleureuse. Petit plus : l'espace bibliothèque et presse.

■ **RÉSIDENCE ZAHRA**
Ilôt A629, BP 40101
✆ +222 45 29 33 36
Fax : +222 45 29 33 37
www.residencezahra.com
residencezahra@gmail.com
Dans la rue des ambassades, face à celle de l'Algérie, à côté de celle de la Tunisie. Chambre double 13 500 MRO, grand studio (2 couples) 18 500 MRO, suite 16 000 MRO. Petit déjeuner 1500 MRO, repas sur commande.
Bien située, cette résidence est une bonne adresse pour ceux qui recherchent un hébergement spacieux (coin bureau généreux, salon), bien équipé (climatisation, frigo, TV, wi-fi) propre et calme. Côté déco, c'est un peu décevant, et le manque de luminosité des chambres n'arrange pas l'affaire. En revanche, l'accueil réservé par l'équipe est excellent. En résumé, un très bon rapport qualité/prix, surtout pour les familles ou les petits groupes de voyageurs.

Luxe

■ **AL-KHAIMA**
Rue Mamadou Konate
✆ +222 45 24 43 95
À proximité de la grande mosquée et du marché aux portables. Studio de 30 000 à 40 000 MRO, suite à partir de 60 000 MRO, appartement grand luxe à 98 000 MRO. Petit déjeuner 2 500 MRO. Wi-fi, navette aéroport…
Apart'hotel facile à trouver, les 28 studios et appartements se trouvent dans le Al-Khaima City Center, le plus grand immeuble de Nouakchott ! Il est incontournable avec son restaurant panoramique au dixième et dernier étage. C'est neuf, propre, plutôt bien construit et aménagé. La clientèle est surtout composée d'hommes d'affaires, mais si vous êtes du style « voyageur aisé », pourquoi pas ?

■ **HÔTEL DECAPOLIS MARHABA**
160 B Avenue Gamal Abdel Nasser
✆ +222 45 29 50 50
Fax : +222 45 29 50 55
http://decameron.mr/
decapolis@decameron.mr
En face de la poste. Chambre standard 36 800 MRO, chambre confort 40 600 MRO, suite 60 000 MRO. Petit déjeuner buffet 4 000 MRO.
L'hôtel Marhaba était encore il y a peu un hôtel Mercure géré par le groupe Accor, avant qu'il ne soit racheté par le groupe hôtelier latino-américain Decameron qui cherche à s'implanter en Afrique de l'Ouest, lit-on ça et là sur la toile. Il n'empêche, demandez le Mercure à un chauffeur de taxi, c'est à coup sûr ici qu'il vous conduira (et sûrement plus rapidement que si vous lui demandez le Decapolis !). Notre avis ? À part la piscine… séjourner dans un tel hôtel ne présente pas un grand intérêt au niveau du confort ni des finances. Certaines maisons d'hôtes proposent des chambres bien plus raffinées et des services de restauration bien meilleurs à des prix équivalents, voire inférieurs. Toutefois, la clientèle d'affaires est souvent rassurée par les importants dispositifs de sécurité mis en place par ce type d'hôtels… et par le fait que l'alcool figure à la carte du bar.

HÔTEL TFEILA****
Avenue du Général de Gaulle
BP 40157 ✆ +222 45 25 74 00
Fax : +222 45 25 74 29
www.hoteltfeila.com
info@hoteltfeila.com
En face des Galeries Tata. Chambre à partir de 45 200 MRO, suite à partir de 62 000 MRO, taxe séjour en sus, salles de conférences à la location, Petit déjeuner 4 000 MRO, wi-fi, VISA acceptée, business centre, services multiples.

Cet hôtel relativement récent a pris la place de l'ancien Novotel et offre de bonnes prestations, pour une fois comparables aux standards européens des établissements pratiquant des tarifs équivalents. Les 77 chambres et suites sont spacieuses et parfaitement tenues, le *staff* est nombreux et très compétent. Repaire favori de la clientèle d'affaires en raison du standing sans égal sur Nouakchott. Bonne restauration, belle piscine, et nombreux services proposés au sein de cet environnement ultra-sécurisé. Confortable prison dorée qui se chargera d'anesthésier tout choc culturel éventuel, le Tfeila est l'un des rares hôtels installés en Mauritanie (le seul ?) à ne pas avoir été victime de la crise du tourisme qui frappe le pays depuis 2008. En voyant l'incroyable dispositif de sécurité déployé à l'entrée, il est tentant de supposer que l'établissement en a fait son fonds de commerce… les affaires ont leurs raisons que la raison ignore. Tout cela pour dire que l'hôtel affiche très souvent complet et qu'il vous faudra réserver le plus tôt possible.

SE RESTAURER

Pause gourmande

CAFÉ – PÂTISSERIE EL JEWHARA

Rue de l'Ambassade du Sénégal
Juste à côté de l'hôtel Atlantic

Pâtisseries orientales. Et pour 500 MRO, on peut goûter à tout !

Production familiale d'une dizaine de sortes de petits gâteaux et pâtisseries orientales ! Au miel, à la figue, fourrés. . . un délice !

PÂTISSERIE LIBANAISE – SALON DE THÉ

Avenue du Général de Gaulle

Après la Société Générale en direction du nord. Assortiment de pâtisseries libanaises à 3 000 MRO le kilo.

Pour les petites envies sucrées accompagnées d'un bon thé à la menthe, vous trouverez ici de délicieux biscuits et pâtisseries de toutes sortes. Hygiène irréprochable et on vous rend toujours correctement la monnaie. Un régal !

Bien et pas cher

LA CANTINE

✆ +222 44 71 22 22
✆ +222 46 48 66 37

Proche de la route du Ksar. Prenez la piste en face des Galeries Tata, la piste coupe un goudron et tourne à gauche, suivez-la, vous y êtes. Spécialités africaines, salades, grillades. . . et cours de cuisine ! Ouvert le midi uniquement de 12h à 15h.

Une très bonne adresse franco-mauritanienne pour manger simplement à midi dans un cadre sympa. Goûtez la mousseline d'aubergines, un vrai régal ! Pour celles et ceux qui souhaiteraient maîtriser l'art du *tieboudienne*, adressez-vous à Sira et Olivier !

CHEZ LÉA

✆ +222 33 36 98 32

Suivez le goudron en face de l'hôtel Atlantic vers le Nord. Après l'école maternelle et le vendeur de paraboles sur la gauche. À côté d'UPR et de l'hôtel Aziza. A midi, riz poisson et sandwichs à partir de 300 MRO, le soir ou sur commande plats au choix de 1 500 à 2 000 MRO.

Léa, c'est l'ancienne cuisinière de la maison d'hôtes Jeloua, dont on nous a vanté les talents culinaires, à juste titre. Elle a nouvellement ouvert un petit resto dans les quartiers nord de la capitale. On est loin du resto gastronomique (et le porte-monnaie ne s'en porte pas plus mal), mais la lotte à la sauce verte et les crevettes panées ou à l'ail méritent vraiment le petit détour. Si vous êtes plusieurs à vouloir manger en soirée, prévenez le plus tôt possible. Rien de bien prétentieux donc, mais il n'en faudra pas bien plus pour vous séduire : quelques tables et chaises en plastique dans la petite salle et sur la mini-terrasse, et un sourire qui lui, ne laisse pas de marbre.

■ LE PRINCE

Rue Alioune

À l'angle de la rue Alioune et de l'Avenue Kennedy.

Chawarma 700 MRO, Sandwichs et paninis à partir de 1 000 MRO, hamburgers de 700 à 1 400 MRO. Chawarma assiette 1 700 MRO, salade + frites 800 MRO, spaghettis 900 MRO…

Idéal comme point de rendez-vous car tout le monde connaît ce restaurant du centre-ville. Pourquoi ? On ne saurait trop vous dire… Certes, la devanture colorée ne passe pas inaperçue, l'épaisse fumée des grillades attire l'attention, on y mange bien et la salle, dans les tons orangés, est propre et calme du fait de l'absence de télévision. Mais pas de quoi s'enflammer non plus, c'est un bon petit *fast-food* amélioré dont on peut supposer qu'il s'est autorisé une petite majoration de ses tarifs du fait de sa notoriété.

RESTAURANT BILAD EL CHAM

Avenue du Général de Gaulle
✆ +222 33 34 35 47 – +222 25 03 12 34
koenigcarlos@yahoo.fr

À côté de Mattel. PDJ complet à 1 500 MRO, plat du jour à 1 500 MRO, entrées 500 -1 500 MRO, viandes 800-2 500 MRO, spaghettis 1 500 MRO, pizzas 1 200-2 000 MRO, poissons 1 800-3 000 MRO. Sandwichs à partir de 500 MRO.

Avancez-vous dans la petite allée jusqu'à la cour intérieure, au calme de l'avenue. Sous les palmiers et à côté du petit bassin, vous pourrez goûter une cuisine simple ou plus sophistiquée, ou encore y prendre juste un verre, et c'est là tout l'intérêt de cette adresse pleine de ressources. Carlos, le gérant, saura vous mettre à l'aise. Possibilité d'organiser des soirées méchoui à la demande. Toilettes très propres.

RESTAURANT EL GHODS

Rue Alioune ✆ +222 46 77 34 56

Tout de suite après le restaurant Le Prince. Kebab ou chawarma 300 MRO, hamburger 500 MRO, formule riz + 1/4 de poulet + soupe 800 MRO

La devanture ne paye pas de mine. N'y cherchez pas le nom du restaurant, les inscriptions sont toutes en arabe, un bon indice pour le trouver. C'est l'un des nombreux *fast-foods* améliorés de la rue dans laquelle est situé le restaurant Le Prince, et c'est sans doute le plus amélioré de tous. Parfait pour bien manger sans se ruiner. Coup de cœur pour le petit espace au premier étage (attention à la tête en montant les escaliers !), où l'on mange allongé sur de beaux coussins colorés, avant d'imiter les serveurs et autres convives, et de s'y assoupir le temps d'une sieste... *Fast-food* ? Oui, mais tout de même !

RESTAURANT LE BÉGUÉ – CHEZ MAM

En venant du nord de l'avenue Kennedy, prenez à droite la petite rue avant Air France qui mène sur une petite place, le resto est sur la droite, montez les escaliers. Plat du jour 500 MRO le midi, le menu change le soir.

Chez Mam ? Un vrai coup de cœur pour cette adresse à la fois rafraîchissante de simplicité et pleine d'attentions. Lorsqu'on arrive en haut des marches sur la belle terrasse couverte, on salue les convives et on s'installe. On prend, un apéritif au *bissap*, des nouvelles, de la tortue notamment, le temps enfin, de s'enquérir du menu. C'était riz à la viande de mouton ce jour-là. On redescend les marches, convaincu de ce que c'est un jour pas tout à fait comme les autres. Impossible de vous en dire plus, c'est le secret de la maîtresse de maison, de faire de la simplicité un véritable luxe.

SNACK L'ENDROIT

✆ +222 37 30 50 00

Proche de l'avenue du Général de Gaulle. Prenez la piste qui longe les Galeries Tata, en face de l'hôtel Tfeila. Chawarma 1 400 MRO, poulet rôti 2 800 MRO, poissons de 1 500 à 1 900 MRO

Tenu par un *expat* français, ce snack des beaux quartiers propose de très bonnes grillades dans une belle petite paillote avec terrasse ombragée. Le long d'une petite piste ensablée, cette adresse a un certain cachet touristique très appréciable, et faute de pouvoir mettre les pieds dans l'eau, vous pourrez faire trempette dans le sable !

Bonnes tables

EL-AMANE

62 avenue Gamal Abdel Nasser
BP 13 et 1147 ✆ +222 45 25 21 78
✆ +222 45 25 70 43
Fax : +222 45 25 37 65
elamane@toptechnology.mr

Entre l'avenue du Général de Gaulle et l'avenue Kennedy. Cuisine européenne. Menu 4 000 MRO.

Le restaurant de l'hôtel El-Amane est depuis longtemps une des bonnes tables de Nouakchott. Une terrasse ombragée vous présente ses spécialités de poissons et de viandes grillés. Des soirées particulièrement conviviales sont souvent organisées le vendredi soir avec grillades au feu de bois, devant une grande cheminée en plein air.

LE MÉDITERRANÉEN

✆ +222 46 60 96 65

Sur l'avenue entre l'ambassade de France et celle des USA. Entre 5 000 et 8 000 MRO pour un repas complet à la carte.

Cet établissement propose une cuisine provençale de très bonne facture. Patrick est en salle et Nicole, chef diplômé, en cuisine. Belle terrasse pour manger des grillades de viandes ou de poissons et 2 salles climatisées pour déguster de succulentes spécialités françaises. Belle carte des vins et bon accueil. Une adresse à découvrir.

■ LA PALMERAIE

Rue Ahmed Ould Mohamed
BP 375 ✆ +222 45 25 73 44

Après l'ambassade de France. Cuisine européenne. Plats à partir de 2 200 MRO, petit déjeuner 1 800 MRO, formule goûter 1 boisson chaude + 1 pâtisserie 700 MRO de 16h à 20h. Du dimanche au jeudi, formule buffet de 12h à 16h, le vendredi de 19h à 23h.

Restaurant surtout fréquenté par des Mauritaniens aisés qui viennent souvent y prendre le petit déjeuner. Ce dernier, copieux, est excellent puisque La Palmeraie est également une pâtisserie prisée à Nouakchott. Vous pouvez manger de bons poissons grillés et des spécialités italiennes, pâtes et pizzas, dans une grande salle extérieure qui accueille fréquemment des réceptions, des cérémonies et des expositions.

■ PIZZA LINA

Rue des Ambassades
BP 438 ✆ +222 45 25 86 62

Entre l'ambassade de France et le stade olympique. Grand choix à la carte de poissons et viandes de 3 500 à 5 500 MRO, plat du jour poissons ou viandes de 2 500 à 3 000 MRO, sélection de vins.

La terrasse de la Pizza Lina est facilement repérable depuis la rue qui mène au stade. L'établissement est ouvert depuis une vingtaine d'années et les *expats* des ambassades aiment y venir à midi. Le patron a créé une nouvelle salle à quelques pas de la pizzeria qu'il vous fera découvrir avec plaisir et qui se prête à merveille à un petit dîner à deux, ou plus. Ce nouvel espace se transforme tous les jeudis et vendredis en bar dansant.

■ RESTAURANT AL FANTASIA

Avenue du Palais des Congrès
✆ +222 47 60 13 13 – +222 45 25 13 13

Proche de l'ambassade du Mali, en dehors du plan. Formule entrée + plat 2 000 MRO le midi, couscous 3 000 MRO, tajines de 2 500 à 3 000 MRO.

Spécialités marocaines servies en grande pompe, le couscous des grands soirs ! Le cadre est très sympathique, la terrasse et la cour sont très agréables et très propres. Pour le dessert, demandez les pâtisseries ! Une bonne adresse à l'accueil chaleureux.

RESTAURANT LA MÉDINA

BP 2231 ✆ +222 45 24 11 48

En venant de l'avenue Kennedy, au rond-point à droite. À côté de l'église. Entrées de 2 000 à 3 500 MRO, poissons et crustacés de 2 700 à 4 000 MRO, viandes et grillades de 2 800 à 3 600 MRO, pâtes de 2 000 à 3 000 MRO. Midi : formule plat + dessert 2 000 MRO, entrée + plat + dessert 3 500 MRO. Vendredi soir : buffet 5 000 MRO par personne. Jeudi soir : barbecue 3 500 MRO par personne.

Un concept qui rappelle étrangement La Palmeraie... Un restaurant raffiné et une boulangerie tout aussi haut de gamme attenante. Une adresse à recommander pour la bonne cuisine, les formules attractives le midi, le cadre élégant de la terrasse, et le *staff* sympa et attentionné. La carte se charge de vous mettre l'eau à la bouche (caviar d'aubergines, symphonie de la mer, mignon de bœuf à la *plancha*...) et vous ne serez pas déçu ! Certains disent qu'un bon restaurant se juge à la propreté de ses toilettes : elles sont flambant neuves et étincelantes de propreté, et entre-temps, l'établissement a sûrement trouvé une élégante combine pour remédier au problème de la porte impossible à fermer !

■ RESTAURANT TAFARIT SUN HOUSE

Rue de l'Ambassade du Sénégal
✆ +222 45 45 46 73

À l'angle de la route des ambassades et de la rue de l'ambassade du Sénégal, proche du stade olympique, à côté de la station essence STAR. Plat du jour à partir de 2 500 MRO, belle carte de viandes et spécialités de la mer. Menu complet de 6 000 à 10 000 MRO par personne, boissons comprises.

Une bonne adresse pour un dîner, le Tafarit vous accueille sur une belle terrasse autour d'une fontaine et vous sert, entre autres, de très bonnes assiettes de crustacés. Le *staff* est très nombreux, en salle comme en cuisine ! Jetez un œil à tout ce monde qui s'active derrière les fourneaux en tablier blanc, vous n'en apprécierez que plus votre repas.

LA SALAMANDRE

✆ +222 45 24 26 80

A côté de l'église. Grand choix de plats, repas de 4 000 à 8 000 MRO selon les spécialités choisies.

On peut y déguster une cuisine internationale de très bonne qualité. Magret de canard, gigot d'agneau, steak tartare, anchoïade et autres côtes de bœuf sont tous à conseiller. Endroit branché bénéficiant d'une décoration moderne. Grande salle climatisée, décorée dans un style moderne et artistique, pour déguster des spécialités de la mer et de très bonnes viandes dans une ambiance chaleureuse. Enfin, pour ceux qui peuvent difficilement faire sans, on y peut commander bière et vins à un prix qui se chargera toutefois de vous en dissuader. Belle terrasse.

SORTIR

Cafés – Bars

■ BLABLA-THÉ

Dans l'Auberge La Bienvenue
Avenue du Général de Gaulle
✆ +222 45 25 14 21
✆ +222 36 69 10 73

En face de Mattel. Expresso 600 MRO, thé 800 MRO, jus, cocktails et smoothies de 800 à 1 000 MRO. Bonne restauration le midi uniquement, 1 800 MRO le plat.

Dans le salon de l'auberge La Bienvenue, on blablate sans compter dans un cadre très *cosy*, autour d'un café (un expresso, un vrai !) ou d'un thé (d'une grande marque française) qui pour le coup, vous feront certainement oublier un instant la Mauritanie. Confortablement installé sur de gros fauteuils bleus ou rose bonbon, laissez-vous *cocooner* par Aurélia et sa carte pleine de fraîcheur : jus et cocktails, *smoothies*, et petits plats légers. On nous a glissé à l'oreille qu'on y sert de ces boissons qui rafraîchissent l'esprit, à la nuit tombée, mais chuuuut !

■ CAFÉ RESTAURANT CHEZ ALADIN

✆ +222 45 24 05 08

Face à l'ambassade du Sénégal. Salades à partir de 900 MRO, viandes de 1 800 à 2 400 MRO, 1/4 poulet grillé 700 MRO, sandwichs à partir de 600 MRO. Wi-fi gratuit

Entre Capitale et Tevragh Zeina, voilà un petit café sympathique où il est bon de faire halte, dans la salle aux murs violets ou dans l'espace salon de thé. Accueil avec grand sourire.

CAFÉ TUNISIE & CAFÉ TUNISIE

Avenue Kennedy

En face d'Air France, à côté de l'auberge La Dune. Ouvert tous les jours, de 8h à minuit. Formule petit déjeuner complet 1 000 MRO, expresso et thé 200 MRO, jus d'orange 500 MRO… Wi-fi gratuit !

Connu de tous, le café Tunisie sur le goudron est au moins aussi célèbre que le café Tunisie de Raouf. On s'explique : il existe deux cafés du même nom, aux prestations quasi égales, et distants de quelques dizaines de mètres seulement. Difficile de rater celui sur l'avenue, en face d'Air France, dont la terrasse ne désemplit qu'aux heures les plus chaudes de l'après-midi. C'est la meilleure adresse des deux pour se restaurer (bon plat de poisson ou de viande pour 1 000 MRO) en terrasse, la petite salle intérieure n'ayant décidément rien d'accueillant, trop sombre et trop souvent embaumée par les toilettes (à ne fréquenter qu'en cas d'urgence !). Pour vous rendre chez Raouf, faites quelques mètres sur l'avenue en direction du nord, puis prenez la première à droite. Vous y trouverez une grande salle type cafétéria bien plus chaleureuse, et une terrasse donnant sur une petite rue souvent investie par les jeunes footeux du quartier. Au programme : narguilé, restauration rapide (*chawarma*, kébab et hamburger à 500 MRO), écrans plats branchés soit sur Al Jazeera soit sur le foot dès que le calendrier footballistique le permet. Le vrai bon plan des deux adresses ? Le wi-fi gratuit et la formule petit déjeuner ! En tous cas, ce sont deux hauts lieux de la vie nouakchottoise, où la Mauritanie aime dévoiler quelques-uns de ses secrets, au hasard des rencontres…

■ LE PETIT CAFÉ

Rue des Ambassades
✆ 25 00 10 00

Entre l'institut d'études islamiques et le stade. Expresso 500 MRO, pizzas de 1 200 à 1 800 MRO, sandwichs à partir de 600 MRO, salades de 1 000 à 1 800 MRO, viandes 2 200 MRO

Pour les fans de la série télévisée *Friends*, bienvenue au Central Perk ! Pour les autres, c'est un petit café (ah oui, vraiment ?) au look très occidental, avec une belle petite terrasse bien tenue et un comptoir qui brille. Bonne restauration, mais n'y venez ni pour l'accueil, ni pour le prix de l'expresso – *Wallahi !*

Clubs et discothèques

■ MONOTEL DAR EL-BARKA

Quartier de l'ambassade de France
BP 1366
✆ +222 33 14 07 75

Face au Petit Café.

Le bar restaurant très *trendy* de la piscine fonctionne un peu. Mais, la plus célèbre des activités de cet établissement polyvalent reste la discothèque, où la jeunesse de Nouakchott et un bon nombre d'*expats* se retrouvent pour danser et faire la fête le mercredi, le jeudi et le vendredi soir.

■ **NAF**

Dans le 2e espace de la Pizza Lina
Rue des Ambassades

Le jeudis et le vendredi, de minuit à 4h. Entrée gratuite.

Le propriétaire de la Pizza Lina a récemment ouvert ce nouveau restaurant qui se transforme les soirs de week-end (jeudi et vendredi !), doucement mais sûrement, en bar dansant. Ambiance pour le moins surprenante. On danse sur des tubes récents, avec à l'arrière-plan, l'actualité de France 24 en continu sur deux écrans plats. Bières, cocktails et spiritueux disponibles au bar.

■ **LA SALAMANDRE**

✆ +222 45 24 26 80

A côté de l'église.

Soirées le vendredi et le samedi dans ce restaurant branché.

À VOIR – À FAIRE

■ **GALERIE SINAA**

Ilot C
✆ +222 46 51 74 65
✆ +222 46 68 82 39
http://galeriesinaa. blogspot.com
sinaa. ma@gmail.com

Expositions de tableaux et produits de l'artisanat.

Dans une belle demeure du quartier de Tevragh Zeina, Hermann vous accueille et vous fait la visite ! Des artistes africains sont régulièrement invités à exposer leurs œuvres et à en discuter… une bonne adresse, pour le moins insolite à Nouakchott, qui ravira les amateurs d'art.

© SYLVAINE THOMAS - FOTOLIA

■ **MARCHÉ CINQUIÈME**

Longez l'avenue Kennedy en direction du sud, passez la palmeraie, vous arriverez au Marché cinquième, et continuez jusqu'aux premiers marchands de tapis et de matelas. Plus loin, coussins, tissus, mais aussi vêtements et vaisselle envahissent les étales des commerçants.

■ **MOSQUÉE MAROCAINE**

Au sud de la ville, la mosquée marocaine est un édifice de référence de la capitale car son architecture rappelle la Koutoubia à Marrakech. Puisque vous êtes venu jusqu'ici, profitez-en pour visiter le marché aux tentes mauritaniennes (khaimas), facilement repérable. Également à proximité, le marché SOCIM est plutôt dépaysant avec ses étals de fruits et légumes, ses vendeurs de charbon, de bidons vides d'huile moteur et de friture que l'on récupère notamment pour transporter l'eau…

■ **MOSQUÉE SAOUDIENNE**

Située en plein centre-ville, vous la verrez certainement, ses hauts minarets sont des repères précieux dans Nouakchott. Superbe construction récente, elle se repère de loin avec ses deux minarets caractéristiques.

■ **MUSÉE NATIONAL**

Rue Mohamed el Habib
BP 5055 ✆ +222 45 25 37 22

Ouvert du dimanche au jeudi de 8h à 16h, le vendredi de 8h à 13h et le samedi de 8h à 15h. Entrée à 500 MRO.

Le Musée national est abrité dans un datant d'une trentaine d'années et construit par des Chinois. Dans ce bâtiment, se trouvent également l'Institut mauritanien de recherche scientifique, le Centre de conservation des manuscrits mauritaniens et la Bibliothèque nationale. Ce musée nous montre, à l'abri de ses vitrines, quelles étaient les conditions de vie des populations ayant habité le pays, depuis des millénaires, à travers l'exposition de maquettes, d'objets de la vie courante, d'outils et de photos réalisées à l'occasion de fouilles. Organisé en deux espaces, le musée présente au rez-de-chaussée une partie dédiée à l'archéologie et l'ethnologie qui retrace l'évolution de l'homme dans les régions de l'actuelle Mauritanie, grâce à de grandes pancartes explicatives illustrées, outils d'époque à l'appui. Dans l'espace à l'étage, ce sont les objets de la vie quotidienne nomade qui sont exposés : habitat traditionnel, palanquins, jeux instruments de musique, vaisselle, plantes médicinales… Une excellente initiative à encourager, dommage toutefois que les informations soient souvent si évasives sur les objets présentés au premier étage.

POINT CHAUD

Vous comprendrez pourquoi les Nouakchottois appellent le marché aux portables « point chaud » quand vous vous retrouverez au milieu de la foule. L'attroupement à l'entrée des galeries, devant la mosquée saoudienne, annonce déjà la couleur. Le point chaud est toujours en ébullition. C'est là que vous trouverez des cartes SIM pour les 3 opérateurs mauritaniens : Mattel, Mauritel et Chinguitel. Les galeries accueillent tous les corps de métiers relatifs à l'achat et à la réparation des téléphones portables en particulier et de tout le matériel électronique en général. Dans la cour de l'immeuble, les vendeurs de musique se font la guerre à coups de décibels, les vendeurs de thé déambulent avec leurs plateaux d'une boutique à l'autre… L'un des hauts lieux mauritaniens où le dépaysement prend toute son ampleur, où la magie opère.

SPORTS – DÉTENTE – LOISIRS

LE RACING CLUB

Rue Mohamed Lemine Sakho
✆ +222 45 25 14 18

Un club omnisports près du musée. Piscine, tennis, billard.
Soirée dansante le jeudi.

SHOPPING

MARCHÉ CAPITALE

Avenue Kennedy

Il est situé près de l'avenue Gamal-Abdel-Nasser, vous pouvez difficilement échapper à son animation, très couleur locale. C'est le plus grand marché de Nouakchott, il a supplanté le marché du Ksar, plus ancien, depuis le choix de la ville comme capitale par les autorités. La partie la plus ancienne du marché investit un bâtiment d'environ 1 200 m². Au rez-de-chaussée, les hommes proposent aux passants des vêtements, des appareils hi-fi, des poissons frais, des ouvrages religieux, de la viande et les objets utilitaires nécessaires à la vie quotidienne des habitants. Cette description hétéroclite ne pose pas de problèmes particuliers aux acheteurs ni aux vendeurs, qui font leur petit commerce dans la plus parfaite bonne humeur. Au premier étage, les femmes vous étalent devant les yeux de superbes tissus aux motifs et aux couleurs plus chatoyants et variés les uns que les autres. La rue Bakar-Ould-Soueid sépare cet édifice de la partie la plus récente du marché Capitale, une place où de petites boutiques en bois vous proposent aussi bien des produits de beauté, des réveils ou des pagnes que des légumes. Le marché Capitale fait plus penser aux marchés d'Afrique noire qu'aux marchés d'Afrique du Nord.

MARCHÉ DU KSAR

Proche de l'aéroport, un peu excentré par rapport au centre-ville.

Il pâtit un peu de l'importance prise, depuis quelques années, par le marché Capitale, même si l'offre y est légèrement différente. On y trouve de superbes pièces d'artisanat maure, représentatives de la vie nomade traditionnelle. Les produits alimentaires y ont également leur place. Le voisinage de l'axe goudronné Atar-Nouakchott-Rosso a incité des commerçants à ouvrir des garages et des magasins de pièces détachées pour les automobiles. Si vous êtes motorisé et avez un problème avec votre véhicule, c'est ici que vous devez vous rendre. Quel que soit le problème rencontré, on s'efforcera de remettre en état votre véhicule, si la pièce défectueuse n'est pas en stock, on vous proposera de la fabriquer ! Ici, on ne jette pas, on répare.

LE SUD

Groupe de randonneurs dans le désert.

De Nouakchott à Néma

Les immanquables du Sud

- **Oualata,** tant pour la beauté de son site que pour le chaleureux accueil de ses habitants, sans parler des façades peintes si caractéristiques de ses maisons.
- **Tamchekket et Matmata** pour la vision incroyable de ces crocodiles survivant dans des *gueltas* en plein désert, piégés par l'aridité croissante de la région.
- **Tichit,** difficile d'accès et malheureusement déconseillée par la gendarmerie de Tidjikja pour des raisons de sécurité, mais classée au patrimoine mondial de l'humanité, à la fois superbe et désespérée de tant d'isolement.
- **Le Tagant, Tidjikja, Moudjéria, et N'Beika** qui tentent de développer un tourisme intelligent et responsable, aidés par des paysages de toute beauté.

Cette route goudronnée a été baptisée route de l'Espoir car elle était prévue pour desservir les régions du Tagant et des deux Hodh, ce qu'elle est parvenue à réaliser. En revanche, l'espoir initial de la continuer, pour rejoindre Tombouctou à 500 km à l'est de Néma, s'est envolé. Construite au milieu des années 1970, elle relie la capitale mauritanienne à Néma, la capitale de la région du Hodh ech-Chargui, distante de 1 100 km. Son revêtement est en bon état, bien que ponctuellement certains secteurs nécessitent des travaux de réfection vous obligeant à prendre des pistes parallèles, ce qui vous ralentit considérablement. C'est notamment le cas entre Kiffa et Ayoûn El-Atrous, où de gros nids-de-poule se forment du fait des fréquentes innondations de la saison de l'hivernage (août à octobre). Pour rejoindre le Mali et Bamako, le plus simple est de prendre le goudron vers le Sénégal à Ayoûn, et de rejoindre Gogui à la frontière. De Diéma, un goudron à péage (environ 1 €) conduit jusqu'à la capitale malienne. La route de l'Espoir permet également de desservir plus facilement Tidjikja, la capitale de la région du Tagant au nord, ainsi que Kaédi et Sélibabi, les capitales des régions du Gorgol et du Guidimaka, au sud. Très honnêtement, ce n'est pas l'un des plus beaux itinéraires transsahariens que nous connaissons, mais si vous voulez voir les villes historiques que sont Tichit et Oualata, il faut l'emprunter.

Sur le trajet entre Nouakchott et Néma, vous traversez une dizaine de villes où il est possible de se ravitailler en eau et en nourriture. Le carburant se trouve, de façon certaine, à Aleg, Kiffa et Ayoûn, les autres villes ne disposant de carburant que de manière aléatoire. De Nouakchott à Idîni, beaucoup de constructions ont été bâties de part et d'autre de la route. En effet, la nappe d'eau souterraine qui alimente Nouakchott se trouve à Idîni, à environ 65 km de Nouakchott, et la canalisation est parallèle à la route. Et là où il y a de l'eau, la vie s'installe. Pendant l'hivernage, les habitants de Nouakchott adorent partir en week-end tout au long de cette route. Les plus aisés y ont fait construire une petite maison, les autres y passent deux jours sous la tente à discuter et à boire le thé et le zrig. C'est à la fois une façon pour ces citadins de retrouver leurs racines et de s'échapper du stress, très relatif pour nos critères occidentaux, de la capitale.

La route, pratiquement rectiligne, s'étire comme un toboggan de bitume au milieu d'un océan de petites dunes. Les parties basses sont occupées par de petites dépressions de sable blanchi, démontrant la présence de sel, des tentes s'y regroupent pour former des villages. Les parties hautes sont le domaine de dunettes de sable plus foncé, tirant vers le rouge, qu'une maigre végétation tente de coloniser. Pour les estimations en temps, rien n'est plus difficile à établir. Si vous partez en transport public (taxi-brousse), les chauffeurs roulent à 90 km/h environ, et une fois qu'ils sont partis, plus rien (ou presque !) ne les arrête, si ce n'est les différents barrages de la gendarmerie. Pour passer ces derniers plus efficacement, prévoyez une quinzaine de photocopies de votre passeport avec votre destination et le détail de votre périple. Votre prévoyance et le gain de temps seront salués par tout l'équipage.

Pause rapide éventuelle à Boutilimit, pause quasi obligatoire au carrefour d'Aleg-Kaédi (une dizaine de kilomètres avant Aleg), souvent l'arrêt pour se restaurer dans une dibiterie entre Aleg et Sangrâfa (au carrefour Tidjikja-Kiffa). Par ailleurs, prévoyez entre 1 à 2 heures de battement entre l'heure de rendez-vous et le départ effectif, car il est fort à parier que vous aurez grandement sous-estimé la capacité de charge d'un Renault 21.
Enfin, pour toutes les questions relatives à la sécurité et à la zone rouge mise en place par le ministère des Affaires Étrangères français, reportez-vous à la rubrique « Sécurité » de la partie « Organiser son séjour ».

BOUTILIMIT

C'est la première ville importante traversée, située à 165 km de Nouakchott, c'est un peu le prolongement de celle-ci. En pleine croissance, elle est dominée par un fort, vestige de l'époque coloniale. C'est la ville de Mokthar Ould Daddah, le père de l'indépendance de la Mauritanie. Nombreux commerces le long du goudron, ravitaillement possible en carburant.

■ ATELIER ARTISANAL

Vous y trouvez de jolis tapis en laine dans les tons blanc et marron, ainsi que des bijoux et des coffres en ébène.

■ BIBLIOTHÈQUE DE CHEIKH SIDIYA

Cet artisan de la cohabitation avec la France au milieu du XIXe siècle a laissé à la ville la plus grande bibliothèque privée du pays. Ses manuscrits rassemblent les écrits des étudiants islamiques en mathématiques, théologie, astronomie, médecine, etc.

■ COMPLEXE TOURISTIQUE DE TENADI

BP 154 ✆ +222 45 25 28 66
✆ +222 45 29 41 83
Fax : +222 45 25 28 22
www.tenadi.com
webmaster@tenadi.mr
ctt@tenadi.com

L'agence se situe à côté de l'hôtel Halima à Nouakchott. Se rendre à l'agence de Nouakchott pour se renseigner sur les différentes formules proposées.

L'oasis de Tenadi est la seule, de la région du Trarza, à posséder une palmeraie produisant des dattes. Cette oasis avait tendance à perdre sa population qui était attirée par la proximité de Nouakchott, toute proche. Le complexe touristique Tenadi comprend un hôtel, le village touristique, des sites de bivouac et une agence de voyage. Il parvient, en générant des emplois, à fixer une partie de la population à Tenadi et participe ainsi à la lutte contre la désertification et la pauvreté. Vous pouvez parcourir le trajet (6 km) séparant le goudron et l'oasis de Tenadi proprement dite (au nord), à pied, à dos de dromadaire ou en 4x4, selon votre courage. Cette belle palmeraie compte environ 300 palmiers, mais aussi des manguiers, des citronniers, des mandariniers et des pamplemoussiers. A partir du mois d'octobre, les oasiens pratiquent le maraîchage et font pousser des tomates, des oignons, des carottes, des betteraves, des navets, des aubergines et de la salade. Tâche compliquée par le fait que l'eau, si elle est bien présente, se trouve entre 60 et 80 m de profondeur. Entre deux visites à la palmeraie ou dans les dunes environnantes, vous pouvez vous reposer dans 32 chambres réparties en 16 bungalows, avec toilettes et salle de bains, très confortables ou sous une tente traditionnelle. Un service de restauration est également à la disposition des clients. Ce complexe touristique, situé à 90 km de la capitale mauritanienne, présente l'avantage du dépaysement complet en vous permettant de dormir au milieu des dunes, tout en étant très confortablement installé, et tout cela à une heure de Nouakchott. D'autre part, Tenadi Tours, filiale du complexe touristique, est à votre disposition pour organiser à votre demande une méharée, un trekking ou une excursion en véhicule climatisé.

■ HÔTEL EUROPCAR

✆ +222 45 54 01 86

Couchage sous la tente à partir de 4 000 MRO, case de 4 000 à 8 000 MRO, chambre de 8 000 à 20 000 MRO. Repas de 2 000 à 3 000 MRO.

Hébergement correct, accessible à toutes les bourses, du matelas de base à la grande chambre climatisée.

ALEG

La capitale de la région du Brakna est à la fois proche du fleuve Sénégal, à 70 km au sud, et du désert dont les dunes surgissent au nord, ce qui a permis à Aleg de devenir un carrefour important pour les camions qui assurent le commerce entre différentes régions.

SAHARA OCCIDENTAL
Touâjîl
Boû
DAKHLET NOUÂDHIBOU
NOUÂDHIBOU
Cap Blanc
AZEFFÂL
TIJIRÎJ
AKCHÂR
Guelb er Rîchât
Ouadâne
ATÂR
Chinguetti
PARC NATIONAL DU BANC D'ARGUIN
Oujeft
INCHIRI
AKJOUJT
Bennichchâb
Nouâmghâr
Tamassoumît
TIDJIKJA
NOUAKCHOTT
TRARZA
Ouâd Nâga
Moudjéria
Letfatar
BRAKNA
OCEAN ATLANTIQUE
Boutilimit
Magta' Lahjar
Noualélân
Aftoût ech Chargui
ALEG
Rkîz
Guérou
Keur Massène
ROSSO
Bogué
Barkéwol el Abiod
KIFFA
Mônguel
Bababé
KAEDI
Mbout
ST-LOUIS
0
150 km
Kandossa
Maghama
Ould Yenjé
GUIDIMAKA
SELIBABI
DAKAR
SENEGAL

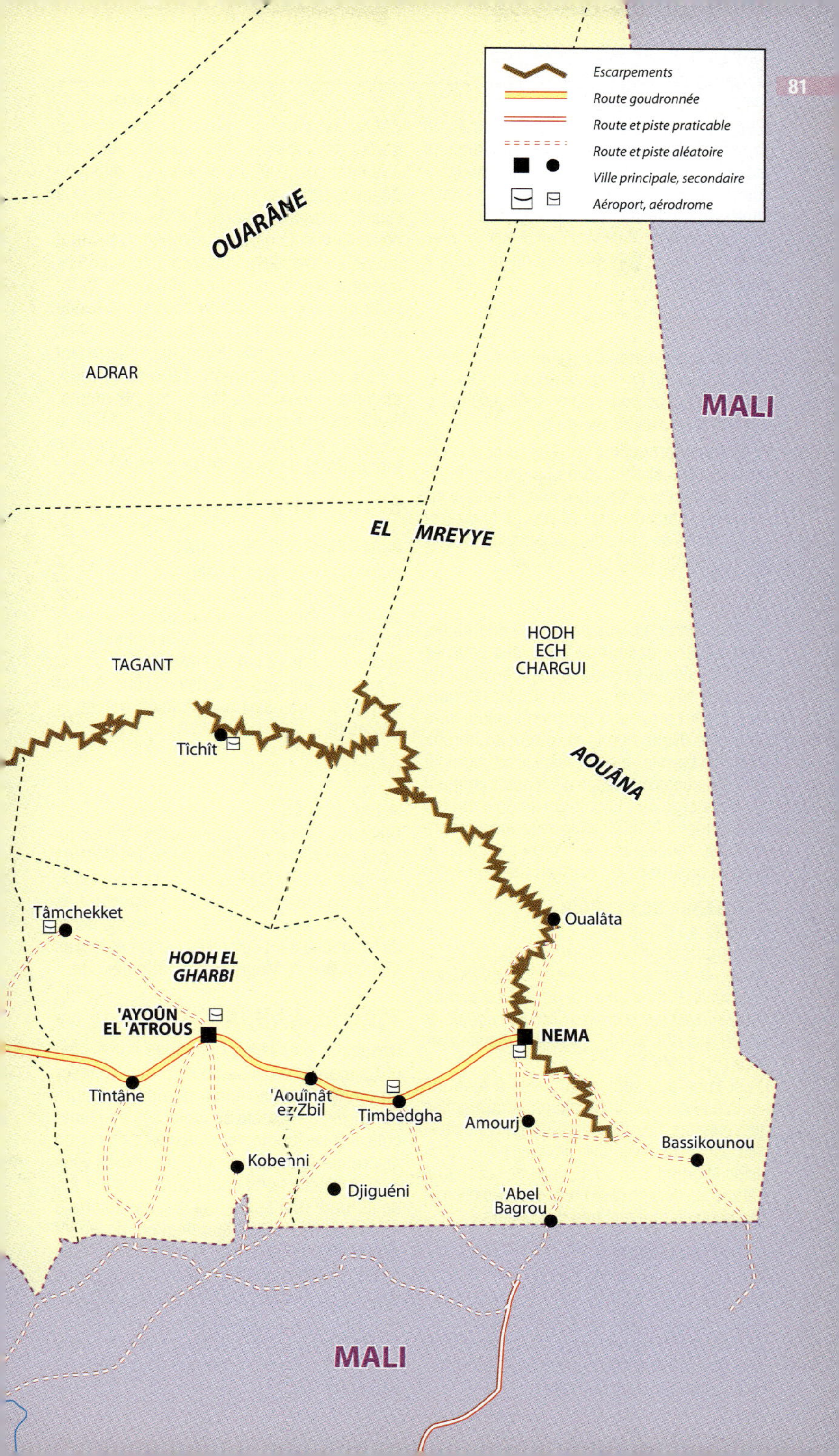
Escarpements
Route goudronnée
Route et piste praticable
Route et piste aléatoire
Ville principale, secondaire
Aéroport, aérodrome
OUARÂNE
ADRAR
MALI
EL MREYYE
HODH
ECH
CHARGUI
TAGANT
Tîchît
AOUÂNA
Oualâta
Tâmchekket
HODH EL
GHARBI
'AYOÛN
EL 'ATROUS
NEMA
Tîntâne
'Aouînât
ez Zbil
Timbedgha
Amourj
Bassikounou
Kobenni
Djiguéni
'Abel
Bagrou
MALI

C'est une ville de transit où les touristes ne sont que de passage, ce qui vous vaudra une assez forte sollicitation si vous êtes amené à vous promener à pied en ville. Pour vos repas, choisissez l'une des nombreuses *dibiteries* le long du goudron, et de préférence aux horaires locaux de repas (14-16h) pour ne pas avoir à payer le prix fort.

Transports

- **Avec votre véhicule personnel,** vous aurez à parcourir 260 km depuis Nouakchott sur la route de l'Espoir pour rejoindre Aleg.comptez environ 3 heures 30 de route.
- **En transport public,** le mieux est de prendre un taxi à Nouakchott et de lui demander de vous conduire sur la route d'Aleg. Postez-vous à l'une des stations services vers 8h et repérez les véhicules en cours de chargement.comptez environ 3 000 MRO pour le trajet.

Se loger

Aleg est un bon choix pour faire une étape, vous y trouverez tout ce dont vous pourriez avoir besoin, et sa situation au carrefour du goudron vers la région du fleuve (Bogué, Kaédi) peut présenter un intérêt selon votre itinéraire. Nous avons longtemps cherché l'auberge Ekwele, encore indiquée au carrefour de la BCI, sans succès. Il n'y a apparemment que l'auberge de l'Espoir qui semble encore fonctionner à Aleg. Si vous avez votre propre véhicule, rendez-vous à l'hôtel Lemdina, le rapport qualité/prix y est bien meilleur.

■ AUBERGE DE L'ESPOIR

✆ +222 46 87 88 85

En venant de Nouakchott, avant la BCI à droite (et non pas à gauche comme l'indique le panneau !) et continuez la piste jusqu'au bout, l'auberge est sur la droite. Chambre double de 7 000 à 8 000 MRO. Possibilité restauration pour 2 000 MRO.

C'est l'une des seules adresses à Aleg qui semble encore avoir survécu à la raréfaction des touristes. Les 13 chambres, dont 2 suites, sont climatisées avec salle de bains privée, télévision et grand lit. À 20 m, une belle décharge s'étend au-delà de la petite bute, qui isole tout de même un tant soit peu des odeurs.

HÔTEL LEMDINA

✆ +222 46 70 59 79

✆ +222 45 00 33 78

Après les dibiteries et le marché, en direction de Kiffa, suivre les panneaux. Chambre double de 6 000 à 8 000 MRO, selon leur rénovation récente ou non. Pas de repas.

L'hôtel est situé en retrait du goudron, au niveau des antennes des télécoms, et il est vivement conseillé d'y accéder en véhicule. Bonne surprise à l'arrivée. C'est l'heure de la sieste, on frappe… personne. On appelle une nouvelle fois, le gardien ouvre en se frottant les yeux. On essaye tant bien que mal de se comprendre, puis on finit par visiter cette belle maison, perchée en haut d'une petite colline. Les chambres sont très accueillantes, très propres, et certaines ont été entièrement refaites très récemment. Télévision, frigo, et climatisation dans toutes les chambres, literie de très bonne qualité. Sans doute la meilleure adresse à Aleg pour reprendre des forces avant de se remettre en route.

Se restaurer

■ RESTAURANT ZWEDHIAT

Entre les stations Elf et Naftec.

Ce restaurant, où vous mangez à même le sol sur des nattes, est typique et authentique. La bête vidée, un agneau ou une chèvre, est suspendue par les pattes et vous venez choisir le morceau qui sera grillé devant vous. Autant dire qu'on vous sert de la viande fraîche et goûteuse.

À voir – À faire

■ LAC D'ALEG

Quelques kilomètres avant d'arriver à Aleg, un lac se remplit pendant l'hivernage, les éleveurs viennent alors y faire paître leurs troupeaux, et les oiseaux migrateurs s'y reposer. Les mauvaises langues racontent que les alentours du lac d'Aleg sont colonisés par les plus gros moustiques de Mauritanie à cette période.

MAGTA-LAHJAR

Beaucoup de petites échoppes entre Aleg et Sangarafa où vous pouvez vous reposer en mangeant. La région autour de Magta Lahjar est à vocation agricole, ses habitants cultivent surtout le mil. Vous avez eu raison de profiter du goudron qui s'est offert à vous depuis Nouakchott sur 370 km car la portion de la route de l'Espoir qui suit est sujette à de fréquents travaux de réfection, devenant même impraticable à certains endroits. Des pistes parallèles, quelquefois très éloignées de la route de l'Espoir, permettent de maintenir le trafic. Une cinquantaine de kilomètres après Magta Lahjar, à Sangarafa, la route goudronnée à gauche permet de rejoindre la région du Tagant.

PASSE DE DJOUK

Depuis Nouakchott, le paysage, jusque-là plutôt austère, se diversifie quelque peu, une centaine de kilomètres avant d arriver à Kiffa. L'oasis de Djouk peut s'avérer être une halte rafraîchissante pour passer la nuit à la belle étoile. La piste longe les falaises du Tagant au nord et du Bellâr au sud. On retrouve un peu de goudron pour franchir la passe de Djouk, belle mais dangereuse En venant de Néma vers Nouakchott, c'est-à-dire dans le sens de la descente, il arrive fréquemment que des camionneurs perdent le contrôle de leur véhicule à cause de freins chauffés à blanc. Quelques kilomètres plus loin, une autre oasis, plus grande, Kamour. Pour avoir une superbe vue de l'oasis, n'hésitez pas à escalader l'un des promontoires l'entourant, voire, pour les plus sportifs, le plus gros piton rocheux qui la surplombe.

Ce dernier est facilement repérable par des pierres peintes en blanc, environ à mi-hauteur. De là, vous avez un magnifique aperçu de ce qu'est une oasis, entourée de dunes et de cailloux. 50 km avant Kiffa, Guérou est blottie entre le plateau du Tagant au nord et les montagnes d'El-Açâba au sud. Douerid est la dernière oasis avant d'arriver à Kiffa.

TAMCHEKKET

A 120 km de Kiffa, on parvient à Tamchekket par une piste en partie ensablée. Construite partiellement sur une dune, cette cité est le point de passage obligé pour se rendre à Aoudaghost. De plus, pendant l'hivernage, la plaine boisée qui s'étire en contrebas de Tamchekket est partiellement inondée, attirant ainsi de nombreux animaux. Des crocodiles survivent ici dans des mares plus ou moins importantes. Ces mares, autrefois reliées aux affluents du fleuve Sénégal, en ont été coupées par l'avancée du désert, piégeant les crocodiles imprudents.

AOUDAGHOST

Attention ! Un guide est obligatoire pour effectuer les 60 km séparant Tamchekket de Aoudaghost. Cette ancienne cité, cruciale pour le commerce transsaharien, a été fondée au VIIIe siècle. Forte de 6 000 habitants, elle constituait, alors, le principal comptoir commercial de l'empire du Ghana au Xe siècle, jusqu'à sa prise, en 1054, par les Almoravides. On y cultivait les dattes, le blé, les figues, les concombres et même, paraît-il, de la vigne. Le déclin du commerce transsaharien et l'avancée du désert eurent raison d'Aoudaghost qui fut abandonnée vers la fin du XIXe siècle. Des fouilles entreprises au début des années 1960 ont confirmé la richesse de la ville en mettant au jour des bijoux en or, des poteries, des bracelets en cuivre et des lampes à huile. Les environs d'Aoudaghost sont riches de peintures rupestres et de vestiges archéologiques, pour la plupart non inventoriés, qui témoignent de la splendeur passée de la région. Dans un rayon de dix kilomètres, on trouve Togba, une ancienne palmeraie plus récente, qui n'a existé que pendant environ 150 ans et une nécropole, vers l'est, qui a conservé tout son mystère.

On peut rejoindre le goudron en empruntant une piste qui part de Tamchekket et atteint le bitume entre Kiffa et Tintâne. Cette piste, sableuse en quittant Tamchekket, est ensuite assez bonne. Longue de 95 km, elle est marquée à mi-chemin par un barrage.

De retour sur le goudron, on passe Tintâne, où il faut avoir la curiosité de quitter la route pour visiter cette jolie oasis, avant d'arriver à Ayoun el-Atrous après 85 km. La route est alors bordée par les rochers de Dmoûch au nord et d'Aroueltiât au sud, hauts d'environ 25 m. Entre Tintâne et Ayoun el-Atrous, belles maisons en pierres de différentes couleurs et mosquée dans le même style à Douerer. Si on n'effectue pas le détour de Tamchekket et d'Aoudaghost, Kiffa et Ayoun el-Atrous sont séparées par 215 km d'une route goudronnée souvent victime des caprices de la météo pendant l'hivernage.

KIFFA

Troisième ville de Mauritanie, la capitale de la région de l'Assaba est située idéalement au milieu de la route de l'Espoir et constitue ainsi l'endroit idéal pour effectuer une halte réparatrice. La ville de Kiffa est le centre d'un pôle de production agricole en forte expansion, notamment dans le commerce des dattes. Possibilité de rejoindre Kayes, au Mali, après 280 km d'une piste correcte, sauf pendant l'hivernage.

Transports

- **En véhicule personnel,** il vous faudra parcourir 600 km depuis Nouakchott en suivant la route de l'espoir pour rejoindre Kiffa.comptez une journée de route et prévoyez d'y passer la nuit si vous vous dirigez vers Néma ou le Mali.

En transport public, il faudra vous rendre à Nouakchott au garage Kiffa le matin vers 8h.comptez 5 000 MRO pour le trajet et une journée de route éprouvante.

Se loger

Se loger à Kiffa ne présente pas de grande difficulté, et l'hébergement y est de bonne qualité à un prix relativement modeste. En effet, les voyageurs sur la route de l'Espoir y font fréquemment halte après quelque 7 heures de route depuis Nouakchott.

AUBERGE LE PHARE DU DÉSERT

✆ +222 46 44 24 21

Aucun souci pour trouver l'auberge, elle sera indiquée bien avant Kiffa. Chambre double : de 7 000 à 10 000 MRO.

Les 8 chambres sont confortables, une belle salle à manger pour déguster une cuisine locale de qualité et un accueil sympathique d'Idoumou, tout ceci fait de cet endroit une adresse recommandable.

HÔTEL EL-EMEL

BP 18 ✆ +222 45 63 26 37

Fax : +222 45 63 26 38

Situé au point kilométrique 600, en arrivant à Kiffa, à gauche, juste après le contrôle. Chambres climatisées de 10 000 à 15 000 MRO. Plats environ 2 000 MRO. Repas complet environ 3 000 MRO. Petit déjeuner 1 500 MRO.

Idéalement placé à mi-chemin de Nouakchott et de Néma, l'hôtel El-Emel est certainement l'une des plus belles oasis sur la route de l'Espoir. Quel plaisir, lorsque vous venez de faire une longue route sous la canicule, d'être chaleureusement accueilli par Mamadou, réceptionniste souriant au possible. Facile à trouver, à quelques kilomètres à l'ouest de Kiffa, en retrait du goudron, donc au calme, l'hôtel El-Emel vous propose une vingtaine de chambres climatisées avec tout le confort moderne dont vous avez rêvé pendant que vous cuisiez sur la piste. Le restaurant climatisé, à l'architecture reproduisant une tente mauritanienne, vous propose des plats dont de succulentes brochettes. Petit déjeuner copieux. Belle salle de séminaires.

LA MAISON DE L'HÔTE

BP 1137, Quartier aéroport

✆ +222 45 63 30 70 – +222 22 03 14 84

maisondelhote@yahoo.fr

Sur la route de l'aéroport, à côté du poste de police. Tente 1 500 MRO pour un emplacement, sous la khaima 2 500 MRO, chambre à partir de 6 000 MRO.

Ahmed vous accueille à bras ouverts dans son auberge, où vous aurez la possibilité de prendre une douche et un repas bien mérités après l'épreuve du trajet. Possibilités d'hébergements à tous les niveaux de confort et accessibles à toutes les bourses.

AYOUN EL-ATROUSS

La capitale de la région du Hodh el-Gharbi n'est encore qu'un gros bourg à vocation agricole d'environ 12 000 âmes. Équipée d'un aéroport, il ne manque à Ayoun qu'une compagnie qui le desserve pour la désenclaver après le dépôt de bilan d'Air Mauritanie... Ancienne étape du Paris-Dakar, annulé en 2007 pour des raisons de sécurité, cette région est victime de l'épée de Damoclès que représente la menace terroriste aux frontières. En revanche, c'est un point de ravitaillement fiable pour le carburant.

Transports

En voiture personnelle, ce sont 820 km qu'il vous faudra parcourir depuis Nouakchott. Si vous partez en direction du Mali et que vous n'avez pas encore fait de halte pour passer la nuit et vous ravitailler en carburant, c'est ici qu'il faudra le faire.

En transport public, prévoyez environ 6 500 MRO.

À voir – À faire

À 15 kilomètres au nord d'Ayoun el-Atrous se profilent à l'horizon les monts de Gleib Inimich. Ils surplombent, telle une forteresse, une immense plaine et étaient utilisés, à l'époque des guerres tribales, comme postes d'observations par les belligérants.

À 30 kilomètres au sud d'Ayoun el-Atrous, belles ruines d'une ancienne cité caravanière ayant prospéré grâce au commerce transsaharien entre le Nord et l'ancien Soudan.

KOUMBI SALEH

Comptez 110 km avant d'arriver à Néma. A Timbedgha, prenez la piste au sud, sablonneuse, assez bien repérable grâce à des pneus à moitié enterrés et recouverts de peinture blanche. Au bout de 65 km, vous atteignez Koumbi Saleh, le site archéologique se trouve à environ un kilomètre du village. Les fouilles effectuées ici attestent de la grandeur passée de l'ancienne capitale de l'empire du Ghana. On distingue notamment la nécropole, la mosquée avec ses colonnes en pierres taillées et quelques belles maisons agrémentées de niches, de piliers et de dalles en schiste.

NÉMA

A 280 km de Ayoun el-Atrous, la capitale du Hodh ech-Chargui est placée au bout de la route de l'Espoir. D'ailleurs, le goudron s'arrête brutalement à l'entrée de la ville. Créée au début du XIXe siècle par des habitants de Oualata en conflit avec des notables de cette dernière, Néma est doté d'un aérodrome important qui pourrait contribuer à la désenclaver. Ville commerçante, on y trouve de tout, du dromadaire à la pièce détachée pour automobile, en passant par des meubles. De Néma, vous pouvez rejoindre Tombouctou, distant de 500 km à l'est, par une piste difficile nécessitant un guide confirmé ou par camion, au prix de deux à trois jours d'un voyage éprouvant. Bamako est à 580 km au sud, en passant par Nara. Si vous partez sur Oualata, vous devez obligatoirement vous faire enregistrer à la gendarmerie.

■ **CAMPING EL-BEHGA**
✆ +222 46 45 42 29
Dortoir 1 500 MRO par personne, khaima 3 000 MRO par personne, repas 2 000 MRO. Sur un grand terrain de 5 hectares à l'écart de la ville, ce camping est situé sur un promontoire avec vue sur Néma. Il peut accueillir les touristes de passage. Un gardien y est toujours sur place. En revanche, il faudra vous annoncer par téléphone pour plus de commodité.

OUALATA

Nous avons beaucoup apprécié Oualata, tant par la beauté de son site que par le chaleureux accueil de ses habitants. Sachez qu'en parlant avec les habitants de la ville, vous en apprendrez autant, sinon plus, qu'avec un guide, et que vous serez tôt ou tard invité à pénétrer dans une maison pour y découvrir ses magnifiques décorations.

Le projet Oualata

Oualata a décidé, avec l'aide de la coopération espagnole, de se prendre en main depuis quelque temps déjà. Le projet Oualata, soutenu par la Fondation nationale pour la sauvegarde des villes anciennes et financé par le gouvernement espagnol, comporte trois axes principaux :

- **Axe hydraulique :** depuis 1924, le renouvellement de la nappe phréatique était théoriquement assuré par un barrage. Cet édifice ne subvenait que très insuffisamment aux besoins de la ville en eau. En revanche, en septembre et octobre, cette retenue d'eau providentielle attirait en grand nombre éleveurs et troupeaux de la région.

Les Touaregs

Située à environ 200 km au sud-est de Néma, la ville de Bassikounou est le seul endroit en Mauritanie où des Touaregs sont officiellement présents. Ces nomades, de confession musulmane, utilisent une écriture, le *tifinagh*, alors que la plupart, pour ne pas dire la totalité, des autres peuples sahélo-sahariens est de tradition orale. Les Touaregs ont l'habitude de nomadiser dans le Sahara à la recherche de pâturages, et ne soucient pas de savoir s'ils passent la frontière mauritanienne, malienne, algérienne, nigérienne, tchadienne ou libyenne. Cette liberté s'accommodant mal avec le modernisme et ses contraintes, les autorités de certains pays, dont le Mali voisin, voulurent réglementer les déplacements de ces grands voyageurs. Il s'ensuivit alors la plus importante des rébellions touarègues, initiée en 1990. Elle fut meurtrière et sanglante, non seulement pour les belligérants, combattants touaregs et militaires maliens, mais aussi pour les populations civiles. Un accord de paix fut signé au mois de mars 1996, qui impliquait la restitution par les Touaregs de leurs armes qui furent détruites par le feu lors d'une célébration dénommée « la flamme de la paix ».
En contrepartie, beaucoup de rebelles furent intégrés dans l'armée malienne. Au cours de la rébellion, certains Touaregs, fuyant les combats, quittèrent le Mali et vinrent s'installer en Mauritanie dans un camp de réfugiés à Bassikounou, à une soixantaine de kilomètres de la frontière malienne. Aujourd'hui, certains vivent toujours là, ne souhaitant pas ou ne pouvant pas regagner leur région d'origine.

En 1976, un architecte espagnol, José Coral est arrivé à Oualata et est tombé amoureux de l'endroit. Il a entraîné avec lui toutes les bonnes volontés disponibles sur place et est parvenu à convaincre le gouvernement espagnol de s'intéresser à son projet. Ce dernier consistait à économiser et à répartir le peu d'eau disponible, à la fois dans le temps, et non plus seulement pendant l'hivernage, et dans l'espace par une irrigation calculée au plus juste pour chaque parcelle. Les résultat n'ont pas tardé avec la disparition du ver de Guinée, une cause de mortalité importante, et la diminution du coût de l'eau qui était auparavant acheminée à dos d'âne, à raison de 100 MRO pour 50 litres. Plus tard, la création des jardins de Oualata a constitué le point d'orgue de cette initiative, ô combien judicieuse !

▶ **Axe culturel :** il prévoit un recensement des manuscrits de la ville, très nombreux dans la bibliothèque. La conservation de ces écrits est également étudiée, ainsi que la constitution d'une base de données sous forme de microfilms. Les arts traditionnels tels que la poterie, l'architecture et la gastronomie sont entretenus et mis en valeur. Les vêtements portés spécifiquement par les habitants de la région, notamment certains ornés de magnifiques broderies, sont remis au goût du jour. Enfin, il est prévu de répertorier et de préserver les nombreuses gravures rupestres présentes à Oualata.

▶ **Axe de rénovation :** le centre historique de Oualata nécessite une profonde restauration. En déambulant dans la vieille ville, vous verrez des murs écroulés obstruant les ruelles, des maisons partiellement détruites. Il est prévu de dégager les passages, de remettre en état les constructions qui en valent la peine et de refaire les murs et les dallages de certaines petites rues. C'est un travail long, pénible et coûteux. C'est le volet le moins avancé du projet Oualata, mais comme vous aurez l'occasion de vous en rendre compte en vous promenant dans la vieille ville, il est en marche.

▶ **La zone rouge.** Rien n'y fait, le grand malheur de Oualata, c'est d'être touché de plein fouet par le classement de la région en zone rouge. La ville est difficilement accessible, compte tenu des risques encourus, il faut vraiment le vouloir pour y aller. Souhaitons à cette cité historique, inscrite au patrimoine mondial de l'humanité, un avenir (le plus proche possible !) plus heureux.

Transports

▶ **Que vous alliez vers Néma ou surtout vers Tichit,** pour votre propre sécurité, il est impératif de vous faire enregistrer à la gendarmerie avant de partir. En effet, la piste entre Tichit et Oualata est très difficile, en plus d'être longue d'environ 400 km. D'autre part, il convient de prévoir suffisamment de réserves d'eau et de carburant pour rejoindre, non seulement Tichit, mais aussi Tidjikja, car l'approvisionnement à Tichit est aléatoire. Et ne comptez pas sur les rencontres pour vous dépanner, elles sont rares. Inutile de préciser qu'un guide est obligatoire pour se rendre à Tichit et à Tidjikja.

▶ **Trois pistes mènent de Néma à Oualata.** En fonction de la saison, comptez entre 3 et 4 heures pour effectuer les 120 kilomètres séparant les deux villes.

À voir – À faire

■ ATELIER DE POTERIE

Dans la vieille ville, il faut visiter la petite boutique que Meïja a installée. Elle vous explique comment les femmes de Oualata reproduisent à l'identique, jusque dans leurs moindres détails, les maisons et les décors spécifiques à cette ville. Ces reproductions en miniature sont connues dans toute la Mauritanie.

■ BIBLIOTHÈQUE

Entrée 1 000 MRO.

Dans la pièce à droite, beaucoup de vieux manuscrits appartenant à quatre familles de Oualata. En face, la bibliothèque de Taleb Boubekar, chef traditionnel de la ville mort vers 1915, regorge d'écrits vieux de plusieurs siècles. Le musée, attenant à la bibliothèque, est un assemblage hétéroclite d'objets très intéressants, mais qui nécessite un peu de rangement et de ménage.

■ FORT

Inutile de vous indiquer la piste pour y aller : perché sur un promontoire, vous le voyez distinctement alors que vous êtes encore à 30 minutes de Oualata. Construit en 1912, il a abrité successivement l'armée française pendant la pacification de la région, puis des prisonniers politiques à partir de l'indépendance de la Mauritanie. Depuis 1990, les autorités ont fermé cette prison, ce bâtiment sert occasionnellement de garnison à l'armée mauritanienne. L'édifice triangulaire impressionne et paraît en parfait état de conservation, vu de l'extérieur. A l'intérieur, autour de

© ALEXQ - FOTOLIA

la cour, sont disséminées les cellules des prisonniers. On a du mal à imaginer quelles pouvaient être les conditions de détention des hommes incarcérés ici, il n'y a pas si longtemps. Une toute petite ouverture laissant passer un peu de lumière, un espace vital réduit au minimum, car les cellules étaient bondées, les maladies, la chaleur et les mauvais traitements devaient rendre dans cette prison l'espérance de vie très limitée. On ressort de ce fort avec des frissons dans le dos. Il est possible d'admirer Oualata en empruntant l'escalier situé à gauche, juste après l'entrée du fort. Vous êtes alors sur le toit des cellules, mais regardez bien où vous posez les pieds ! En redescendant du fort vers Oualata, sur la droite, le cimetière français abrite une douzaine de tombes dont celle de Bonnel de Mézières qui administra la région au début du XXe siècle. Passionné d'archéologie, il contribua grandement aux foui les effectuées à Aoudaghost et à Koumbi Saleh.

Avertissement : avant d'envisager une visite, nous vous encourageons vivement à vous renseigner sur la praticabilité du site auprès de professionnels locaux du tourisme.

JARDINS

Créés en 1996, ils ont donné leur première récolte en 1999. Leur but est de diversifier l'alimentation des habitants de Oualata, de fournir une source de revenus complémentaires aux 60 familles qui les exploitent et de fixer la population dans la région grâce à deux réservoirs qui, en saison chaude, fonctionnent à l'aide de panneaux solaires. Si vous avez la chance de rencontrer l'un des deux ingénieurs qui y travaillent, et si son emploi du temps le lui permet, visitez-les en sa compagnie, vous serez étonné. L'eau est d'abord pompée d'une nappe non permanente, montée puis stockée dans un réservoir, la pression exercée la faisant tout naturellement redescendre vers les jardins. Ensuite, le système d'irrigation mis en place est un goutte-à-goutte qui permet d'économiser l'eau en attribuant à chaque plante le débit qui lui est nécessaire et pas plus. Cette technique a permis d'introduire des espèces, a priori incompatibles avec le climat régnant dans la région. On découvre ainsi, le long des allées, des palmiers dattiers, des jujubiers, des baobabs, des citronniers, des mandariniers, des manguiers et même de la vigne ! Les légumes ne sont pas oubliés avec, entre autres, des tomates, des haricots et des oignons consommés frais sur place ou séchés. Tant et si bien que la production maraîchère est aujourd'hui supérieure à la consommation des habitants de Oualata. Des légumes et des fruits sont exportés et vendus à Néma. Les jardins produisent également du compost naturel à base d'excréments de dromadaires, des plantes médicinales et des insecticides naturels. Le renouvellement et l'augmentation du nombre d'arbres sont assurés par une pépinière. Cette végétation attire beaucoup de gibier, dont quelques gros lièvres, apportant ainsi un complément alimentaire non négligeable à ceux qui les piègent.

MUSÉE

Site dont la visite est plus intéressante avec un guide sérieux et connu, moyennant une petite rétribution d'environ 1 000 MRO. Traditions locales et coutumes nomades bien représentées à l'aide de nombreux ustensiles et objets domestiques. Belle vue de la terrasse de cette demeure traditionnelle.

Tagant

Séparé de la région de l'Adrar par les puissantes dunes de l'erg Ouarâne et prolongement naturel de l'Adrar vers le Sud, le plateau du Tagant comporte de nombreuses gorges et falaises qui donnent naissance à des sources et à de superbes oasis comme Tidjikja ou Rachid. Fondée au milieu du XIXe siècle par des Idawalis originaires de Chinguetti, Tidjikja, la capitale de la région du Tagant, est l'une des plus grandes palmeraies de Mauritanie. Etape importante sur la route des caravanes, elle devint rapidement prospère. Copolani s'y installa pour conforter son caractère vital dans le commerce transsaharien avant d'être assassiné en 1905. Contrairement à certaines régions désertiques du pays, les habitants du Tagant en général, et de Tidjikja en particulier, ont su entretenir et valoriser leurs palmeraies en créant des jardins pour subvenir à leurs besoins.

L'aveugle de Tichit

L'origine de Tichit est sujette à plusieurs hypothèses, celle que nous vous présentons ci-dessous est non seulement la plus répandue, mais aussi celle à laquelle nous avons envie de croire le plus.

Il était une fois un groupe de nomades errant dans le désert à la recherche d'un endroit propice à les recevoir pour un certain temps. Leur chef Alamin Bel Haj, bien qu'aveugle, avait toute la confiance de ses camarades pour trouver le lieu idéal. Tous les soirs, à l'emplacement du bivouac, le vieil homme prenait une poignée de sable et la portait à son nez pour la sentir. Il savait qu'un jour, l'odeur du sable lui révélerait l'emplacement où ses compagnons et lui pourraient s'installer. Ces derniers finirent par douter des facultés olfactives du vieux sage et lui firent sentir, un soir, du sable provenant du campement de la veille. Alamin Bel Haj reconnut le sable et, en déjouant le piège tendu, il gagna ainsi la confiance « aveugle » de ses compagnons. Parvenu aux environs de Tichit, après avoir senti une fois de plus une pincée de sable, le vieil homme déclara : *chi'tou !* (ce qui signifie « c'est ici ! »). Tichit venait de voir le jour.

Le Tagant, j'y vais ou j'y vais pas ? Le Tagant a connu un développement du tourisme plus lent que la région de l'Adrar, et si l'on croise encore quelques touristes dans la région d'Atar et Chinguetti, plus personne ne s'aventure aujourd'hui jusqu'à Tidjikja et Rachid, et encore moins jusqu'à Tichit. À tort ou à raison ? Les partisans du « à tort » trouveront quantité d'arguments difficilement remis en cause par les partisans de la raison : les petits bijoux du paysage et la richesse historique cités plus haut, mais aussi et surtout la simplicité et le calme de la vie qui y règnent, les histoires qui s'y racontent, et les rencontres, les rencontres, les rencontres... L'épisode du semi huis-clos avec les passagers du taxi-brousse, puis l'arrivée, enfin, à la tombée de la nuit, après une journée éprouvante sur la route ; la rencontre obligatoire avec les chefs de la police et de la gendarmerie, avec vos hôtes, avec ceux qui vous conduiront çà et là, celles et ceux qui vous feront manger et boire, écouter et raconter les histoires d'un autre monde, rire aussi, autant de choses si profondément personnelles et universelles qui se vivent sans grands efforts et se racontent si difficilement dans un guide de voyage. Rien n'est moins sûr, c'est bien en tissant des liens que l'on oublie la peur créée par le contexte international. Oublier la peur ? Dangereuse insconscience, effroyable égoïsme ! Ne pas voir cette menace invisible ? Un scandale pour tous ceux qui vous décourageront de vous y rendre. Reportez-vous donc à nos articles sur la sécurité, vous y retrouverez leurs arguments. C'est toujours la même histoire, et à vous d'en choisir la fin : j'y vais ou j'y vais pas.

TICHIT

Tichit est à 400 km à l'ouest de Oualata et à 250 km à l'est de Tidjikja, les deux pistes sont très difficiles. Si vous décidez de partir vers le nord ou vers le sud, autant vous arrêter de respirer de suite, cela vous évitera les souffrances inhérentes à la mort par déshydratation. Ce préambule pour bien planter le décor. Ici, vous êtes en plein désert, à part la beauté de l'endroit, le principal sentiment qui doit vous habiter est l'humilité. Tout d'abord, pour d'évidentes raisons de sécurité, il faut signaler son arrivée comme son départ à la gendarmerie. Tichit, comme toutes les villes anciennes de Mauritanie, a perdu sa prospérité avec le déclin du commerce transsaharien. En plus, les sécheresses l'ont durement frappée, sa nappe phréatique s'est tarie entraînant la quasi-disparition de sa palmeraie. Et pour couronner le tout, des pluies aussi violentes que rarissimes ont détruit une bonne partie des maisons anciennes. On comprend mieux pourquoi un grand nombre de ses habitants a quitté la ville, à la recherche de contrées plus hospitalières. Aujourd'hui, Tichit survit principalement grâce à l'*amersâl*, ce mélange de terre et de sel que les femmes extraient des dépressions environnantes, avant qu'il ne soit envoyé, à dos de dromadaire, vers le sud du pays.

Transports

Il vous faudra bien entendu un 4x4 et un guide compétent pour pouvoir envisager le trajet depuis Tidjikja. Il va de soi qu'il vous faudra avoir une confiance aveugle en votre guide et qu'il ne s'agit pas de monter dans la voiture du premier venu... Discutez-en autour de vous, et faites obligatoirement part de vos intentions à la police et la gendarmerie.

Se loger

■ **AUBERGE COMMUNALE DE TICHIT**
✆ +222 44 68 44 10
Chambre 2 000 MRO. Petit déjeuner 700 MRO, repas 2 500 MRO.
Une adresse où vous serez sûr de trouver quelqu'un pour vous accueillir à Tichit, prévenez Limam de votre venue en lui passant un petit coup de fil ! Hébergement de qualité et organisation de circuits et treks dans les dunes blanches, ainsi que vers des sites d'extraction du sel, ou vers la palmeraie pour une journée baignade.

À voir – À faire

■ **BIBLIOTHÈQUES**
Comme à Ouadane, Oualata et Chinguetti, vous pouvez visiter une de ces bibliothèques qui renferment des trésors de calligraphie, trésors préservés à grand-peine depuis des siècles.

■ **MOSQUÉE**
Elle date du XIVe siècle, mais certaines parties, comme le minaret, ont été restaurées au début du XXe siècle. C'est dans le quartier de la mosquée que subsistent les dernières maisons anciennes de Tichit, joliment décorées.

ERG AOUKER

Le grand Erg Aouker structure le paysage en vastes espaces dunaires difficiles d'accès. La pluviométrie de cette zone est inférieure à 200 mm. Cependant, les sables de l'Aouker renferment l'un des aquifères les plus importants de la région. Au néolithique, l'Aouker était un vaste lac qui s'est progressivement asséché. Sur ses rives vivait une population qui a laissé de nombreux vestiges.

AGHRIJIT

Assurément le plus important site archéologique de la région. Sur la piste qui mène à Oualata, à environ 40 km de Tichit, Aghrijit est l'exemple même des nombreux villages qui abritaient la population, il y a trois à quatre millénaires. Les fouilles entreprises ont permis de dater la ville de 1 500 ans avant notre ère. C'était également une ville très structurée, avec des ruelles et des places, ayant accueilli jusqu'à 3 000 habitants au temps de sa splendeur.

MAKHROUGAT

En continuant la piste vers Oualata, à environ 115 km de Tichit, vous ne pouvez pas louper le rocher de Makhrougat. Long d'une centaine de mètres pour une trentaine de mètres de hauteur, ce colosse de pierre est percé en son centre par un trou permettant ainsi de passer alternativement d'un côté ou de l'autre. Les faces du rocher sont agrémentées de petites niches où s'entassent, pêle-mêle, des fragments d'outils et de cordages. Des gravures anciennes et des inscriptions plus récentes témoignent de la fréquence des visites, de tout temps, en ce lieu.

ARATANE

A 125 km de Tichit, toujours sur la piste de Oualata, à la frontière entre les régions du Tagant et du Hodh ech-Chargui, se trouvent les puits d'Aratane. Ces 6 puits sont répartis sur 200 m, mais sont pratiquement inutilisables, à cause du sable qui les obstrue régulièrement, pourtant l'eau n'est, ici, pas très profonde, tout au plus, à 3 m.

ZIG

Sur la piste de Tidjikja, à une trentaine de kilomètres de Tichit, vous arrivez aux puits de Zig. Le puits le plus ancien est ensablé, l'autre en revanche est en eau, mais vous devez vous munir d'une corde conséquente : en effet, l'eau est à plus de 60 m de profondeur !

TIDJIKDJA

Tout comme à Oualata et Tichit, vous devez vous présenter à la gendarmerie, au départ comme à l'arrivée à Tidjikja. En réalité, ce sont eux qui viendront à votre rencontre, les différents barrages de gendarmerie ayant relayé l'information bien avant votre arrivée. Tidjikja est à 250 km de Tichit, à l'est, et à 375 km d'Atar au nord-ouest. Ces deux pistes sont difficiles et demandent obligatoirement d'être accompagné par une personne connaissant parfaitement la région. Moudjéria est beaucoup plus facile d'accès, 140 km de bon goudron le séparent de Tidjikja. Ville récente, puisqu'elle a été créée en 1680 par des habitants de Chinguetti dont la première préoccupation fut de planter des palmiers dattiers, Tidjikja est, de nos jours, la capitale de la région du Tagant.
C'était une ville prospère grâce au commerce caravanier, mais aussi grâce à son élevage et à son importante production de dattes. Xavier Coppolani, qui tenta de conquérir le sud de la Mauritanie par la voie pacifique, entra à Tidjikja en 1905. Il fut assassiné peu de temps après et la ville s'appela alors, pour quelque temps, Fort Coppolani. Il est d'ailleurs enterré à Tidjikja. Sa tombe surmontée d'un obélisque, vierge de toute inscription, se trouve le long d'un petit chemin qui longe l'oued et ses jardins d'une part et la poste d'autre part, au niveau des antennes-relais.

Transports

► **En véhicule personnel**, en venant de Nouakchott, il suffit de ne pas oublier de tourner à gauche au carrefour à Sangrafa. Vous arriverez ensuite à Moudjéria, au pied des falaises, puis après la passe, vous traverserez N'Beika, où il est bon de vous arrêter pour faire une pause. Vous ne croiserez plus de ville avant Tidjikja, quelques groupements d'habitations tout au plus, qui se trouve encore à une centaine de kilomètres de là. Très bon goudron sur tout l'itinéraire Nouakchott-Tidjikja.

► **En transport public,** le plus simple est de partir de Nouakchott, et de se rendre le matin vers 8h ou l'après-midi vers 15h au garage Tidjikja situé entre le camp de garde et le rond-point clinique.comptez 5 000 MRO pour un aller et environ 9 heures de route. Pour partir de Tidjikja, il faut vous rendre au garage situé en face du cimetière, à proximité du marché. Départ le matin vers 8h et éventuellement l'après-midi (ce qui s'avère être une très bonne idée pour éviter les chaleurs !) suivant le nombre de passagers. Même tarif pour rentrer sur Nouakchott, 4 000 MRO pour Aleg.

Pratique

Internet

Il existe à Tidjikja un cybercafé, situé à proximité du cimetière, avant d'arriver sur la place du marché. La connexion y est capricieuse, mais elle suffit pour pouvoir consulter et envoyer ses e-mails (150 MRO pour 30 minutes).

Se loger

AUBERGE DES CARAVANES DU DÉSERT

✆ +222 45 69 92 25 – +222 45 69 96 21

Facile à trouver, en face du poste de police, avant la mairie. Lit en dortoir à partir de 2 500 MRO par personne, chambre 5 000 MRO, case climatisée à partir de 7 000 MRO. Petit déjeuner 1 000 MRO et repas 2 000 MRO.

Vous serez accueilli à bras ouverts par toute la famille, Cheikh, le gérant de l'épicerie attenante, sa mère, son frère, et son petit neveu. Vous partagerez aussi, si vous le souhaitez, les moments autour de la télévision du salon familial, vous irez peut-être jusqu'à partager les nuits sur la terrasse qui surplombe l'oued. Vous ferez bien comme vous voudrez, mais il y a fort à parier que vous y passerez un excellent séjour.

■ **LE PHARE DU DÉSERT**

✆ +222 46 71 93 37

Après le contrôle de police, à côté de la station-service Star. Tente ou camping-car, dortoir 2500 MRO, 5 chambres climatisées 10 000 MRO, petit déjeuner 500 MRO, repas 2 000 MRO, connexion internet à disposition.

Un rapport qualité/prix très correct : les cases climatisées sont propres et accueillantes et les installations bien opérationnelles, et on sera fier de vous présenter la case présidentielle rebaptisée « Aziz » à l'occasion de la dernière visite de l'illustre. Pour la petite histoire, les auberges Phare du Désert à Tidjikja et à Kiffa sont les seules à pratiquer une forme de communication très locale en taguant (normal dans cette région !) le nom de ces auberges sur des rochers le long des pistes de la région, notamment entre Tidjikja et Atar. Batna, le gérant, travaille à la station-service d'à côté, il y a donc toujours quelqu'un pour vous accueillir. Discutez avec le petit jeune de l'auberge, il vous demandera sûrement de lui apprendre de nouvelles phrases en anglais et en français, et il est un excellent pédagogue pour apprendre l'hassanya !

De Atar à Tidjikja par la piste

Un projet de construction d'une route bitumée reliant Atar à Tidjikja est en cours et devrait être mené à bien dans les prochaines années. Son tracé doit suivre, à quelque chose près, l'itinéraire que nous vous présentons par la piste. Un projet qui, à son terme, permettra une sécurisation accrue de cet axe au fort potentiel touristique.

Nous avons préféré faire ce trajet dans le sens Atar-Tidjikja plutôt que l'inverse, car la piste est fréquemment encombrée de dunes mouvantes qui se déplacent en suivant les vents dominants de nord-est. Il est en effet plus aisé de les franchir en arrivant par le nord, car la face de la dune qui se présente sous vos roues est modelée par le vent, ce qui rend le sable plus dur et la pente moins raide. Cet itinéraire d'environ 380 km sert de liaison entre deux régions phares du tourisme mauritanien. Cette piste n'est accessible qu'en 4x4 conduit par un chauffeur expérimenté. Il faut compter deux jours en roulant environ 8 heures par jour pour relier Atar à Tidjikja. Il est sage de prévoir des quantités d'eau et de carburant suffisantes, cette piste étant assez peu fréquentée.

En quittant la capitale de la région de l'Adrar, il faut prendre la nouvelle piste qui va à Chinguetti. Après avoir emprunté le goudron de 3,6 km, qui facilite le franchissement du col de Novatil, on arrive à un contrôle où il est recommandé de signaler aux fonctionnaires présents son intention de rejoindre Tidjikja. Sage précaution au cas où vous seriez immobilisé sur cette piste peu fréquentée, votre absence de Tidjikja dans un délai raisonnable entraînant alors le déclenchement de recherches. Quelques dizaines de mètres après ce contrôle, la piste de Tidjikja est sur votre droite.

À partir de là, le seul cap à garder est celui des monts Zarga que vous apercevez dans le lointain. Plusieurs autres pistes croisant la vôtre peuvent vous induire en erreur : elles conduisent soit aux nombreuses oasis disséminées dans la région, soit aux carrières d'où étaient extraits les matériaux nécessaires à la construction de la piste Ould Ebnou. Une quarantaine de kilomètres après avoir quitté Atar, vous franchissez, dans le sens de la descente, la passe de Toumyat. Elle permet de rejoindre une vaste plaine de dunes, que tente de coloniser une maigre végétation, d'où émergent, de plus en plus présents, les monts Zarga. Quelques kilomètres plus loin, vous arrivez enfin au pied de ce que vous preniez pour de grandes montagnes et qui, en réalité, ne fait qu'une centaine de mètres de hauteur. Ravalant votre relative déception, vous admirez le contraste saisissant entre le noir austère des monts Zarga et l'ocre flamboyant des dunes.

À environ 70 km après Atar, vous atteignez Aouelloul et son cratère d'origine météoritique, contrairement à celui du Guelb er-Rîchât. Haut d'environ une quarantaine de mètres, il n'abrite rien d'autre que du sable. Le sable, justement, est omniprésent depuis Atar et toujours là alors que vous arrivez au pied d'une grande falaise aux alentours du kilomètre 110. Il faut franchir la magnifique passe de Lebcheïr pour atteindre un plateau venté qui débouche, une trentaine de kilomètres plus loin, sur les sépultures de Rekhame au milieu de la plaine du même nom. Lieu de recueillement et de prière pour les voyageurs qui souhaitent s'attirer les faveurs du Tout-Puissant pour la poursuite de leur voyage. Environ 150 km après avoir quitté Atar, on arrive aux greniers Gangara, identiques à ceux existant entre N'Beika et Matmata dans la région toute proche du Tagant. Aujourd'hui abandonnés, ils étaient utilisés par des agriculteurs vivant ici il y a environ 2 000 ans pour entreposer leurs céréales.

Au km 200, l'oasis d'Aïn Zéfra est bienvenue après tout ce sable. Etant pratiquement au milieu de l'itinéraire, il est temps de préparer un bivouac pour passer la nuit ou de séjourner chez l'habitant, ce qui est assez facilement réalisable. A 70 km après cette jolie palmeraie, le puits de Touajîl marque symboliquement la frontière administrative entre les régions de l'Adrar et du Tagant.

À partir de là, il convient de suivre plus ou moins scrupuleusement l'oued Tidjikja pour rejoindre Rachid et la région du Tagant, dont on vous entretient plus en détail par ailleurs. A environ 310 km après Atar, la dernière chose à voir le long de cette piste se trouve à Taoujâfet où un étonnant bassin d'eau est alimenté en permanence par un faible écoulement provenant de la falaise. C'est là que vous découvrirez un site de gravures rupestres près des jardins, à droite en arrivant à la retenue d'eau. Mais si certaines semblent d'époque, d'autres ne le sont manifestement pas, ce qui décrédibilise le site.

RACHID

À l'arrivée, la vieille ville, à votre droite et la nouvelle, à gauche, s'accrochent à une falaise abrupte. Les ruines des maisons de l'ancienne Rachid se distinguent difficilement du promontoire sur lequel elles sont bâties. De couleurs identiques à la roche qui les supporte, elles sont, en plus, passablement délabrées. Seule la mosquée, avec ses colonnades encore debout, donne une idée de ce qu'était l'architecture de l'ancienne Rachid. En face, la nouvelle ville s'étire de part et d'autre de la rue en forte montée qui arrive à un promontoire et qui conduit à Ksar el-Barka. D'ici, vous avez une magnifique vue sur l'ancienne ville, l'oued et les palmeraies qui se laissent deviner au loin. Même si vous ne comptez pas vous rendre à Ksar el-Barka, montez jusqu'au sommet de cette rue, le panorama est vraiment superbe.

Transports

En partant de Tidjikja, prenez la piste qui mène à Atar. Après 45 km parcourus dans l'oued, vous atteignez Rachid. Avertissez dans tous les cas la gendarmerie et la police de Tidjikja et laissez-vous accompagner par un guide.

KSAR EL-BARKA

Il existe deux possibilités pour aller de Tidjikja à Ksar el-Barka. La plus confortable consiste à emprunter le goudron direction Moudjéria, pendant 70 km, puis de prendre une piste sur la droite qui arrive à Ksar el-Barka. L'autre solution, plus éprouvante, vous fait passer par Rachid, avant de rejoindre Ksar el-Barka, après 130 km d'une piste difficile et pas évidente à trouver, surtout dans son deuxième tronçon. comme souvent, ce que vous avez perdu en confort est largement compensé par la beauté des paysages rencontrés. Ksar el-Barka date d'environ trois siècles, détruit et reconstruit à de nombreuses reprises, la ville est maintenant complètement abandonnée, n'ayant pas eu la chance, comme d'autres villes anciennes, de voir se développer une nouvelle cité près des ruines de l'ancienne. Ses maisons, dont plusieurs à étages, en pierres sèches sont encore en assez bon état. On distingue clairement les anciennes ruelles, et sa mosquée est pratiquement intacte, si ce n'est le toit et le minaret qui ont disparu. Après avoir pris soin de faire du bruit pour éloigner les bestioles indésirables, il est émouvant de pénétrer à l'intérieur de la mosquée pour admirer ses imposantes colonnes cylindriques qui ne laissaient vraiment pas beaucoup de place aux fidèles qui venaient y prier.

MOUDJÉRIA

Moudjéria est à 140 km de Tidjikja au nord-est, reliée par une excellente route goudronnée et à environ 70 km de la route de l'Espoir au sud-ouest. Sur ce dernier itinéraire, le goudron est présent, serpentant au milieu des dunes sur les 30 km qui séparent Moudjéria de Letfatar. Celle-ci et Sangarafa, sur la route de l'Espoir, sont dorénavant reliées par un goudron d'environ 40 km. Que vous descendiez de Tidjikja ou que vous montiez de Letfatar, vous franchissez la magnifique passe d'Achetf. Le panorama est superbe, vous dominez, d'environ 200 m, une mer de dunes qui s'étale langoureusement à vos pieds. Sur la gauche, Moudjéria, traversé par le bitume, est comme coincée entre le puissant massif dunaire et les contreforts rocheux.

TAMOURT EN-NA'ÂJ

Entre Ksar el-Barka et Nbeika, la Tamourt en-Na'âj est une vaste dépression qui, pendant la saison des pluies, se remplit d'eau. Des nomades y séjournent pendant l'hivernage pour abreuver leur bétail, principalement des moutons. Lorsque l'eau commence à se retirer, les rives encore humides de la Tamourt en-Na'âj permettent aux nomades de cultiver du mil ou du sorgho, les incitant ainsi à se sédentariser.

Cet espace de vie, en plein désert, attire une faune importante, écureuils, rongeurs, chacals, hyènes et de nombreux oiseaux. Il paraît même que de petits crocodiles séjournent par ici, se réfugiant en saison chaude dans les dernières mares existantes, la Tamourt en-Na'âj n'étant jamais complètement sèche.

NBEIKA

Cette grande oasis est devenue un important carrefour commercial, de nombreux camions et 4x4 viennent, en effet s'y ravitailler en provisions et surtout en carburant. Nbeika est traversée par le goudron qui franchit facilement à l'entrée de la ville la Tamourt en-Na'âj par un large radier.

Transports

Que ce soit avec votre véhicule personnel ou en transport public, vous vous arrêterez forcément à Nbeika pour faire refroidir votre moteur, une fois la passe franchie. Il vous restera une centaine de kilomètres à effectuer pour atteindre Tidjikja.

À voir – À faire

■ GRENIERS GANGARI

Sur la piste qui mène de Nbeika à Matmata, soit environ 25 km, on trouve sur la gauche, quelques kilomètres avant Matmata, une douzaine d'étonnantes petites constructions d'environ 1,5 m de hauteur. Ce sont des greniers, encore utilisés de nos jours, qui auraient été édifiés par des agriculteurs, les Gangari, qui habitaient la région il y a environ 2 000 ans.

MATMATA

Magnifique oasis située à une grosse vingtaine de kilomètres de Nbeika, Matmata est connue pour la présence confirmée de crocodiles piégés par l'aridité croissante de la région. En effet, il y a plusieurs milliers d'années, Matmata était reliée par des cours d'eau à un grand réseau hydrographique. Le climat se réchauffant a coupé Matmata de ce réseau, et il ne subsiste aujourd'hui que les endroits les plus profonds de ces rivières, transformés en grandes mares, où ces grands reptiles imprudents se sont laissés emprisonner. Matmata est une grande citerne naturelle creusée à même la roche. La majorité des eaux de la région du Tagant arrive ici dégringolant en cascades, pendant l'hivernage, des falaises environnantes ; sauf à l'ouest, où une gorge permet d'accéder à cette *guelta*, nom scientifique donné à un bassin naturel permanent entouré de rochers.

Rencontre avec un sage

On le croise au bout de quelques jours à Tidjikja, qui vient chercher une pelle, puis repart aussitôt. On nous susurre à l'oreille que c'est le vieux sage qui s'occupait des visites du musée fermé depuis belle lurette. Alors, lorsqu'il revient, on lui donne le bras jusqu'à la prochaine épicerie où il achète du thé et du pain, pas peu fier de déambuler avec un touriste dans les rues de sa ville natale. Il ouvre l'antre poussiéreux, oublie parfois qu'on ne parle pas forcément le hassanya, présente quelques lampes à pétrole et retourne s'asseoir à son bureau. Un coup d'œil sur une photo en noir et blanc dont les bords jaunis racontent encore la fierté des visages de toute une assemblée en boubou, réunie aux premières heures du musée. Un recueil de témoignages et de correspondances des plus mystérieux, notamment entre l'artiste et auteur dramatique mauritanien Hammam Fall dit El Malik et une certaine Mariem 13. Une foule de questions en tête, on se retourne alors vers le bureau du vieux monsieur, qui roupille tranquillement. On se dit que c'est bien qu'il garde les réponses, et tant pis si nous ne les avons jamais. On le réveille d'une main posée sur l'épaule pour l'aider à remettre les cadenas sur les portes qui resteront fermées jusqu'au prochain hasard. On lui glisse un billet et on le regarde, attendri, s'éloigner vers la ville.

■ MUSÉE ET BIBLIOTHÈQUE

Avant l'oued, le long du goudron

Entrée 1 000 MRO par personne.

Adressez-vous à Cheikh de l'Auberge des Caravanes, il saura sans doute vous donner quelques pistes pour retrouver le vieux sage qui vous ouvrira les portes du musée.

Région du fleuve

Cette région, également appelée Chemama, est facilement accessible depuis Nouakchott, en empruntant le goudron qui va jusqu'à Rosso, à 200 km au sud de la capitale mauritanienne. Une fois à Rosso, capitale de la région du Trarza, le Chemama traverse les régions du Brakna, du Gorgol et du Guidimaka, et les principales villes que sont Bogué, Kaédi et Sélibabi. La vallée du fleuve est la région de Mauritanie à la plus forte densité de population, elle dépasse les 40 hab./km², alors que la moyenne nationale est à 2,9 hab./km². Le Chemama est également considéré comme le grenier de la Mauritanie, ses habitants étant, pour la plupart, des agriculteurs cultivant toutes sortes de céréales et notamment le riz, le mil ou le sorgho.

ROSSO

La capitale de la région du Trarza a été fondée, il y a un peu plus de trois siècles, par Ma Rosse Wande, un pêcheur wolof. Les premiers habitants, venus du Sénégal, étaient majoritairement d'origines sérère et wolof. Quelque temps après leur installation, ils eurent peur en découvrant des traces de dromadaire, animal inconnu pour eux, et s'enfuirent au Sénégal où ils fondèrent Diourbel. D'ailleurs, un quartier de Rosso porte toujours le nom de cette ville sénégalaise. Ensuite, des habitants de Saint-Louis s'installèrent à Rosso pour y faire le commerce de la gomme arabique et du sel. Jusqu'en 1930, Rosso vivait dans l'ombre de Medredra, la ville voisine à 65 km au nord, dont elle dépendait administrativement. Petit à petit, la population augmenta, et Rosso supplanta Mederdra.

En 1952, une crue exceptionnelle du fleuve Sénégal la détruisit à 90 %, la ville fut entièrement reconstruite et ne présente, de ce fait, que peu d'intérêt sur le plan historique. C'est, en revanche, un carrefour commercial incontournable, le fleuve y joue un rôle prépondérant, et une très grande diversité d'ethnies s'y côtoie. On parle couramment trois langues à Rosso, le hassanya, le wolof et le poular. Rosso est réputée pour la qualité de son enseignement, beaucoup de grands administrateurs mauritaniens ont fréquenté ses écoles, dont l'actuel président de la République.

Le premier collège et le premier lycée de la jeune république mauritanienne furent installés ici dans les années 1950. Le passage de la frontière s'effectue par le bac, à raison de 3 000 MRO par voiture et 500 MRO pour un piéton, ou en pirogue, à un prix négociable autour de 500 MRO par personne. Le passage en pirogue présente l'avantage de fréquentes rotations alors que le bac n'en effectue que quatre par jour, entre 9h et 17h. Prenez vos dispositions car la frontière ferme entre 12h

Village d'oasis.

et 15h. Ne vous laissez pas embarquer par des « arrangeurs » de toutes sortes vous proposant de faciliter les démarches relatives au passage de la frontière, d'un côté comme de l'autre. Les contrôles sont un peu longs, mais se passent en général sans problème. En revanche, côté mauritanien, il est interdit de pénétrer sur le territoire en possession de francs CFA et d'exporter des *ouguiyas*. Nous vous rappelons également que l'introduction d'alcool en Mauritanie peut vous occasionner de sérieux ennuis. Les bureaux de change sont à côté du poste de police. Ne changez ici que le strict nécessaire, vous gagnerez environ 10 % en changeant à Nouakchott.

Transports

- **Avec votre propre véhicule,** prenez le goudron vers le sud depuis Nouakchott, 200 km vous séparent de Rosso. Le goudron est bon, comptez environ 2 heures 30 de trajet.
- **En transport public,** rendez-vous le matin au garage Rosso au sud de la ville (1 500 MRO par personne).

Se loger

HÔTEL UNION
BP 62 © +222 45 56 90 29
Sur la route de Nouakchott. Chambre climatisée de 6 000 à 10 000 MRO, petit déjeuner compris. Repas environ 1 500 MRO.
Une vingtaine de chambres climatisées avec salle de bains. L'établissement possède également un restaurant.

PARC NATIONAL DU DIAWLING

Le parc national du Diawling (PND) à l'extrémité sud-ouest du pays, voisin et frère du parc du Djouj au Sénégal, a été créé en 1991 pour répondre à un incident écologique. Ce territoire de zones humides du delta du fleuve Sénégal qui s'asséchaient et s'inondaient de manière cyclique au fil des saisons formait, jusque dans les années 1960, l'une des régions les plus riches de l'Afrique de l'Ouest en termes de faune et de flore. À la suite d'années de sécheresses particulièrement difficiles et de la construction des barrages de Manantali et de Diama dans les années 1970, on assiste à une remontée en surface de la nappe d'eau salée, détruisant de fait les espaces de Sebka les plus fertiles de la région, avec toutes les conséquences désastreuses pour la biodiversité qui vont sans dire. Le parc a pour vocation, depuis sa création, de recréer les écosystèmes détruits, à travers l'inondation artificielle de différents bassins pour lutter contre la désertification du delta. Le PND a arrêté trois objectifs fondamentaux pour le parc : la conservation et l'utilisation durable des ressources naturelles d'un échantillon de l'écosystème du bas-delta, un développement harmonieux et permanent des activités traditionnelles et nouvelles des populations locales et la coordination des activités piscicoles et pastorales menées sur son territoire. Autant de bonnes intentions qui semblent porter leurs fruits, puisque l'on assiste à un retour de la végétation caractéristique du bas delta, notamment, et à titre d'exemple, du *Sporobolus robustus*, utilisé dans l'artisanat local pour la fabrication de nattes. Nombre d'espèces piscicoles, mais aussi d'oiseaux d'eau (pélicans, cormorans, grues couronnées, flamants roses et nains…), migrateurs et sédentaires, et de mammifères (phacochères, chacals), ont à nouveau élu domicile au PND, et avec eux plusieurs familles mauritaniennes qui avaient été contraintes de quitter leur village. Des efforts salués et récompensés, à juste titre, par la FAO (Food and Agriculture Organization) en 2005. Aujourd'hui, le PND constitue le noyau central de la Réserve de biosphère transfrontalière (RBT) du delta du fleuve Sénégal. Un bel exemple d'espaces gérés où la nature et les populations locales reprennent leurs droits, et auquel adhère en grande partie la population mauritanienne, à la différence du Parc national du banc d'Arguin (PNBA) de la côte nord-ouest mauritanienne, très critiqué dans ses choix.

- **Source :** note d'information du PND de février 2010.
- **Merci à Sylvie** de l'Écolodge du Maure Bleu pour son aide dans la rédaction de l'article.

CAMPEMENT DE KEUR MACÈNE
Contact Nouakchott, M. K. T.
BP 3181 © +222 45 25 00 60
© +222 45 29 12 55
A 170 km au sud de Nouakchott, à 75 km au nord de Saint-Louis et à 60 km à l'ouest de Rosso. Case pour une personne 9 750 MRO la nuit, 13 800 MRO en demi-pension et 16 650 MRO en pension complète pour une personne. Case pour deux personnes, 12 150 MRO la nuit, 19 650 MRO en demi-pension et 25 350 MRO en pension complète.

Le campement de Keur Macène vous accueille dans 23 cases climatisées en dur avec salle de bains, douche et toilettes. Le restaurant sur pilotis propose une cuisine variée avec des spécialités à déguster en admirant la vue panoramique sur le lac. Deux suites sont également à la disposition de la clientèle. C'est un lieu de repos idéal mais aussi l'occasion, pour les amateurs de chasse de s'adonner à leur activité de loisirs préférée : sur 120 000 hectares, abondent des gros phacochères ainsi que de nombreux oiseaux tels que canards, sarcelles, oies et bécassines. Une annexe est également à la disposition des pêcheurs sportifs, en groupes ou seuls, qui souhaitent pratiquer le *surfcasting* en mer ou en lagune, la pêche à la traîne ou à soutenir. Des promenades en pirogue sur le fleuve Sénégal et ses lagunes, en 4x4 ou à dos de dromadaire pour approcher les nomades, vous permettent d'authentiques rencontres. Le parc national du Diawling est également un bon programme pour les amateurs d'oiseaux migrateurs. Une initiative intéressante, le Club Méditerranée envoie des clients au campement de Keur Macène qui reverse 8 € par client à une coopérative féminine de la région.

ECOLODGE MAURE BLEU
✆ +222 44 12 03 79
✆ +222 47 43 54 01 – +222 44 11 99 21
http://diawling. blogspot.com
maurebleu@yahoo.fr
GPS : N 16° 13' 915 - W 16° 30' 493
Ouverture de fin octobre à fin mai. Tente double 36 m² 13 500 MRO (35 €), lit supplémentaire (2 max.) 3 000 MRO (8 €). Petit déjeuner 1 500 MRO, repas (entrée + plat + dessert) 4 000 MRO. Transfert possible en pirogue ou 4x4 depuis Diama. Organisation d'excursions guidées à la demande.
Situé dans le sud du parc national du Diawling, à proximité du village de Ghara et à 70 km de Saint Louis du Sénégal, ce campement vous permet de profiter de l'incroyable richesse des paysages du Diawling, sans pour autant faire une croix sur le confort. Des tentes ingénieusement complétées de « douches-calebasses » et de toilettes sèches permettent de passer un séjour dans le respect de l'environnement. L'environnement ? En bordure de mer, à proximité d'un bras du fleuve, vous pourrez partir en excursion à la rencontre de la savane, des dunes, des marécages, et des nombreuses espèces animales présentes sur le site.

■ **PARC NATIONAL DU DIAWLING**
BP 3935
www.mauritania.mr/pnd
pnd@opt.mr
Le site Internet retrace brièvement les enjeux de la création du parc et les difficultés qu'il rencontre.

MEDERDRA

A 65 km au nord-est de Rosso, Mederdra a perdu les deux richesses qui faisaient d'elle, jusqu'à la fin du XIXe siècle, la plus importante ville du Trarza, le commerce de la gomme arabique et l'extraction du sel de Nterert.

LAC DE RKIZ

En hivernage, de Rosso à Bogué, puis vers Kaédi, il faut obligatoirement effectuer ce trajet en passant par Rkîz, la piste directe qui longe le fleuve étant impraticable. C'est l'occasion d'admirer ce lac de 150 km² qui, en période de crues, sert de réserve d'eau. La région entre Mederdra, Rkîz et le fleuve Sénégal est essentiellement agricole, grâce à de très nombreuses zones de culture de décrue.

BOGUÉ

Située à 205 km à l'est de Rosso, en longeant le fleuve Sénégal par une piste, serpentant au milieu de périmètres irrigués, uniquement praticable hors période d'hivernage, Bogué est une plaisante sous-préfecture de la région du Brakna.
Depuis quelques années, le niveau du fleuve est très bas sans que l'on sache réellement en déterminer la (ou les) cause(s). On évoque le barrage de Manantali au Mali, dont les vocations originelles étaient de produire de l'électricité, de rendre le fleuve navigable et de doter le Chemama d'un plus grand nombre de périmètres irrigués. Si le premier volet de cet ambitieux programme est pratiquement réalisé, il semble bien que le deuxième ne le soit que partiellement. Quant au troisième, si les cultures ont vu leurs surfaces s'accroître, il semble bien qu'une conséquence aussi fâcheuse qu'inattendue ait vu le jour : la raréfaction, voire la disparition, des poissons dans le fleuve Sénégal, à tel point qu'aujourd'hui, aussi bien à Bogué qu'à Kaédi, l'essentiel du poisson disponible commercialisé provient de Nouakchott.

Transports

Pendant la saison des pluies, il convient, pour relier les deux villes, de faire un détour d'une vingtaine de kilomètres par Rkîz pour éviter les zones inondables. Bogué est accessible par le goudron, 70 km le séparent d'Aleg au nord-est et 105 km de Kaédi au sud-est.
En transport public, le plus facile est de se poster au carrefour Aleg, à une dizaine de kilomètres avant Aleg en venant de Nouakchott. comptez 700 MRO.

Se loger

AUBERGE ÉCOTOURISME
✆ +222 22 28 09 51
tinshaidara@yahoo.fr
Face au lycée technique. Au rond-point, prenez à gauche en direction de Kaedi, puis sur votre gauche à environ 500 m. Chambre climatisée avec salle de bains privée 8 000 MRO. Wi-fi en projet, restauration sur commande.
Dans une belle bâtisse orangée au calme, en retrait du goudron, ce couple mauritanien vous accueille dans un français parfait. Si la structure peut déjà accueillir du monde, Tina et son mari ne chôment pas et prévoient l'ouverture de nouvelles suites et chambres dans un avenir proche. Les chambres sont très soignées, bien décorées et très propres, toutes agrémentées d'un petit coin bureau et d'une bonne literie. Bonne restauration sur commande. Notre adresse préférée à Bogué.

■ **HÔTEL PELICAN**
✆ +222 45 50 88 99
Sur la route d'Aleg, face à la station NAFTEC. Chambre single 7 000 MRO, chambre double 10 000 MRO, chambre Ambassadeur 12 000 MRO. Pas de restauration.
Autour d'un agréable patio très vert qui accueille une quantité de grenouilles à la nuit tombée, les cases avec salle de bains privée, climatisées et équipées de télévision, font plutôt bonne impression. En revanche, on se rend vite compte des points faibles si l'on décide d'y passer la nuit : la propreté de la salle de bains de la chambre single n'est pas à la hauteur des attentes, et la climatisation bruyante et peu efficace… Dommage !

À voir – À faire

Même s'il est moins majestueux et moins imposant que le Niger, il faut aller voir le fleuve Sénégal, la vie qu'il génère et ses riverains habitués à ses sautes d'humeur.

KAEDI

La capitale de la région du Gorgol se situe au bout du goudron qui vient de Bogué, à 105 km, et d'Aleg sur la route de l'Espoir. Entre Bogué et Kaédi, le paysage change, les chevaux apparaissent, les arbres sont plus nombreux, il y a même des tracteurs. Cette région abrite beaucoup de Toucouleurs, la population se densifie, les termitières apparaissent, les contrôles de police ou de gendarmerie aussi. Les nombreux villages traversés se signalent, de loin, par la spécificité des minarets de leur mosquée. On ne va pas vous dire que la région est infestée de moustiques pendant l'hivernage, sinon vous n'y viendrez jamais et ce serait dommage. Disons pudiquement que, pendant la saison des pluies, la région n'est pas exempte de quelques insectes, et de toute façon, vous n'y viendrez certainement pas pendant l'hivernage. A noter vers l'est, le Gorgol, qui a donné son nom à la région, cet affluent du fleuve Sénégal qui vient le grossir à Kaédi. Vous pouvez facilement passer au Sénégal en traversant le fleuve pour rejoindre Thilogne, sur l'autre rive du fleuve, juste en face de Kaédi.

Transports

En venant d'Aleg, pas de problème pour rejoindre Kaédi, en passant par Bogué. Au rond-point de Bogué, il vous faudra prendre sur la gauche et continuer sur une centaine de kilomètres sur ce bon goudron. Si vous souhaitez continuer vers Mbout et Sélibabi, sachez que le goudron qui relie ces deux villes est toujours en cours de construction et qu'il vous faudra alors emprunter des pistes parallèles sans grandes difficultés.comptez entre 500 et 700 MRO pour rejoindre Kaédi depuis Bogué en transport public, et postez-vous au niveau du rond-point.

Se restaurer

■ **CHEZ MAREGA – DIAHOUNOU RESTO**
A côté du grand marché
Plat à partir de 500 MRO.
Une vraie bonne adresse pour manger en toute simplicité, et pour pas cher, steak, omelette ou poulet garni. Les touristes étant rares ici, on fera tout pour vous être agréable, sourire compris.

À voir – À faire

■ **MARCHÉ**
Kaédi, la ville où vivent de nombreuses ethnies mauritaniennes, a donné naissance à un marché haut en couleurs. Il faut voir ce creuset où se mélangent Arabo-Berbères et Négro-Africains de toutes origines et de toutes conditions ou presque. Ces différentes populations ont apporté leurs marchandises et leur artisanat. Dépaysement et authenticité garantis.

Dans les environs

■ **FOUM GLEITA**
Accessible de Kaédi par une bonne piste de 115 km, le barrage de Foum Gleita est situé tout près de M'Bout, un gros bourg à vocation agricole, un ancien poste colonial qui a gardé une architecture très particulière. Cet ouvrage impressionnant de 43 m de hauteur pour 110 m de longueur retient 500 millions de m^3 d'eau. Terminé en 1984, il a permis l'irrigation de plus de 2 500 hectares de terres.

SÉLIBABI

C'est la capitale de la région du Guidimaka où se côtoient Soninkés, Peuls et Maures. Vous constatez que, lentement mais inexorablement, la végétation s'éloigne du profil sahélien pour se rapprocher de celle en vigueur sous les climats dits soudanais. Les baobabs sont de plus en plus nombreux. Les habitants de Sélibabi vivent surtout d'une agriculture de décrue. De Sélibabi, passage possible vers Kayes au Mali, via Bakel et Kidira.

Transports

Sélibabi se trouve à 235 km de Kaédi en passant par M'bout où le goudron s'arrête ensuite, encore en travaux. Également située à 190 km de Kiffa, via Kankossa, par une piste plus difficile, surtout pendant la saison des pluies.

Se loger

Dans cette partie de la Mauritanie, les touristes sont à peu près aussi nombreux que les dromadaires en Antarctique. On exagère un poil, d'accord, certains traversent ces régions en 4x4 mais s'y attardent peu. Autant dire que les infrastructures d'hébergement et de restauration sont au même niveau. N'ayez crainte, vous ne mourrez pas pour autant de faim, pas plus que vous ne serez obligé de dormir à la belle étoile. Éventualité assez délicate à envisager, étant donné la densité d'organismes volants non identifiés de toutes sortes sévissant par ici. De nombreuses échoppes vous permettent de vous restaurer un peu partout, et en sympathisant avec un Mauritanien, il vous trouvera certainement un endroit où passer la nuit.

GOURAYE

Une piste difficile et longue de 40 km vous conduit à Gouraye, ville frontalière avec le Sénégal. Dans la région il y a encore des éléphants, certains prétendent même y avoir entendu rugir des lions. Information à prendre au conditionnel !

KANKOSSA

Tout au long des 140 km remontant vers le nord et menant de Sélibabi à Kankossa, le paysage est superbe. C'est une succession de plateaux tabulaires en grès, de hautes herbes protégeant un lac colonisé par des nénuphars et de petites forêts de palmiers. Faites attention à l'endroit où vous mettez les pieds, par ici, *Cenchrus biflorus*, plus connu sous le nom de cram-cram est redoutable.

LE NORD

De Nouakchott à Nouadhibou

Les immanquables du Nord

- **Nouadhibou,** la presqu'île du cap Blanc et sa fantastique baie du Lévrier, le cimetière des bateaux, le terminal minéralier, etc.
- **Le parc national du banc d'Arguin** et son fantastique écosystème offrant les conditions idéales pour qu'apparaisse et perdure une richesse halieutique exceptionnelle.
- **Chinguetti et Ouadane** classées au patrimone mondial pour leurs richesses spirituelle et intellectuelle et leurs bibliothèques contenant des manuscrits millénaires.

Si vous n'optez pas pour la solution de facilité qui consiste à emprunter le goudron qui relie ces deux villes, vous devrez suivre l'itinéraire suivant, ce que nous vous conseillons vivement si vous disposez de temps.
Par la piste, le trajet entre les deux principales villes de Mauritanie est long d'environ 525 km. Il nécessite, de préférence, un véhicule à quatre roues motrices ou, sinon, une bonne connaissance de la conduite en terrain difficile, notamment dans les passages de sable mou. Un guide se révèle très utile, surtout dans la partie nord de l'itinéraire entre Iouîk et Nouadhibou.

DE NOUAKCHOTT À NOUAMGHAR

- **La piste entre Nouakchott et Nouamghar,** entrée sud du parc national du Banc d'Arguin, que nous appellerons désormais pour plus de commodités PNBA, suit la plage sur 160 km. Elle ne comporte pratiquement pas de difficultés mais, cet itinéraire n'étant praticable qu'à marée basse, il faut se renseigner sur les horaires de marée. Il est conseillé de prendre cette piste environ deux heures avant la marée basse. Vous devez, tout au long des deux à trois heures que demande ce trajet, fortement ralentir en traversant les villages de pêcheurs disséminés le long du littoral. La circulation de nuit y est fortement déconseillée, pour votre propre sécurité et pour celle des pêcheurs très nombreux sur le rivage entre les mois d'octobre et de janvier. Trois navires ont terminé leur périple sur cette côte et croisent la route, le *Sancho* avant d'arriver au village de Jreïda, le *Montesquieu* quelques kilomètres avant Ablaouagh et le *Kaolino* à la hauteur de Tiouilît. Des crabes fuient devant les roues et, avec un peu de chance, on peut observer un chacal nonchalant, nullement effrayé par la présence humaine. Au large, il arrive fréquemment que des dauphins se laissent admirer.
- **Après avoir traversé la plage des Diplomates,** lieu fréquenté par des Mauritaniens et quelques coopérants, on arrive, une vingtaine de kilomètres au nord de Nouakchott, à Jreïda. Ce village existe depuis environ quatre siècles. D'abord appelé Portendik, du temps de son occupation par des commerçants hollandais, il prit le nom de Coppolani à l'époque coloniale. Le prochain village important est Tanit, environ 45 km après Jreïda. De nombreuses pirogues alimentent en poissons la pêcherie du village. La grande plage, relativement protégée de « la barre » attire les baigneurs et quelques surfeurs.
- **En continuant vers le nord,** entre Tiouilît et El-Mahïjrât, il faut prendre garde au rocher aux moules. Cet amas de moules fossilisées depuis près de 40 000 ans, à une époque où l'océan recouvrait les lieux, doit être abordé avec prudence car il peut provoquer de sérieuses entailles aux pneumatiques.
- **Ensuite, la piste longe le massif dunaire de l'Akchâr,** qui interdit tout refuge vers l'est si le temps de trajet en fonction de la marée a été mal calculé. La fin de l'itinéraire est jonchée d'algues qu'il vaut mieux éviter pour ne pas rester collé. Arrivé au village de Jreif, prenez sur la droite la piste de quelques kilomètres qui permet de rejoindre Nouamghar.

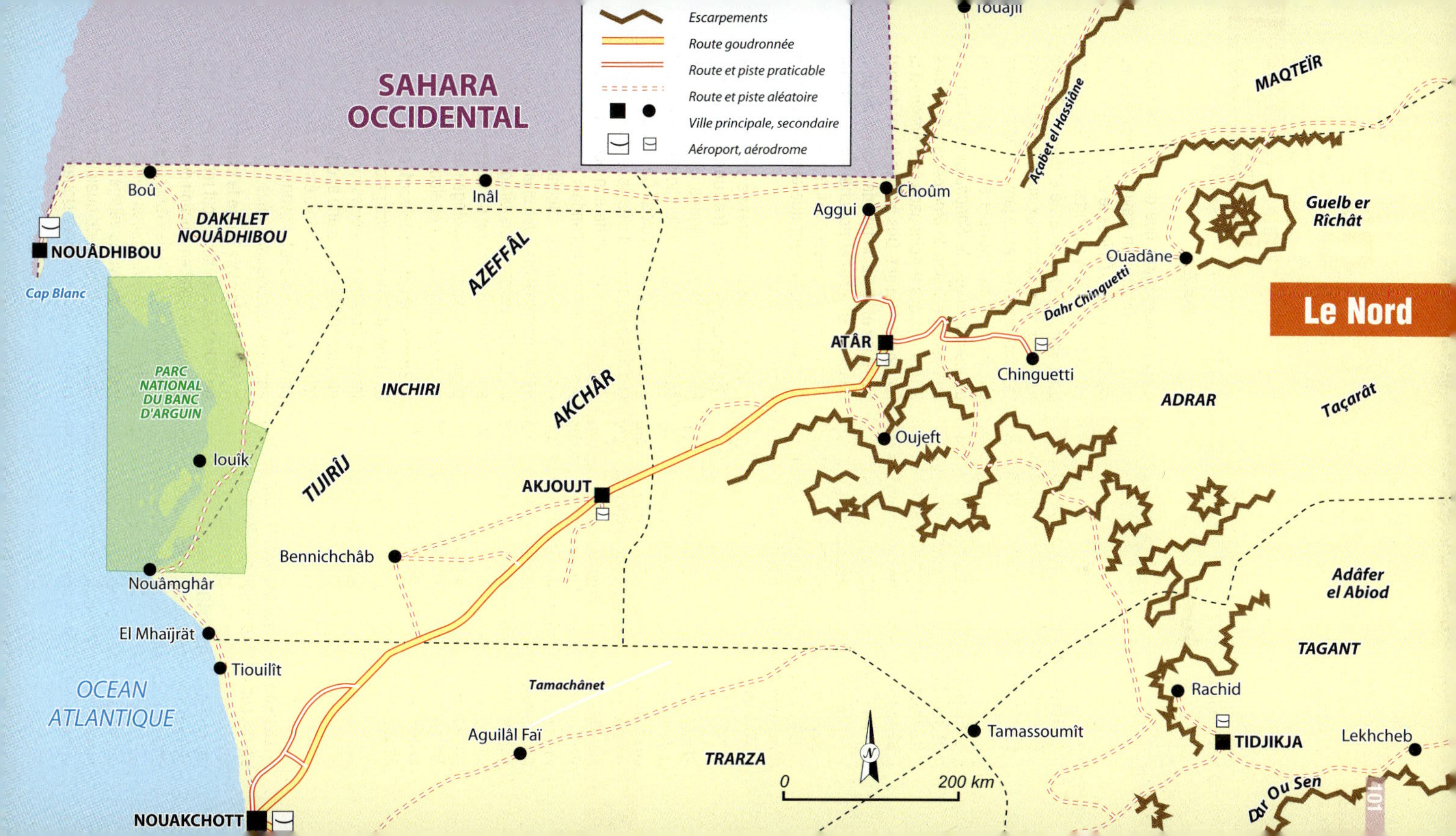
Le Nord
Escarpements
Route goudronnée
Route et piste praticable
Route et piste aléatoire
Ville principale, secondaire
Aéroport, aérodrome
SAHARA OCCIDENTAL
NOUÂDHIBOU
Cap Blanc
Boû
DAKHLET NOUÂDHIBOU
Inâl
AZEFFÂL
PARC NATIONAL DU BANC D'ARGUIN
Iouîk
Nouâmghâr
El Mhaïjrät
Tiouilît
OCEAN ATLANTIQUE
NOUAKCHOTT
INCHIRI
TIJIRÎJ
AKCHÂR
AKJOUJT
Bennichchâb
Tamachânet
Aguilâl Faï
TRARZA
Choûm
Aggui
Aĉabet el Hassiâne
MAQTEÏR
Guelb er Rîchât
Ouadâne
Dahr Chinguetti
ATÂR
Chinguetti
Oujeft
ADRAR
Taçarât
Adâfer el Abiod
TAGANT
Rachid
TIDJIKJA
Lekhcheb
Tamassoumît
Dar Ou Sen
0
200 km
N
101

Parc national du banc d'Arguin

PARC NATIONAL DU BANC D'ARGUIN

Réserve nationale depuis 1976, le PNBA a été classé au patrimoine mondial de l'humanité en 1989. Il est situé de part et d'autre du 20e parallèle, le long de la côte mauritanienne sur près de 180 km. Sa superficie couvre 12 000 km², répartis équitablement entre le domaine maritime et le domaine terrestre.

La partie maritime est composée de hauts-fonds recouverts d'herbiers. Pour donner une idée du relief, il est intéressant de savoir qu'à 50 km de la côte, l'océan n'atteint que 5 m de profondeur. Un courant spécifique nommé *upwelling* parcourt les eaux, il se caractérise par une remontée des profondeurs de l'océan de masses d'eaux froides et riches en sels nutritifs. Ces deux composantes créent au PNBA les conditions idéales pour qu'apparaisse et perdure une richesse halieutique exceptionnelle. La flore et la faune y sont également remarquables. Les trois principaux axes de travail du parc sont la protection des espèces et des milieux, l'étude et la recherche scientifique s'y rapportant et enfin, une information pédagogique destinée aux visiteurs qui furent un temps nombreux

Transports

Comment y accéder et en partir

Si vous souhaitez rejoindre le PNBA par le goudron Nouakchott-Nouadhibou, reportez-vous à la carte pour les points d'accès (PK 205, 240 et 290).

Pour les personnes non motorisées qui souhaiteraient se rendre au banc d'Arguin, sachez que rien n'est moins facile. Le plus pratique consiste à accompagner d'autres voyageurs. Pour les plus baroudeurs, vous pouvez toujours tenter votre chance et essayer de rejoindre les postes PNBA et de demander aux gardes de vous emmener pendant leurs rondes.

Se déplacer

▶ **De Nouamghar à Bîr El-Gâreb.** Cet itinéraire traverse sur sa totalité le PNBA. comportez-vous en personne responsable, refusez de faire ici ce que vous ne feriez pas dans un parc équivalent en Europe. Les autorités du parc ont jusqu'à présent privilégié la confiance et la responsabilité de chacun plutôt que les restrictions et la répression. Par votre comportement, faites en sorte qu'elles puissent continuer dans cette voie. Entre autres, nous vous rappelons qu'il est interdit de camper dans cette aire protégée. Si toutefois, pour une bonne raison, vous êtes obligé de bivouaquer, emportez vos poubelles avec vous. Ne les enterrez pas, les chacals viendront les déterrer, et elles pollueront alors le site. Les conducteurs de véhicules seraient bien inspirés de rester dans les traces sinon, en plus du risque de se perdre, ils écrasent une végétation qui peut leur sembler insignifiante, mais qui mettra beaucoup de temps à renaître. Les pêcheurs se doivent de ne garder hors de l'eau que les prises qu'ils vont consommer, car il n'y a aucune raison de laisser pourrir des poissons sur le sable. Nous vous proposons un itinéraire en deux étapes de Nouamghar à Iouîk et de Iouîk à Bîr el-Gâreb.

▶ **De Nouamghar à Iouîk.** Comptez environ 2 heures pour parcourir ces 90 km, sans compter les arrêts et le détour par le cap Timirist. L'entrée sud du PNBA se trouve à Nouamghar. Vous devez vous acquitter d'un droit d'entrée de 1 500 MRO par personne. D'ici, il serait vraiment dommage de ne pas faire le détour qui vous conduit au cap Timirist.

Là où les villes supplantent les tentes

L'habitat traditionnel nomade est en voie de se perdre en Mauritanie. La tendance est clairement à la création de villes nouvelles, qui viseront à centraliser les structures nécessaires à l'administration, l'éducation, mais aussi à la santé et au commerce. En novembre 2010, le président Abdel Aziz annonce la construction d'une nouvelle ville baptisée Ribat el Bahr sur le rivage nord de Nouakchott. Il en va de même pour le développement d'une ville de Chami avec « 5 680 lots à usage d'habitat et 805 lots commerciaux », à mi-chemin entre Nouakchott et Nouadhibou, à proximité du goudron. Si quelques baraques y sont déjà installées, le président entend y développer un nouveau « pôle de développement » lit-on dans un communiqué, et à terme, interdire les baraques en dur qui se trouvent tout au long du goudron. La sédentarisation de la population semble inéluctable pour le développement de la Mauritanie, une vision pas toujours évidente pour des familles nomades depuis des générations…

Après 3 km effectués dans la direction du nord-ouest, le long d'une piste qui suit la plage où de vieilles *lanches* pourrissent, vous êtes aux pieds de cette butte constituée de coquillages. Les navigateurs portugais connaissaient bien cet endroit au XVe siècle car, au-delà du cap Timirist vers le nord, commencent les hauts-fonds qu'ils devaient à tout prix éviter. L'escalade de cette butte en vaut la peine, pour le superbe panorama que l'on embrasse de son sommet. D'abord une végétation poussive, puis en arrière-plan, la lagune qui s'étire langoureusement sous vos yeux où se nourrissent, les pattes dans l'eau, quantité de hérons, de flamants roses, de bécasseaux et d'aigrettes. Une fois revenu sur la piste pleine d'ornières qui mène à Iouîk, vous longez la baie de Saint-Jean. Certains chercheurs pensent qu'un fleuve se jetait dans cette baie au Néolithique. Toujours est-il que, de nos jours, la baie de Saint-Jean a un taux de salinité très élevé, conséquence de sa faible profondeur et de sa très étroite ouverture vers l'océan. Arrêtez-vous quelques instants pour observer les crabes violonistes qui détalent à votre approche. Avec un peu de chance, l'eau claire et peu profonde vous laissera entrevoir une raie qui s'y prélasse. Des balbuzards, pratiquement disparus en Europe, friands de poissons, fréquentent la baie où de rares palétuviers se reflètent. Une fois que la baie de Saint-Jean se trouve derrière vous, vous attaquez les dunes de l'Azeffal qu'il est préférable de passer le matin ou le soir, car en pleine journée le sable est plus mou. Cette zone est encore de nos jours, malgré les nombreux pillages effectués, jonchée de poteries datant du Néolithique. C'est l'occasion de rappeler qu'il est interdit de prélever ce genre de souvenir dans l'enceinte du PNBA. Après les dunes de l'Azefall, on longe la grande baie d'Aouatif par une bonne piste. Puis on arrive à Iouîk, facilement reconnaissable au squelette de cétacé exposé à côté de la base scientifique.

Entre terre et mer

La côte mauritanienne a subi de tout temps de fortes modifications dues à des retraits et à des avancées de l'océan accompagnés de changements climatiques conséquents. De plus, au Néolithique, des rivières se déversaient dans la mer, entraînant avec elles sables et boues qui formèrent petit à petit la configuration des hauts-fonds actuels. La botanique n'est ici que maigrement représentée. La faible pluviométrie ambiante en est la principale cause, les espèces végétales présentes devant s'adapter et attendre passivement la pluie. Les plantes poussent la plupart du temps dans le lit d'anciens oueds ou le long de la côte. Elles bénéficient de fréquents brouillards et de rosées nocturnes qui concourent, par condensation, à la survie de ces espèces. La faune, assez dense il n'y a pas si longtemps, s'est raréfiée sous l'effet de l'avancée du désert à laquelle est venue s'ajouter la chasse pratiquée sans modération. De nos jours, voir une gazelle relève du miracle. Mais le chacal se laisse observer plus facilement, l'hyène, également présente, étant beaucoup plus méfiante. Il est très difficile, par endroits, de discerner avec précision la limite entre la terre et l'océan, tant l'imbrication entre ces deux éléments est complexe. De vastes dépressions salées appelées *sebkhas* découpent la côte et s'encastrent dans des petites dunes ou des regs constitués de coquillages. Par opposition, le continent est ponctuellement constitué d'amas rocheux, comme les caps Tagarit et Tafarit. Ces masses de grès et de calcaires resurgissent quelquefois en mer pour donner naissance à des îles au profil tabulaire. Ces îles, de dimensions variables, sont dépourvues de végétation lorsque leur altitude est relativement importante, les autres, situées au ras de l'eau et souvent recouvertes à marée haute, se contentent de végétaux supportant une très forte salinité. La plus grande de ces îles, l'île Tidra, se distingue non seulement par sa superficie, de 300 km², mais aussi par la présence, au nord-ouest de l'île, de la mangrove la plus septentrionale de l'Afrique de l'Ouest. Les palétuviers qui la composent abritent une faune importante. Cette île reçoit même, en partie grâce à son importante superficie, des brouillards et des rosées qui favorisent l'implantation de végétaux et donc d'animaux. Les hauts-fonds du PNBA sont parcourus de chenaux qui permettent de rejoindre les différentes îles. La faible pente permet à 450 km² de vasières, recouvertes d'herbiers, d'être découvertes à marée basse, moment que les oiseaux mettent à profit pour se régaler de cette manne alimentaire providentielle.

Imraguen vs PNBA

Si les populations qui vivent à l'intérieur des terres ont vu leur environnement se modifier dernièrement, notamment à cause des sécheresses, les Imraguens, ces pêcheurs rendus célèbres par plusieurs reportages télévisés, n'ont pratiquement pas modifié leur mode de vie depuis cinq siècles. La seule concession faite est l'apparition, au début du XXe siècle, des *lanches* canariennes, des embarcations équipées de voile latine, amenées ici par des pêcheurs des îles Canaries. Les Imraguens pratiquent toujours la pêche à pied grâce à leur filet à épaule, mais se déplacent plus aisément avec ces *lanches*. Ils doivent, en effet, suivre leurs proies favorites, les mulets jaunes et les courbines, dans leur migration et continuent ainsi de pratiquer une certaine forme de nomadisme. Notons cependant que des villages sur le littoral accueillent une partie de la population sédentaire imraguen. On dénombre environ 3 000 Imraguens sur l'ensemble de la côte, dont 1 250 dans l'enceinte du PNBA.
Les Imraguens vivent de la pêche, une activité strictement réglementée par les autorités du parc : instauration d'un quota de *lanches* par village, interdiction d'utiliser certains filets de pêche, interdiction de la pêche des tortues (mais fausse pêche tolérée), interdiction des bateaux à moteur sur l'ensemble du site… Si la survie des Imraguens va de paire avec celle des espèces animales qui vivent sur le même espace, les prises de conscience n'en sont pas moins lentes et difficiles pour les populations locales, confrontées à une nouvelle autorité depuis la création du parc en 1976. Ainsi, la protection de l'environnement est souvent vécue comme une nouvelle contrainte par les Imraguens qui ne demandent, eux aussi, qu'à manger à leur faim…

Ici, l'eau est une denrée précieuse, la plupart des villages imraguens sont approvisionnés par un forage situé à 45 km de la ville, le transport s'effectue par camion-citerne. L'électricité est fournie par des éoliennes. Si vous disposez d'un peu de temps, il peut être intéressant, au prix d'environ 80 km supplémentaires, d'effectuer le tour complet de la presqu'île de Thila. Vous traversez notamment le village de Rguiba Thila d'où il est possible d'embarquer pour une promenade en *lanche*.

De Iouîk à Bîr El-Gâreb. De 1 à 2 heures sont nécessaires pour parcourir la centaine de kilomètres séparant Iouîk de Bîr el-Gâreb. C'est à Iouîk que se concentre l'essentiel des recherches menées au PNBA. Outre les scientifiques, c'est également dans ce village que l'on rencontrait le plus de touristes, principalement en raison des nombreuses possibilités offertes pour faire une balade en *lanche*. Iouîk est également le point de départ idéal pour se promener à pied dans les environs. Les gardes du parc et les Imraguens se feront un plaisir de vous renseigner sur les différents circuits possibles. Le plus facile consiste à marcher en suivant une boucle d'une dizaine de kilomètres vers la pointe sud de la presqu'île d'Iouîk. Cet itinéraire vous offre la possibilité d'admirer un très grand échantillonnage d'oiseaux, tout en louvoyant entre les algues et les herbiers. Avec un peu de chance, il est possible d'observer des dauphins, surtout entre les mois de novembre et de février. Les gerboises et les chacals, plus curieux que dangereux, fréquentent également ce site. Au départ d'Iouîk, une autre boucle intéressante est à réaliser, mais cette fois en voiture, car elle est longue d'une centaine de kilomètres. En une demi-journée, vous pouvez aller, au nord, vers les caps Tafarit et Tagarit. Au passage, vous traversez le charmant village de Ten Alloul, le cap Tafarit se profile alors à l'horizon. Une fois ses pentes lunaires gravies, vous surplombez l'océan d'une trentaine de mètres. De là, on distingue assez nettement, au sud Ten Alloul et les îles Kiaone et Chikchit, à l'est le désert, au nord une belle plage qui aboutit au cap Tagarit, et à l'ouest l'immensité océanique. Des dauphins, des tortues et d'énormes bancs de poissons fréquentent ces eaux, côté terrestre les roches sont le refuge de chacals, de fennecs, d'hyènes et de renards. Les faucons, les hirondelles et autres hiboux se partagent les airs. Le cap Tagarit, moins impressionnant que son voisin, n'est distant que de 5 km par une belle plage accessible à marée basse.

De Bîr el-Gâreb à Nouadhibou. Ce trajet d'environ 170 km peut vous prendre entre 3 et 5 heures, beaucoup de critères rentrant en ligne de compte pour son calcul.

A partir de Bîr el-Gâreb, vous passez le refuge de Morzouba et entrez dans une zone qu'il faut aborder à allure modérée, car y alternent des passages de sable et de rochers coupants. La *sebkha* à suivre est une vaste zone dépressionnaire inondable pendant les grandes marées. La piste des chameliers qui empruntent cette sebkha, sur une bonne trentaine de kilomètres, est bien marquée. Il est fortement conseillé de rester dans les traces, sinon vous risquez d'embourber votre véhicule qui n'appréciera que très modérément de prendre un bain d'eau de mer s'il est immobilisé. Ensuite c'est cap au nord - nord-ouest pour venir buter sur la nouvelle route goudronnée Nouakchott-Nouadhibou et la voie ferrée Zouérate-Nouadhibou que vous atteignez à proximité de Boû Lanouâr. De là, vous tournez sur la gauche, Nouadhibou est à environ 90 km. Attention ! Il ne faut jamais traverser la voie ferrée : des mines subsistent de l'autre côté des rails, résultat du conflit qui a impliqué la Mauritanie, le Maroc et le Front Polisario. A 10 km avant Nouadhibou, vous n'arrivez plus à un poste de contrôle très judicieusement baptisé « le bouchon », car depuis l'arrivée du goudron, il a sauté ! En effet, depuis que le goudron entre Nouadhibou et Nouakchott est terminé, la situation au « bouchon » s'est améliorée : d'abord la petite cabane où s'effectuaient les contrôles n'existe plus, elle a été déplacée et remplacée par un bâtiment plus récent, ensuite les fonctionnaires en poste se contentent d'une vérification normale de vos papiers.

Pratique

Tourisme

Même si les autorités du PNBA privilégient la responsabilité individuelle de chacun plutôt qu'une surveillance et une répression pesantes, il existe certaines règles à ne pas enfreindre. D'abord, l'accès du parc est soumis à un droit d'entrée de 1 200 MRO pour toute personne le traversant.

Lors de votre enregistrement aux différents postes de contrôle, on vous demandera de définir votre itinéraire. De cette façon, si vous tombez en panne en cours de route, votre absence prolongée au prochain contrôle déclenchera les recherches. D'autre part, certaines zones sont très dangereuses ou réservées aux scientifiques ou aux oiseaux en période de reproduction. Les points de contrôle sont facilement repérables grâce aux antennes radio qui les relient à la base. Il est interdit, dans l'enceinte du PNBA, de pratiquer le camping sauvage et la chasse, la pêche est soumise à certaines autorisations dont les modalités vous sont données par les gardes. Le règlement intérieur stipule qu'il est également interdit de survoler le parc, d'y exercer une activité commerciale et d'y introduire de nouvelles espèces, tant végétales qu'animales. Enfin, le prélèvement de vestiges archéologiques et de végétaux est prohibé. Vous devez emporter avec vous vos déchets. Les enterrer ne sert à rien, car ils seront déterrés par les chacals et pollueront ensuite le site. En revanche, vous rendrez un grand service au parc en demandant, lors de votre enregistrement à un poste de contrôle, une fiche d'échouage à remplir si vous rencontrez sur le rivage un mammifère marin blessé ou mort au cours de votre visite. Ces informations sont d'une importance capitale, notamment pour définir la cause de cet échouage et la nature de l'animal. Le PNBA analyse ces renseignements et fait en sorte, dans la mesure du possible, que de tels événements ne se reproduisent plus.

■ PARC NATIONAL DU BANC D'ARGUIN
Avenue Gamal Abdel Nasser
BP 5355
✆ +222 45 25 85 41
Fax : +222 45 25 85 42
www.pnba.mr
adhadramy@yahoo.fr
Site Internet très complet.

Se loger

Le camping étant interdit dans le PNBA, les autorités ont installé des campements dans six villages, Teichot, Ten Alloul, Tessot, Nouamghar, Iouîk et R'keiss. Des tentes sont à votre disposition pour vous héberger, les bénéfices sont reversés à la population qui s'est organisée en coopérative. Hébergement sous la khaima pour 1 500 MRO par personne, avec petit déjeuner à 1 000 MRO. A votre demande, les Imraguens peuvent vous préparer un délicieux repas de poissons, la fourchette de prix se situe entre 1 500 et 2 000 MRO. On vous demandera également de vous acquitter du droit d'entrée dans le parc, fixé à 1 500 MRO par jour et par personne, à payer au chef de village.

Attention toutefois, les villages n'ont pas tous la même fréquentation. À Iouîk, deux campements, celui de Soukaina et celui de la coopérative féminine vous accueilleront sans grand problème.

De même à R'keiss, on vous trouvera facilement une place. En revanche, dans les autres villages, cela fait bien longtemps que l'on ne voit plus grand monde depuis la chute des activités touristiques. À Tessot par exemple, les tentes sont depuis longtemps démontées et rangées en attendant des jours meilleurs. Mais la magie de l'accueil mauritanien palliera sans problème à l'absence de structure réservée aux touristes, et vous pourrez sans doute être logé chez l'habitant, si vous voyagez seul ou à deux. Et votre séjour en sera d'autant plus inoubliable...

Se restaurer

Il fut un temps où le goudron entre Nouadhibou et Nouakchott n'existait pas, et la seule route reliant les deux villes principales du pays traversait le banc d'Arguin. On s'arrêtait alors souvent à Ten Alloul, où l'on trouvait de nombreux restaurants le long de la piste, aujourd'hui tous fermés. Si vous souhaitez manger dans le banc d'Arguin, il est aujourd'hui incontournable de commander à l'avance. Prévoyez donc des réserves de nourriture avant votre départ.

À voir – À faire

La flore du PNBA. Si la végétation n'est pas luxuriante, elle n'en est pas moins bien fournie. Les végétaux sont de deux types, certains, les moins nombreux, qui peuvent être observés tout au long de l'année, et les autres qui n'apparaissent que lorsque les conditions climatiques leur sont favorables. Ces derniers sont invisibles en saison sèche, car ils sont à l'état de graines ou de bulbes. La condition incontournable pour qu'un végétal vive est la présence d'eau, même en faible quantité. Ensuite, il doit s'adapter à la chaleur, au vent, à la salinité de l'eau et aux dégradations inévitables que font les animaux. On rencontre fréquemment des acacias, notamment le faux gommier, des palétuviers dans la mangrove de l'île de Tidra, des pommiers de Sodome, omniprésents sur toute la bande sahélienne, caractérisés par le latex blanc toxique qui s'écoule de leurs feuilles lorsqu'on les casse. Des espèces de câpriers, de coloquintes, de figuiers, de genêts et de tamaris complètent cet inventaire non exhaustif. La présence de brouillards et de rosées nocturnes permet même l'apparition ponctuelle de champignons et de lichens.

Oiseaux. L'exceptionnelle richesse de l'écosystème du PNBA ajoutée à l'absence de pollution et de dérangement occasionnés par une exploitation touristique inconsidérée, explique la multitude d'oiseaux. Dans les vasières du parc, on distingue deux espèces principales : les limicoles sont des migrateurs qui se reproduisent en zone froide et hivernent là tandis que les oiseaux nicheurs y vivent à l'année et s'y reproduisent. Les limicoles, qui représentent environ 90 % de la population d'oiseaux, ont trouvé ici un environnement idéal pour leur migration annuelle. Les espèces les plus fréquemment observées sont les bécasseaux qui représentent plus de la moitié de l'effectif global des limicoles, les gravelots, les chevaliers, les courlis et les huîtriers. Les oiseaux nicheurs, quant à eux, sont représentés par les cormorans, les pélicans, les hérons, les flamants, les goélands, les mouettes et autres sternes. Ces oiseaux bénéficient au PNBA de conditions climatiques exceptionnellement douces qui leur permettent de se reproduire tout au long de l'année.

Poissons. Ce qui frappe le visiteur lorsqu'il séjourne au PNBA, c'est la quantité incroyable d'oiseaux qu'il peut observer. Et si ces oiseaux sont là, c'est qu'ils y trouvent de la nourriture, essentiellement composée de crabes, de crevettes, de gastéropodes et de petits poissons, et que la richesse halieutique des eaux du PNBA n'est plus à démontrer. Les poissons le plus souvent rencontrés sont les raies, les daurades, les mérous, les bars, les thons, les maquereaux et, bien sûr, les mulets jaunes, chers aux pêcheurs imraguens. Ils entraînent derrière eux des prédateurs comme le requin. Le PNBA est, en quelque sorte, une nursery où les larves de poissons constituent un maillon indispensable à la chaîne alimentaire en vigueur ici.

Crabes violonistes. Les invertébrés, maillons essentiels de la chaîne alimentaire, sont également d'une importance vitale pour l'équilibre de l'écosystème du PNBA. Les crabes violonistes sont les plus faciles à observer, ils déambulent nonchalamment sur la partie de littoral libre entre la marée basse et la marée haute, avant de se sauver de leur allure caractéristique dès qu'ils soupçonnent une présence. Ils se réfugient alors dans des terriers qui leur sont propres. Sur certaines îles, on en dénombre jusqu'à 130 au mètre carré. Ces millions de crabes contribuent aussi au nettoyage de certains déchets présents sur le rivage. N'oublions pas la présence notoire de crevettes, calmars et autres langoustes.

Tortues. Plusieurs espèces de tortues fréquentent le PNBA, la plus répandue étant la tortue verte.

Escapade en lanche

Si vous êtes venu dans le banc d'Arguin et que vous repartez sans avoir fait un tour en *lanche* canarienne, c'est comme si vous veniez à Paris sans monter en haut de la tour Eiffel ! Même si beaucoup de ces départs se font depuis Iouîk, vous pouvez également embarquer à Ten Alloul, Rkeiss, et Tessot et Teichot pour visiter une dizaine des îles du PNBA. Les *lanches* ont l'avantage de pouvoir approcher des îles en silence sans trop déranger les oiseaux, et leur faible tirant d'eau leur permet de se mouvoir sans trop de difficulté dans les chenaux que seuls les Imraguens connaissent. En cas de panne de vent, ou plus rarement d'échouage, les équipiers peuvent avoir à se jeter à l'eau, cette dernière leur arrivant alors à la poitrine, pour faire avancer la *lanche* à l'aide d'une corde. Sur le chemin du retour, les Imraguens se font une joie de démontrer l'efficacité de leur pêche à pied à l'aide de filets à épaule.

A ne manquer sous aucun prétexte ! Une fois les prises, essentiellement des mulets, remontées à bord, un poisson est vidé puis grillé. Vous n'avez plus alors qu'à déguster, maladroitement avec vos doigts, ces filets de mulet vraiment délicieux.

La location quotidienne d'une *lanche* canarienne revient à environ 17 000 MRO, plus 3 000 MRO pour le guide. Ce prix est à diviser entre les occupants de l'embarcation, au maximum 5 personnes, et comprend le bateau, l'équipage, la partie de pêche qui vous laissera un souvenir inoubliable. L'argent revient aux Imraguens qui se sont organisés sous forme de coopératives villageoises.

Cet herbivore trouve une abondante nourriture dans les nombreux herbiers du parc. Il convient d'être prudent dans l'estimation de la population de tortues et dans la prévision de son avenir. Les Imraguens prélevaient jusqu'à présent un certain nombre de spécimens pour se nourrir, les carapaces servant ensuite d'objets usuels. Ce prélèvement n'a pas empêché la présence continue de tortues depuis fort longtemps. Depuis peu, les Imraguens ont l'interdiction de capturer ces animaux. Un autre danger plus pervers guette, à notre sens, les tortues. En effet, une activité touristique mal contrôlée pourrait entraîner la désaffection de ces animaux pour leurs sites de pontes traditionnels, s'ils sont trop fréquentés. Mais ce danger n'est plus vraiment d'actualité… D'autre part, comme on l'a vu dans certaines régions où les tortues avaient leurs habitudes, la commercialisation des carapaces comme objets de décoration a pour conséquence une intensification des captures et, à court terme, la disparition de l'espèce dans la région concernée.

▸ **Mammifères marins.** Ce sont essentiellement des cétacés qui patrouillent dans les eaux du PNBA. Assez régulièrement, dans les eaux peu profondes, on observe des dauphins et des orques épaulards plus au large. Ces derniers sont redoutés par les Imraguens. Si vous voyez des baleines et des cachalots, ces animaux ayant besoin d'une grande profondeur pour vivre, ce seront des mammifères malades ou morts qui dérivent avant de s'échouer. Si vous êtes en présence d'un cadavre de cétacé échoué, faites-en part aux autorités du PNBA.

▸ **Mammifères terrestres.** Quelques rares lièvres, mais aussi des gerboises font le régal des nombreux chacals, surtout présents en bordure de l'océan. Même s'ils contribuent au nettoyage du littoral, en mangeant les restes de poissons ou de tortues échoués, les chacals ont par le passé provoqué bien des insomnies aux responsables du PNBA. En effet, à marée basse, certaines îles peuvent être atteintes à pieds secs, nous devrions dire à pattes sèches. Les chacals s'en sont rendu compte et ont investi ces îles pour se repaître des oisillons, quelquefois même en période de reproduction. Ce phénomène semble stabilisé à ce jour. Des hyènes sont également vues régulièrement dans le secteur, notamment de nuit sur la plage au sud de Nouamghar. La gazelle dorcas est la seule survivante des ruminants dans cette zone, mais pour combien de temps ? Les autruches, les antilopes et les guépards ont disparu depuis une trentaine d'années.

▸ **Reptiles.** Les serpents sont fort peu nombreux sur la zone, hormis sur l'île de Tidra. Les lézards, quant à eux, sont en plus grand nombre, notamment dans les dunes de l'Azzefal et de l'Agneïtir, mais aussi sur les îles d'Arguin et de Tidra.

NOUADHIBOU

Certains habitants de la capitale économique de la Mauritanie aiment à rappeler, non sans malice, qu'ils s'appellent les Stéphanois. En effet, Nouadhibou a longtemps porté le nom de Port-Etienne. Elle est également connue pour avoir été le théâtre des exploits des pilotes de l'Aéropostale entre les deux guerres. *L'action de Terre des hommes*, le roman écrit par Saint-Exupéry en 1939, se déroule également à Port-Etienne. A cette époque, la ville n'en était alors pas encore une, il n'existait tout au plus qu'un hangar pour les avions, un bâtiment pour les équipages de ces derniers et une construction fortifiée pour abriter les militaires. Nouadhibou était tellement isolée et protégée par le désert environnant que les assaillants arrivaient ici à bout de forces, plus vraiment en état de tenir un siège et encore moins de l'attaquer. Malgré les apparences que lui confère sa situation au bord de l'océan Atlantique, Nouadhibou a souvent manqué d'eau. Les colons français devaient la faire venir par bateau de France. Aujourd'hui, Nouadhibou est la capitale économique de la Mauritanie grâce à son port minéralier qui assure l'exportation du minerai de fer extrait à Zouérate vers les pays industriels, mais aussi à son port de pêche industrielle où mouillent quantité de navires qui traquent leurs proies dans les eaux les plus poissonneuses du monde. Nouadhibou est construit tout en longueur selon un axe nord-sud qui s'étire sur environ 10 km en prolongeant le boulevard Médian vers le nord et la route de Cansado vers le sud. Nouadhibou n'est plus le point de passage obligé pour les voyageurs qui désirent se rendre d'Europe au Sénégal par la voie terrestre, ils peuvent en effet « zapper » Nouadhibou grâce au goudron qui file directement à Nouakchott, 38 km avant Nouadhibou. Nouadhibou bénéficie d'un climat très agréable, conséquence de l'alizé maritime qui fait baisser les températures tout en chassant les nuages. Les nuits d'hiver peuvent être très fraîches, voire froides. Sur le plan touristique, Nouadhibou a un potentiel énorme, la baie du Lévrier toute proche, en plus de ses somptueux paysages sculptés par l'érosion, est connue de tous les amateurs de pêche sportive, et sa côte offre un superbe échantillon de hautes falaises de grès et d'immenses plages de sable fin.

Transports

Comment y accéder et en partir

■ **ATTM**

BP 442 ✆ +222 45 74 51 74

Environ 23 000 MRO pour un VL et 46 000 MRO pour un 4x4 pour Zouérate. Prévoir les sangles.

Utile si vous souhaitez effectuer le trajet entre Nouadhibou et Choûm ou Zouérate en mettant votre véhicule sur le train minéralier. Tous les convois ne permettent pas le transport des véhicules, renseignez-vous bien au préalable, ça change assez souvent. Le chargement se fait entre le port autonome et la gare de voyageurs.

L'axe Nouakchott-Nouadhibou enfin goudronné !

La première transsaharienne sur le continent africain n'est plus l'Arlésienne, elle traverse aujourd'hui 47 km du plus grand désert du monde, le Sahara, du nord au sud, de la frontière entre le Maroc et la Mauritanie à la capitale Nouakchott. Cette route goudronnée qui a permis le désenclavement de Nouadhibou, la capitale économique du pays, était un rêve depuis fort longtemps pour les Mauritaniens mais aussi pour tous les voyageurs : c'était le dernier trait d'union manquant entre Tanger au Maroc et Dakar au Sénégal.

La fin des travaux, début 2006, annonce une ère nouvelle et porteuse d'espoir pour les commerçants marocains, sénégalais et mauritaniens, les nomades et les pêcheurs du littoral. Cet axe va permettre un formidable développement des échanges commerciaux entre le Maghreb et l'Afrique Noire.

La transsaharienne franchit deux cordons dunaires dans un environnement hostile mais elle a déjà ses partisans. Grâce aux forages creusés pour sa réalisation, des centaines de familles s'y sont installées et donnent vie lentement mais sûrement à ce nouvel axe bitumé auquel plus grand monde ne croyait. En partant de Nouakchott, les 20 premiers kilomètres sont en deux fois deux-voies.

Pour faire une pause, le plein du véhicule, et se restaurer, tout le monde s'arrête à la « Gare du Nord ». Cette station-service ultramoderne est idéalement située à 140 km de Nouakchott et à 130 km de Nouadhibou.

■ **GARE DE VOYAGEURS**

Au sud de Nouadhibou, à environ 1 km après le port autonome. Tarifs : 1 000 MRO en 2e classe, 2 500 MRO en 1re, et 3 000 MRO en couchette. Gratuit dans les bennes et sur les plateformes extérieures.

Un bâtiment récent a remplacé la vieille cabane qui faisait jusqu'alors office de gare. La montée des passagers pour Choûm et Zouérate s'effectue ici. L'heure théorique de départ est à 14h50... Mais il est utile de vous renseigner sur place, notamment auprès des chauffeurs de taxi. L'arrivée est prévue à Choum à 1h15 et à Zouérate à 6h. Un voyage mémorable ! Inconfort et authenticité garantis !

■ **GARE ROUTIÈRE**

Quartier Madrid

Environ 1 000 MRO pour 100 km (4 500 MRO pour rejoindre Nouakchott).

La gare routière a déménagé, elle se trouve dorénavant dans le quartier Madrid. C'est de là que partent les taxis-brousse 4x4 à destination de Choûm et Nouakchott. Les prix varient en fonction du véhicule emprunté et de la place occupée, plus ou moins confortable suivant que vous êtes derrière ou à côté du chauffeur.

■ **SOMASERT**

✆ +222 45 74 90 42 – +222 45 74 29 91

www.somasert.com

Cette société, filiale de la SNIM, exploite le Train du désert, avec ses wagons vitrés et climatisés, qui fait la navette entre Nouadhibou et Zouérate d'octobre à avril. Elle avait l'habitude de travailler en partenariat avec Point Afrique et Go Voyages, notamment pour les touristes qui arrivaient à Atar en avion. Elle a établi une charte de qualité pour sélectionner les hébergements, les loueurs de voitures, les chameliers, etc. pour faire en sorte que votre séjour se passe dans les meilleures conditions. Hors saison, si vous êtes un groupe d'au moins 20 personnes, le Train du désert pourra éventuellement se mettre en marche rien que pour vous.

Se déplacer

- **Taxi.** Tout comme à Nouakchott, c'est un excellent moyen pour se déplacer à Nouadhibou. La tarification varie selon que vous restiez sur le goudron ou pas, mais reste très abordable. Une course sur le goudron en ville vous revient entre 40 et 50 MRO, pour aller à Cansado ou si vous quittez le goudron, comptez entre 50 et 60 MRO Pour vous rendre à la gare de voyageurs, c'est 200 MRO.
- **Des taxis collectifs** verts sillonnent Nouadhibou, ils vont presque partout pour 20 MRO et, ce, quelle que soit la distance.

Pratique

Argent

■ **AGENCE WESTERN UNION**

Boulevard Médian

À côté du Supermarché du 28-Novembre. Transfert d'argent.

■ **SOCIÉTÉ GÉNÉRALE**

Boulevard Médian

En venant de Cansado, après la SNDE (Société Nationale des Eaux).

La seule agence équipée d'un distributeur de billets acceptant les cartes VISA. Également possible de changer des euros en ouguiyas.

Internet

Les deux cybercafés de la ville se trouvent dans une petite rue perpendiculaire au boulevard Médian. En venant de Cansado, prenez la première rue sur la gauche après l'hôtel de ville. Situées en face de la pâtisserie Clair de Lune, les deux adresses pratiquent les mêmes tarifs : 100 MRO pour 30 minutes.

Urgences

Sauf exception, vous ne devriez pas avoir à subir de nuisances occasionnées par des individus mal intentionnés à Nouadhibou. Si toutefois c'était le cas, il vous faudra appeler, également depuis un téléphone portable :

- **le 17** pour la police
- **le 16** pour la gendarmerie
- **le 18** pour les pompiers

■ **BRIGADE DOUANIÈRE**

✆ +222 45 74 51 49

A consulter plus pour d'éventuels problèmes de dédouanement que de sécurité.

■ **CLINIQUE RACHAD**

✆ +222 45 74 63 78

Adresse utile

■ **ALLIANCE FRANCO-MAURITANIENNE**

Boulevard Maritime

BP 217 ✆ +222 45 74 58 71

Proche de l'ENEMP (École Nationale d'Enseignement Maritime des Pêches) à Nouadhibou.

Bibliothèque, ordinateurs avec accès Internet, soirées films et culturelles, point presse. Fait office de consulat pour délivrer les visas.

Se loger

Locations

■ APPARTEMENTS EL VATEH
Quartier Dubai ✆ +222 46 76 92 64
Après le consulat d'Algérie.
Appartement 12 000 MRO pour 5 personnes maximums ou 2 000 MRO par personne.
Une excellente solution d'hébergement pour les petits groupes, les appartements disponibles à El Vateh sont d'une superficie généreuse, bien équipés (cuisine avec frigo et plaques, salle de bains privée, chambre et salon), et dans un état global correct. Le tout pour un très bon rapport qualité/prix !

Bien et pas cher

■ AUBERGE SAHARA
✆ +222 44 42 47 30
Sur une piste parallèle au boulevard Médian. En venant de Cansado, prenez à gauche devant la BMCI (pancarte), puis la 3e à droite.
Chambre 2 lits 2 500 MRO, tente 1 500 MRO.
Derrière le grand portail bleu, cette petite structure est très propre et très accueillante. Belle terrasse et accueil chaleureux. Repas sur commande.

■ CAMPING CHEZ MAURICE ABBA
Boulevard Médian
BP 198 ✆ +222 45 74 98 96
En face de la BMCI. Facilement repérable grâce à une belle fresque peinte sur le mur extérieur du camping. Camping 1 500 MRO, dortoir 2 000 MRO, chambre double 5 000 MRO. Petit déjeuner 700 MRO, repas 2500 MRO. Wi-fi gratuit.
Aménagées dans un ancien hangar, les chambres de l'auberge sont sommaires mais très bien tenues. Grande cour gardée qui peut accueillir les camping-cars et les tentes. Cuisine à disposition, mais dommage qu'on n'y trouve si peu de vaisselle. Une adresse recommandable.

■ CAMPING DE LA BAIE DU LÉVRIER
Boulevard Médian
✆ +222 46 50 43 56 – +222 45 74 65 36
alilevriers2003@yahoo.fr
Face à l'hôtel de ville. Chambre single 3 000 MRO, chambre double 6 000 MRO, Chambre 4 lits 2 500 MRO par personne, camping ou kaima 2 000 MRO. Wi-fi gratuit, cuisine à disposition.
Ouvert depuis 1994, cet établissement est également connu sous l'appellation Chez Ali. Bonnes installations et situation idéale, en plein centre-ville. Ali est également propriétaire d'une autre adresse sur la plage de la Baie de l'Étoile, demandez-lui plus de renseignements si vous êtes intéressé !

Confort ou charme

CENTRE DE PÊCHE SPORTIVE
Le Pélican ✆ +222 22 61 00 07
A 12 km au nord. Chambre simple 8 800 MRO, chambre double 11 000 MRO. Petit déjeuner 1 200 MRO. Repas complet avec entrée, plat et dessert de 4 000 à 5 000 MRO.
L'endroit n'est pas facile à trouver. En contrepartie, la piste pour y parvenir est aussi belle que dépaysante et une fois arrivé, quelle récompense, que vous soyez venu ici pour pêcher ou pas ! Cet ancien campement d'Air Afrique est dorénavant ouvert toute l'année. Il vous accueille dans un bâtiment de plain-pied, sans étage, s'intégrant parfaitement au magnifique paysage environnant. La baie de l'Etoile est, en effet, un lieu de rencontre entre le désert et l'océan, qui offre au regard des panoramas exceptionnels, sculptés par l'implacable action conjuguée du vent et de la mer. Dans un souci de convivialité, Le Pélican a volontairement restreint sa capacité d'hébergement à 24 personnes réparties dans des bungalows, équipés de salle de bains et de toilettes, avec terrasse et vue sur la mer. La restauration est du même acabit. Vous dégustez de succulents crustacés ou poissons, qui frétillaient dans l'océan quelques minutes plus tôt, pêchés par vous-même ou par d'autres pêcheurs. Le personnel dévoué et souriant – très bon accueil de Mohamed – grille votre repas dans la cheminée avant de vous le présenter à table dans le spacieux restaurant d'intérieur ou sur la terrasse ombragée.

HÔTEL MAURITALIA
212 Boulevard Maritime
Quartier Dubai ✆ +222 45 74 32 18
teffahi_mustapha@yahoo.fr
GPS 385/334.
Chambre single 14 000 MRO, chambre double 18 000 MRO. Suite 20 000 MRO pour 1 personne et 25 000 MRO pour 2 personnes. Wi-fi gratuit. Dans un bâtiment bien entretenu, les chambres sont bien équipées (climatisation et télévision), la suite dispose d'un grand salon. Les salles de bains avec baignoire sont d'une propreté irréprochable. Sans doute le meilleur hôtel au sens strict de cette catégorie.

■ **HÔTEL NOUR EL HOUDA**
Boulevard de l'aéroport
BP 759, Quartier Dubai
✆ +222 45 74 90 88
Fax : +222 45 74 90 89
www.rnhndb.com
reservation@rnhndb.com
rnh@rnhndb.com
Chambre single 15 200 MRO, chambre double 20 400 MRO, suite 25 400 MRO. Wi-fi gratuit.
Un hôtel de bon standing situé dans le quartier de Dubai. Les chambres sont plutôt accueillantes et très propres, équipées de salle de bains avec baignoire, climatisation… Ordinateur à disposition des clients, grand salon commun avec télévision. La suite est immense, récemment rénovée et équipée d'un grand canapé circulaire dans le salon. Parking sécurisé par un agent 24/24h.

■ **HÔTEL SAHEL**
BP 1441 ✆ +222 45 74 38 57
Fax : +222 45 74 38 59
www.hotel-sahel.com
info@hotel-sahel.com
Chambre single à partir de 17 500 MRO, chambre double à partir de 20 700 MRO, suite à partir de 33 000 MRO. Petit déjeuner 2 300 MRO. Pas de service de restauration.
Géré par une société installée aux Canaries, cet hôtel bénéficie d'un bon niveau de confort et d'un bon rapport qualité/prix général.

Se restaurer

Pause gourmande

■ **SALON DE THÉ CLAIR DE LUNE**
Dans une rue perpendiculaire au boulevard Médian, à côté du camping de la Baie du Lévrier. Pâtisseries et viennoiseries à partir de 100 MRO pièce. Petit déjeuner 1 200 MRO.
Surprenante pâtisserie où vous pouvez déguster de très bons pains aux raisins, chaussons aux pommes et autres millefeuilles ainsi qu'un petit déjeuner complet. Egalement restauration rapide.

Bien et pas cher

RESTAURANT L'EGYPTIEN
Boulevard Médian
✆ +222 47 58 05 95
4e robinet.
Couscous, riz poisson de 300 à 500 MRO, sandwichs à partir de 300 MRO, plats égyptiens sur commande.
Très bonne adresse pour se restaurer simplement et à moindre coût, très bon accueil de Gami le patron et de sa cuisinière sénégalaise, aussi efficace comme cuisinière que comme interprète !

Bonnes tables

■ **RESTAURANT HALIMA**
Boulevard Médian ✆ +222 45 74 59 18
✆ +222 22 36 62 84 – +222 22 31 34 21
En face de la SNDE. Sur réservation, comptez entre 3 500 et 5 000 MRO pour un repas complet dont vous vous souviendrez.
Deux belles salles climatisées pour se régaler principalement de spécialités de fruits de mer. Ici, on ne travaille que le produit frais, extra-frais, aussi on vous demande de commander une bonne paire d'heures à l'avance. Mais, vous ne devriez pas le regretter, c'est un florilège de crevettes, calmars, langoustes capitaines et autres *thiofs* qui vous y attend. La viande est à l'avenant, excellente. Possibilités de spécialités marocaines et sénégalaises toujours sur commande. Egalement traiteur.

■ **RESTAURANT LA PAILLOTE**
212 Boulevard Maritime
Quartier Dubai ✆ +222 45 74 32 18
teffahi_mustapha@yahoo.fr
GPS : 385/334
Cuisine méditerranéenne. Entrées (soupes, fruits de mer) de 1 000 à 2 500 MRO, poissons et fruits de mer de 2 500 à 4 500 MRO, viandes de 2 500 à 3500 MRO, paella 3 000 MRO par personne.
Dans une belle salle climatisée très accueillante, le restaurant de l'hôtel Mauritalia est une très bonne adresse pour un bon dîner. Les crevettes flambées au whisky ne vous laisseront pas indifférent ! Et après tout, c'est agréable de retrouver un brin de gastronomie après plusieurs repas sandwichs…

RESTAURANT NOMADA
Bvd Maritime
✆ +222 44 55 54 25
www.nomadarestaurante.com
Ouvert du dimanche au jeudi de 12h à 15h30 et de 19h00 à 23h00, vendredi et samedi de 19h à 23h. Wi-fi gratuit. Au menu, tapas, salades et spécialités de la mer.
Vous pourrez déguster ici dans un cadre chaleureux (en salle ou en terrasse), une cuisine méditerranéenne de qualité. Des concerts et projections de films sont également souvent au programme, à consulter sur leur site Internet.

À voir – À faire

BAIE DU LÉVRIER

En arrivant à Nouadhibou par la piste, on longe pendant plusieurs kilomètres la baie du Lévrier. Juste avant d'atteindre la capitale économique de la Mauritanie, la baie de l'Etoile étonne par la forme des rochers sculptés par l'érosion qui l'entourent. Elle est presque fermée et constitue un abri idéal pour des voiliers de passage dans la région. Cette baie a révélé de nombreux sites archéologiques, malheureusement très dégradés depuis l'expansion de Nouadhibou.

CIMETIÈRE DES BATEAUX

Au sud de Nouadhibou

Cet endroit est l'exemple même d'une aide, peu ou pas coordonnée, provenant de pays riches à destination d'un pays en voie de développement. En effet, gisent ici environ 150 bateaux de pêche, certains de fort tonnage, échoués sur le flanc, voire carrément brisés en deux par la houle. Dans le cadre d'accords de pêche bilatéraux entre la Mauritanie et les pays exploitant les ressources halieutiques du pays, ces derniers livrèrent à Nouadhibou cette flottille de navires sans se soucier de la formation d'équipages pour les conduire. Résultat, ces bateaux ne prirent, pour la plupart, jamais la mer, et ils rouillent aujourd'hui sans que personne n'y trouve quelque chose à redire. Un projet, apparemment sérieux, financé en partie par des capitaux européens vise à enlever ces épaves pour restituer à cette baie sa beauté naturelle.

GALERIE MAHFOUD

Jouxtant le marché central, la galerie Mahfoud est située dans une rue parallèle au boulevard Médian.

Allez y faire un tour, le dépaysement est garanti. Si vous ne trouvez pas ici ce que vous cherchez, fouinez encore, vous allez finir par le dénicher. Il y a vraiment de tout, des vêtements de l'électroménager, des pièces détachées, des légumes, de la viande, des produits de beauté, etc. De nombreux petits restaurants foisonnent dans ce quartier, vous pouvez vous restaurer à partir de 300 MRO et goûter une cuisine simple (pâtes ou riz) au restaurant Beyrouth ou au restaurant El-Ahram.

MARCHÉ CENTRAL

En plein centre, dans les vieux quartiers, c'est une fourmilière où vous pouvez trouver de superbes objets artisanaux. Des coffres, des bracelets et des bijoux sont proposés à la vente. Il faut prendre votre temps et avoir un bon sens de la négociation. Vous y trouverez également de très beaux tissus, que des couturiers se feront un plaisir de travailler pour confectionner le vêtement de votre choix.

PORT DE PÊCHE ARTISANAL

Il se développe à l'est de Nouadhibou en essayant de vivre malgré les prélèvements gigantesques effectués par les navires-usines croisant au large. Il faut voir ces pirogues aux couleurs chatoyantes, d'apparence fragile, et les imaginer, elles et leurs équipages, luttant pour ramener à bon port les poissons que les grosses unités de pêche veulent bien leur laisser. Ces artisans de la pêche ont bien du courage.

Hutte traditionnelle.

PRESQU'ÎLE DU CAP BLANC

Au nord, vers le Sahara occidental, c'est un combat incessant entre les déferlantes de l'océan et les falaises abruptes. Au sud, c'est le début d'une plage de sable ininterrompue qui se prolonge sur des centaines de kilomètres. C'est beau, non ? Evidemment, il y a bien cet énorme navire qui, un jour d'août 2004, est venu s'échouer au début de la plage, mais cette verrue en ferraille altère peu la splendeur du panorama.

En prenant beaucoup de précautions, la descente est périlleuse, il est possible d'accéder à la plage sur la gauche ou en face à l'aide d'une corde. Une fois parvenu en bas, vous pouvez profiter des rouleaux de l'océan, en prenant garde toutefois aux courants très puissants qui existent par ici. Et même vous aventurer prudemment dans les vagues, ne serait-ce que de quelques mètres, vous donne vraiment l'impression d'être dans une machine à laver en plein essorage ! On vous aura prévenu ! Néanmoins, après les chaudes et difficiles heures passées sur la piste pour arriver à Nouadhibou, il serait dommage de ne pas profiter de ce magnifique site. La grande croix qui domine l'endroit est là pour commémorer la mémoire de marins bretons disparus en pêchant la langouste.

Transports

Facile à trouver : prenez la direction du sud et roulez. Vous y arrivez immanquablement. En vue du phare, n'oubliez pas de freiner, vous êtes au bord d'une falaise en grès de plusieurs dizaines de mètres de hauteur.

À voir – À faire

■ RÉSERVE SATELLITE DU PARC NATIONAL DU BANC D'ARGUIN

La réserve se trouve tout au bout de la presqu'île du cap Blanc.

Au nord, jusqu'en 1997, on avait recensé environ 300 phoques moines ici et le long de la côte du Sahara occidental. Lorsque l'on sait que la population mondiale de cette espèce ne compte plus que de 500 individus, on prend mieux conscience de l'importance vitale de la réserve du cap Blanc, d'autant plus que les autres phoques moines sont répartis en plusieurs colonies assez restreintes et donc peu viables. En 1997, les autorités ont retrouvé 150 phoques moines échoués sur la plage, sans compter les éventuels individus morts en mer. La cause de cette catastrophe n'a jamais vraiment été élucidée. On a évoqué un virus ou l'ingestion par les animaux d'une algue toxique. Toujours est-il que la situation politique actuelle au Sahara occidental empêche tout recensement fiable des phoques moines survivants : seuls deux représentants, mâles de surcroît, ont été formellement identifiés au Cap Blanc. Les responsables de la réserve espèrent malgré tout que ces mâles attirent à nouveau des femelles dans les parages pour pérenniser l'espèce. Une autre priorité de la réserve du Cap Blanc est d'installer un centre d'accueil pour les oiseaux migrateurs en route pour le banc d'Arguin. En effet, certains oiseaux, épuisés et en manque d'énergie, ne peuvent poursuivre leur périple et meurent au cours du voyage. L'idée est de leur proposer ici un endroit pour qu'ils puissent reprendre les forces nécessaires à la poursuite de leur migration vers le sud.

Retrouvez le sommaire en début de guide

Adrar

Ce fut un temps la région la plus fréquentée par les touristes en Mauritanie. Aujourd'hui, ils s'y font rares et ne s'aventurent guère en dehors de Nouakchott et des routes qui rejoignent le Sénégal et le Mali. Sans vouloir polémiquer pour savoir si cet état de fait est justifié ou pas, reconnaissons que l'Adrar a beaucoup d'atouts. Ouadane et Chinguetti sont deux des quatre villes mauritaniennes inscrites au patrimoine mondial de l'humanité. En plus d'être facilement accessibles, ces cités historiques abritent dans leurs bibliothèques des trésors insoupçonnés. Le rayonnement spirituel de ces villes a éclairé le monde musulman du temps de leur splendeur. Aujourd'hui encore, l'attrait culturel attaché à ces cités représente un critère important au moment de choisir la destination de ses prochaines vacances. L'environnement n'est pas en reste, les nombreuses oasis de la région sont des îlots de vie dans un océan minéral hostile. Les majestueuses dunes de l'erg Ouarane se disputent le terrain avec les immenses plateaux tabulaires, d'où s'offrent à votre regard de magnifiques panoramas. C'est une union à la fois sereine et diabolique entre le sable et la pierre qui ne font que tolérer ces paradis représentés par les oasis. Un mélange de quiétude et d'excitation envahit le visiteur qui, immanquablement, doit faire preuve de beaucoup d'humilité face à une telle démonstration de puissance. Terjît, à 35 km d'Atar, est l'une des rares oasis de Mauritanie dont la source ne soit pas captée. Atar, la capitale de la région de l'Adrar, est reliée à Nouakchott par un excellent goudron de 450 km.

DE NOUADHIBOU À ATAR

Pour vous rendre de Nouadhibou à Atar, il existe deux possibilités : le train minéralier jusqu'à Choûm ou la piste Nouadhibou-Choûm qui longe la voie ferrée. Dans les deux cas, une bonne piste d'environ 110 km, assez fréquentée comparativement à la précédente, vous conduit ensuite de Choûm à Atar en 2 heures. Que vous choisissiez le train ou la piste, il faut compter entre 10 et 12 heures pour relier Nouadhibou à Choûm.

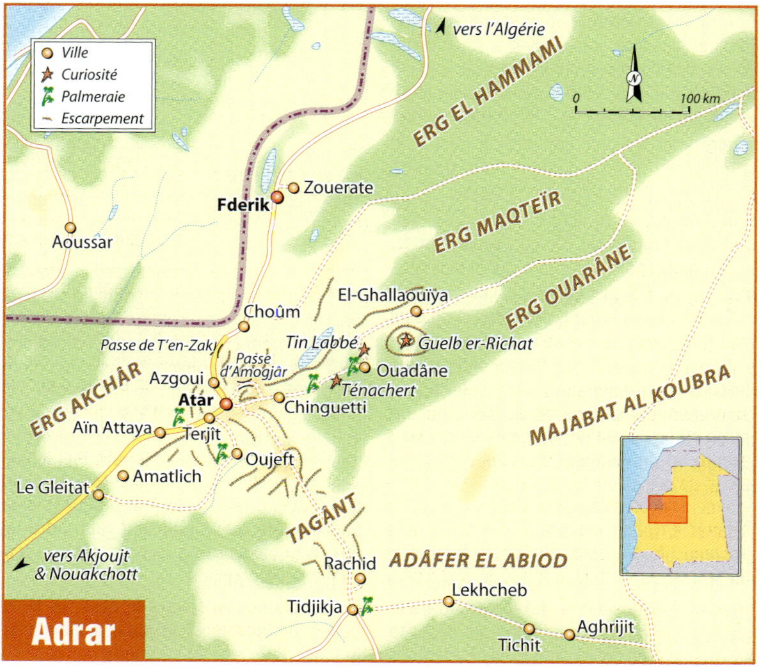

Pour le voyage en train, reportez-vous à la rubrique « *Transports* » de Nouadhibou. Cette tranche de vie authentique, occasion de nouer de nombreux contacts, est à faire au moins une fois pour ce qu'elle révèle de la convivialité des Mauritaniens, même si le confort y est très relatif.

Le trajet par la voie terrestre s'effectue obligatoirement en 4x4. En effet, une dune mouvante se déplace au gré des vents sur plus de 50 km, rendant la circulation assez difficile. En théorie, ce n'est pas bien compliqué, il vous suffit de suivre la voie ferrée en prenant bien soin de toujours rester au sud de celle-ci. En fait, si votre chauffeur est un bon, il saura que la piste la plus confortable s'éloigne par endroits de plusieurs centaines de mètres de la voie ferrée. Vous pouvez être amené, tout au long de ces 460 km, à chevaucher les rails, en faisant très attention aux nombreux morceaux de fer qui jonchent le sol, mais nous vous rappelons que, en aucun cas, vous ne devez passer de l'autre côté de la voie ferrée, sauf pour aller voir le monolithe de Ben Amira situé sur une aire déminée. C'est une question de vie ou de mort, la zone étant minée suite au conflit entre la Mauritanie, le Maroc et le Sahara occidental. Le goudron vous conduit sur environ 90 km jusqu'à Boû Lanouâr. Environ 200 km plus loin, vous arrivez à Tmeïmîchât où le ravitaillement en essence et en eau est aléatoire mais possible, l'approvisionnement se faisant par le train. Les 160 km qui restent à faire sont les plus délicats en raison de la dune mouvante qui empêche le train de circuler en cas de tempête de sable.

A Ben Amira, entre les PK 392 et 393, soit environ 80 km avant Choûm, vous tombez, le terme est choisi à dessein, sur le plus gros monolithe d'Afrique. La masse compacte de cet énorme monument, constitué d'un seul bloc de pierre, ne passe pas inaperçue et s'impose à vous. D'autres monolithes plus discrets sont visibles dans les alentours. Dans les rares villages traversés au cours de ce trajet, vous pouvez sans problème manger et dormir dans les rares gargotes aménagées.

Amatlich

L'Amatalich est un superbe massif de dunes blondes, le premier que vous rencontrez en arrivant de Nouakchott. En le contournant, vous pouvez entrer dans l'Adrar par la passe de Tifoujar. Ses dunes sont fixes et orientées nord-est-sud-ouest sous l'influence de l'alizé. Il est facile à traverser pour les animaux, et vous pouvez y voir des chacals.

Erg Akchâr

Les dunes de l'erg Ackhâr viennent taquiner l'Océan. Le désert se jette dans la mer. Vous pouvez traverser vers Akjoujt au sud de l'Akchâr, en partant d'El Mhaïjrat vers Bennichchaâb, puis Akjoujt. Des dunes orange sont posées sur un reg gris, elles sont très molles et il faut les contourner et faire de nombreux zigzags avant d'arriver à Akjoujt.

DE NOUAKCHOTT À ATAR

Si vous partez de Nouakchott pour rejoindre Atar, voici un descriptif sommaire de cet itinéraire, sans intérêt majeur sauf dans sa dernière partie. En sortant de Nouakchott, vous vous apercevez que le goudron agit comme un aimant sur la population. En effet, il faut parcourir une quinzaine de kilomètres avant d'être certain d'avoir quitté la capitale de la Mauritanie. Aux environs du quarantième kilomètre, vous pénétrez dans la sebkha Ten Dghâmcha qui se trouve par endroits à 4 m sous le niveau de la mer.

Cette vaste dépression de 3 500 km² était, il y a plusieurs milliers d'années, recouverte par l'océan comme en témoignent les nombreux coquillages qui jonchent le sol. Par la suite, le réchauffement du climat transforma cette *sebkha* en un vaste lac, isolé de l'océan par un cordon dunaire. De nos jours, le sol est recouvert de gypse et de sel, ce qui lui donne un aspect de désolation très prononcé. Certains pensent qu'en ouvrant une brèche dans le cordon de dunes et en inondant partiellement la sebkha Ten Dghâmcha, l'eau de mer ainsi piégée pourrait, par évaporation, délivrer quantité de produits rares qu'elle renferme, notamment des métaux alcalins comme le sodium ou le potassium.

A 80 km après Nouakchott, un monument sur la gauche commémore la bataille de Mountoussi, le 18 août 1932, au cours de laquelle une cinquantaine de Français et de Maures alliés à la France périrent dans une embuscade. Une soixantaine de kilomètres plus loin, vous laissez sur la gauche la piste qui conduit à Bennichâb, lieu de production d'une eau minérale aux nombreuses vertus bienfaisantes. Akjoujt n'est plus qu'à 40 km lorsqu'on découvre, vers le nord, le piton rocheux de Tamâggoût qui rompt la monotonie du paysage jusque-là parcouru.

Juste avant Akjoujt sur la gauche, la mine de cuivre, aujourd'hui désaffectée depuis une trentaine d'années, profile à l'horizon ses structures. Un projet de réouverture des mines est aujourd'hui en cours, sans qu'on puisse dire à quelle date exacte il deviendra effectif. Akjoujt, la capitale de la région de l'Inchiri, ne survit que parce qu'elle est située sur l'axe Nouakchott-Atar. L'exploitation des mines de cuivre, dont l'existence fut révélée ici il y a 2 500 ans, est à ranger, à ce jour, au rayon des souvenirs. Ne subsistent que des guelbs, des gros rochers noirs. Si vous tentez l'escalade de l'un de ces symboles fantomatiques de l'ancienne prospérité d'Akjoujt, vous bénéficierez d'un superbe point de vue sur la région. Dès que vous sortez d'Akjoujt, le goudron est balisé par les pics de l'Arâguîb ej-Jahfa. La route toujours rectiligne vous conduit à environ 80 km d'Atar où vous laissez sur la gauche la piste de 80 km qui permet d'éviter la capitale de la région de l'Adrar, pour rejoindre la piste qui va de Atar à Choûm.

Le paysage, qui commençait à se diversifier, prend carrément une autre dimension en arrivant à la rafraîchissante oasis d'Aîn ehl Taya, 40 km avant Atar. Une fois passé le pont qui permet de franchir l'oued Seguelil, le goudron commence à serpenter pour escalader les contreforts de l'Adrar par le col d'Amatîl. C'est le moment de bien ouvrir les yeux, car le panorama est superbe et change à chaque virage. L'idéal est de passer ici au moment du coucher ou de lever du soleil. En effet, l'astre solaire sculpte des ombres mouvantes qui confèrent à l'endroit une majestueuse beauté. Plus cartésiens, des messages de bienvenue peints en arabe sur les rochers rappellent qu'en 1997, les présidents Sid Ahmed Taya et Chirac visitèrent ensemble la région. Une piste sur la droite permet de rejoindre l'oasis d'Oujeft par les passes de Ntouvfine puis de Tifoujâr.

Dans la passe d'Hâmdoun, sur la gauche, des inscriptions gravées à même la pierre commémorent « La Compagnie des pionniers de Mauritanie, 1942-1943 », ces hommes qui façonnèrent la montagne pour tracer cette passe. A 30 km d'Atar, vous laissez sur votre droite la piste dorénavant très praticable, qui mène à Terjît pour emprunter le goudron qui vous conduit, au milieu de paysages toujours aussi superbes, à la capitale de la région de l'Adrar.

ATAR

Beaucoup moins réputée que Chinguetti et Ouadane, ses illustres voisines, Atar n'en est pas moins la porte d'accès à la région de l'Adrar. La ville a connu une forte augmentation de sa population avec l'arrivée des touristes et était réputée assez tumultueuse en haute saison. Aujourd'hui, la situation a bien changé. Les auberges ferment les unes après les autres, et celles qui y croient encore se demandent combien de temps encore elles tiendront... Il n'empêche, le voyageur qui prendra la route depuis Nouakchott n'en sera pas moins bien reçu, au contraire !

De création plus récente que les villes historiques de Mauritanie puisque sa mosquée date du XVIIe siècle, Atar a vécu pendant longtemps du commerce transsaharien entre le Nord et le Sud. Pendant la période d'occupation française, ses habitants se sont opposés farouchement à cette entreprise. Les Français avaient fait de la prise d'Atar un enjeu majeur de la pacification de la Mauritanie. Sa chute, en 1909, n'assure absolument pas la fin des ennuis pour la France, puisque la région est agitée de soubresauts, provoqués par des chefs rebelles, jusqu'en 1933. Elle retrouve presque son prestige en 1960, à l'occasion du choix de la capitale de la nouvelle république indépendante. Sa situation géographique lui fait espérer qu'elle sera choisie, mais on lui préfère Nouakchott.

Transports

Comment y accéder et en partir

▶ **Avec votre propre véhicule,** prévoyez une quinzaine de photocopies de votre passeport avec votre destination et les dates de votre séjour pour passer plus rapidement les contrôles de gendarmerie.comptez 5 heures de route.

▶ **En transport public** de Nouakchott, rendez-vous au garage d'Atar situé à proximité de l'aéroport. L'agence El Moussavir propose des billets à 4 000 MRO pour Atar dans un minibus climatisé confortable.

Il vous faudra y être à 8h du matin. Pensez à vos photocopies de passeport pour faire gagner du temps à tout le monde !

Se déplacer

La ville étant assez étendue, le long du goudron qui mène à Nouakchott, vous serez peut-être amené à prendre un taxi pour vous rendre en ville, suivant votre point de chute. Aucun problème, postez-vous sur le goudron et attendez le coup de klaxon ! Faites signe au chauffeur et il s'arrêtera sur le bas-côté, il ne vous restera plus qu'à vous mettre d'accord sur le prix.comptez 100 MRO maximums par personne pour une course.

Pratique

Tourisme

■ **SALIMA VOYAGES**
BP 09 ✆ +222 45 46 45 37
✆ +222 46 61 53 30
Fax : +222 45 46 43 47
www.salima-voyages.com
informations@salima-voyages.com
salima-voyages@caramail.com
C'est l'une des meilleures agences de la région. Salima Voyages propose des circuits organisés, des méharées de 8 à 15 jours dans l'Adrar et des circuits en 4x4 dans l'Adrar, mais aussi jusqu'au banc d'Arguin et enfin le grand tour de la Mauritanie (par le superbe circuit d'Atar-Oualata-Matmata-Nouakchott-Atar). Salima organise aussi vos séjours à la carte, et vous conseillera sur ce que vous pouvez faire ou non (tout n'est pas forcément réalisable). Vous pouvez également louer une voiture avec un chauffeur guide et toute l'intendance et même un cuisinier. En arrivant à Atar, vous serez logé à l'Auberge du Bonheur.

Argent

À Atar, il est possible de retirer de l'argent aux distributeurs automatiques de la BAMIS et de la BMCI avec une carte bancaire VISA. Le jour de notre passage, tous les distributeurs de la ville étaient en panne, mais on nous a assuré que les distributeurs seraient réparés dans la journée, ce que nous n'avons pu vérifier. D'autres voyageurs nous ont dit avoir pu y retirer de l'argent sans problème.

Internet

A Atar, il existe un cybercafé, connu de tous les habitants et de tous les chauffeurs de taxi.

Se loger

Bien et pas cher

■ **AUBERGE CAMPING BAB SAHARA**
BP 59, Route d'Azougui
✆ +222 46 47 39 66
Grand parking. Tente 2 000 MRO par personne, paillote à partir de 8 500 MRO, caravane 5 000 MRO. Petit déjeuner 1 200 MRO, repas complet 3 500 MRO. Connexion Internet.
L'une des plus anciennes adresses d'Atar gérée par un couple germano-hollandais, Just et Cora. Très bien située, au calme après l'oued, il y a toujours quelqu'un pour vous accueillir.

■ **CAMPING INIMI**
✆ +222 22 29 41 27
✆ +222 22 29 20 23
www.campinginimi.blogspot.com
camping.inimi@yahoo.fr
Sur la route de Nouakchott, au niveau de la station essence. GPS : N 20° 30'4.50'' ; W 13° 3' 36.60''

Confort ou charme

AUBERGE LES TOILES MAURES

✆ +222 5 29 56 57 – +222 45 00 58 97
www.lestoilesmaures.com
proservicestour@yahoo.fr
GPS : N 2032522 – W 1303339

Case ou tente 4 500 MRO, petit déjeuner compris. Pension cmplète 6 000 MRO pendant la saison.

« Une piste y mène, silencieuse ! Tout autour, les contreforts du massif de l'Adrar et un peu plus loin, on devine la fracture de l'oued d'Azougui où coule en abondance en saison de pluie l'eau qui arrose des milliers de palmiers. » Voilà comment Cheibany, directeur d'une agence de voyages à Nouakchott, présente son auberge à Atar. Et difficile de faire mieux pour planter le décor et vous dire le calme, qui y règne en maître. Karim prend soin des lieux, des palmiers et du potager, comme il prendra soin de vous, touchant de sincérité. Point de départ idéal pour de belles balades dans la région, les trois cases aménagées et tout confort sont de véritables cocons aux couleurs locales. Il n'empêche, quand le vent s'arrête, rien ne vaut la terrasse pour dormir la tête dans les étoiles…

AUBERGE MER ET DÉSERT

✆ +222 22 04 64 62
✆ +222 25 02 74 01 – +222 22 37 79 89
www.aubergemeretdesert.com
evasionmauresque@gmail.com
aubergemeretdesert@yahoo.fr

Avant la première station-service d'Atar, suivez les panneaux, sur la droite en venant de Nouakchott. Case ou chambre pour 1 personne 3 000 MRO, climatisée 5 000 MRO ; pour 2 personnes 5 000 MRO, climatisée 7 000 MRO. Petit déjeuner 1 000 MRO. Camping-cars 3 500 MRO la nuit, petit déjeuner compris. Organisation de méharées et excursions sur demande.

Pour tous les voyageurs motorisés, cette auberge est sans doute l'un des meilleurs choix à Atar, et pour rester dans le superlatif, elle présente le meilleur rapport qualité/prix ! Nicole, une Française amoureuse du désert, a de quoi être fière de l'auberge qu'elle fait vivre et bichonne depuis maintenant 5 ans. Au calme dans un quartier résidentiel à l'entrée d'Atar, les cases en pierres apparentes, décorées avec beaucoup de soin, offrant toutes une ambiance différente, le salon détente installé dans une case en palmier, et la salle à manger, sont autant de réussites tant au niveau agencement que décoration. Une chambre climatisée, équipée d'un lit massif, est réservée aux dos sensibles qui ne s'accommodent pas des matelas au sol. Des sanitaires impeccables, un peu de luxe en plein désert, un bassin accueille enfants et plus grands pour faire trempette… Tout est là. Et ce qui finira de vous séduire, c'est l'accueil, le sourire, et surtout les histoires d'Aicha et Soninké.

■ AUBERGE TIVOUJAR

Route d'Akjoujt
✆ +222 45 46 51 67
www.vuedenhaut.com
tivoujar@vuedenhaut.com

Prix en demi-pension. Tente 6 400 MRO par personne, 9 600 MRO pour 2 personnes, studio avec douche et toilettes individuelles 14 400 MRO par personne, 18 560 MRO pour 2 personnes. Pour les voyageurs de passage : déjeuner ou dîner 2 500 MRO.

Structure récente avec une bonne qualité d'hébergement. Un seul bémol, son emplacement, un peu loin du centre-ville d'Atar pour les personnes non motorisées.

■ HÔTEL EL-WAHA

BP 44 ✆ +222 22 32 20 40
Fax : +222 36 32 20 40

En allant vers l'aéroport. Khaima à partir de 1 500 MRO la nuit, chambre 15 000 MRO, suite 25 000 MRO. Petit déjeuner 1 500 MRO et repas complet 4 500 MRO environ.

L'hôtel-restaurant El-Waha, également connu sous le nom d'hôtel Oasis, est le plus luxueux d'Atar.

Il accueille aujourd'hui encore des officiels et des militaires de la région. Vous y êtes hébergé dans une trentaine de jolies cases en dur, imitant la khaima traditionnelle, de très bon goût. Les cases, qui portent le nom de différentes villes ou régions de Mauritanie, sont climatisées et équipées de tout le confort moderne (télévision par satellite, minibar...) Les sanitaires sont impeccables et neufs, il y a même des savonnettes et du shampooing dans les douches. De la terrasse, sur laquelle vous pouvez dormir, vous avez une belle vue sur Atar. Une piscine et deux nouvelles suites sont en projet.

■ **HÔTEL LE MÉHARISTE**
✆ +222 22 31 12 20
meharistehotel@yahoo.fr
Après la première BCR. Lorsque vous arrivez d'Akjoujt, c'est l'un des premiers bâtiments que vous trouvez sur la droite, presque en face de la station-service.
Chambre single 9 000 MRO, chambre double 11 000 MRO. Petit déjeuner 1 500 MRO, repas complet 3 500 MRO environ.
Chambres spacieuses et climatisées, fréquentées par une clientèle mauritanienne. Sourire et qualité des prestations sont au rendez-vous.

AZOUGUI

La palmeraie d'Azougui est à 8 km d'Atar. La route goudronnée qui y mène, est parallèle à une ligne électrique et à une canalisation d'eau qui permet pour le moment à Atar de faire face à sa consommation. La route, d'abord rectiligne, arrive bientôt à la passe de N'Tarazi où il faut s'arrêter pour admirer la superbe palmeraie qui s'étend devant vous plusieurs dizaines de mètres en contrebas.
Le goudron qui revêt alors la piste pour franchir la passe est la conséquence de la visite de Jacques Chirac, invité ici par Sid Ahmed Taya en 1997. Azougui a été le siège de la capitale des Almoravides au XIe siècle, ils y édifièrent la forteresse Arki au milieu de 20 000 palmiers. Azougui abrite également la tombe de l'imam El-Hadrami, un sage musulman controversé, adulé par beaucoup mais dénigré par une minorité, notamment à cause d'écrits dont on lui attribue la paternité et qui proclament que la fin justifie les moyens. Conception difficilement compatible avec la foi musulmane. De nos jours, Azougui est une oasis paisible mais qui s'enflamme lors de la Guetna, la fête des dattes qui a lieu en juillet et août.

Transports

Comment y accéder et en partir

▶ **En venant de Nouakchott,** prenez au grand rond-point (le Point-Rond comme on l'appelle là-bas) d'Atar à gauche le goudron qui longe une sorte de tribune. Ensuite, comptez environ 15 minutes pour rejoindre Azougui, accessible en VL sans difficulté.

▶ **En transport public,** vous pouvez essayer d'arrêter une voiture en vous postant sur la route. Une voiture vous demandera environ de 200 à 500 MRO. Cette technique fonctionne si vous n'êtes pas pressé. Si ce n'est pas le cas, un taxi vous demandera environ 1 000 MRO pour vous y emmenez depuis Atar.

Se loger

Nous n'avons trouvé qu'une auberge ouverte lors de notre dernière visite, mais rassurez-vous, c'est une excellente adresse et une valeur sûre ! À l'entrée de la ville, une nouvelle auberge est en chantier. Guy Martin, propriétaire de l'auberge Echilal à Chinguetti et de l'agence de voyages Mauritanie Aventure, souhaite proposer une nouvelle structure d'hébergement pour les camping-caristes de passage dans la région. À vous de voir où en seront les travaux à votre arrivée... Pour les nostalgiques, quelques auberges fantômes se visitent avec un certain pincement au cœur de l'autre côté de la dune de l'auberge La Médina.

AUBERGE LA MÉDINA
✆ +222 22 26 99 48
✆ +222 36 62 22 82 – +222 46 54 77 24
Kassem. Medina@yahoo.fr
Je.bouk@yahoo.fr
Suivez le goudron jusqu'à ce qu'il s'arrête, montez la petite côte, l'auberge se situe à son sommet. Tentes ou tikits 2 500 MRO par nuit, repas 1 800 MRO, petit déjeuner 700 MRO.
Pas de problème pour tous ceux qui passeront à l'improviste puisque Kassem, un parachutiste pensionné, y vit toute l'année avec sa femme et sa fille. Une quinzaine de *tikits* traditionnels vous accueillent, ainsi qu'une grande chambre en dur et plusieurs *khaimas.* Jetez un œil au livre d'or de l'auberge, vous verrez le nombre de randonneurs du désert qu'elle a vu défiler... Douche froide requinquante. Traversez le jardin et sortez par la petite porte du fond, une dune majestueuse vous attend pour les levers et les couchers de soleil sur la palmeraie...

PASSE D'AMOGJAR

Pour aller d'Atar à Chinguetti, la solution la plus rapide et la plus sûre consiste à emprunter la piste ouverte depuis une dizaine d'années qui met Chinguetti à environ 85 km d'Atar. L'ancienne piste, plus longue d'une trentaine de kilomètres, passe par la passe d'Amogjar, mais le détour vaut la peine. Une dizaine de kilomètres après Atar, il suffit de prendre une piste sur la gauche pour atteindre ce qui constitue peut-être l'un des plus beaux sites de la Mauritanie. La piste serpente à travers d'énormes massifs tabulaires d'où tombent régulièrement des éboulis. Elle est assez bien marquée mais attention néanmoins à ne pas en sortir en s'enfonçant dans un canyon se terminant par une impasse. Une fois la bonne passe trouvée, vous accéderez au plateau qui conduit à Chinguetti en franchissant plusieurs paliers successifs qui révèlent à chaque nouveau virage un panorama différent. La passe d'Amogjar n'est plus entretenue depuis que la nouvelle piste est empruntée, et son franchissement devient de plus en plus aléatoire. Les soubassements de la piste sont fragilisés par l'érosion et par des éboulements provoqués par les rares pluies. Par endroits, il y a tout juste la place pour la largeur d'un véhicule. Des fils de fer barbelé tendus en travers de la piste dissuadent les véhicules et les troupeaux de l'emprunter. Si vous avez choisi de passer par ici, vous ne ferez pas demi-tour une fois arrivé en bas de la passe, mais sachez que c'est à vos risques et périls. C'est vraiment regrettable car c'est réellement un superbe itinéraire. Tout en haut de la passe d'Amogjar, vous laissez sur la gauche une piste qui conduit à Fort Saganne. La région est très riche en peintures et en gravures rupestres, les plus belles se trouvent sur la droite, au sommet de la piste, sur un promontoire rocheux qui mérite d'être escaladé. Un autre site de gravures mérite un détour à gauche, quelques centaines de mètres après être arrivé sur le plateau. Une fois franchie la passe d'Amogjar, vous retrouvez la nouvelle piste. Chinguetti est au bout de cet itinéraire rectiligne.

TERJIT

Pour aller à Terjît, il faut reprendre le goudron en direction d'Akjoujt sur une petite trentaine de kilomètres, puis tourner à gauche. L'embranchement est facilement repérable, il y a un contrôle et une petite maison en dur à cet endroit. L'oasis de Terjît est au bout de cette piste de 11 km qui franchit un oued à plusieurs reprises. La piste a été refaite, elle est maintenant accessible en VL alors que, auparavant, il fallait un 4x4 pour l'emprunter. Vous vous faufilez à travers de hauts massifs gréseux pour arriver finalement dans un cul-de-sac matérialisé par un parking où vous devez obligatoirement laisser votre véhicule. De là, un chemin vous conduit 200 m plus loin, au milieu des palmiers et du gazouillis des oiseaux, à l'oasis dont la présence est trahie par le bruit rafraîchissant de l'eau qui s'écoule. Terjît est une des rares oasis de Mauritanie dont la source soit libre, cette particularité en a fait un lieu de visite incontournable pour les touristes visitant l'Adrar. De plus, l'eau qui descend du plateau en petites cascades successives s'écoule en toute saison. Il est assez incroyable de s'imaginer cela en saison chaude, lorsque le soleil à son zénith brûle les sommets environnants.

■ **AUBERGE DE L'OASIS**

Visite seule 1 000 MRO par personne. Tente 2 000 MRO par personne. Petit déjeuner 1 000 MRO. Plats traditionnels (couscous, viande, poulet) 2 000 MRO.

Cette oasis appartient à la même famille depuis quatre siècles. L'auberge de l'Oasis n'a longtemps été fréquentée que par les Mauritaniens qui venaient s'y reposer ou participer à la Guetna en juillet et août. Depuis que la région de l'Adrar s'est ouverte au tourisme, le propriétaire a vu arriver une manne providentielle sous forme de visiteurs de plus en plus nombreux. La beauté du site justifie cette fréquentation, attention toutefois à ne pas le dégrader ! Vous pouvez accéder au plateau qui surplombe l'oasis en vous enfonçant à l'intérieur de celle-ci. Deux bassins font office de piscines pour le plus grand bonheur des enfants. C'est tentant n'est-ce pas ? Il est possible de s'y rafraîchir à condition de ne pas les confondre avec des baignoires. Quarante familles mauritaniennes vivent ici, merci pour elles. A un kilomètre à vol d'oiseau, soit 40 minutes à pied ou 15 minutes en voiture, se trouvent les grottes de Legueira. Ces dernières abritent de belles peintures rupestres.

■ **AUBERGE DES CARAVANES DU DÉSERT**

✆ +222 46 15 61 02 – +222 46 22 30 73
✆ +33 6 68 55 65 45
auberge. tergit@yahoo.fr

Sur la droite quelques centaines de mètres avant le parking. A partir de 1 500 MRO par personne la nuit. Possibilité de demi-pension et pension complète à 4 500 et 6 000 MRO.

L'Auberge des Caravanes est gérée par un français et son équipe mauritanienne. Il est bien évident que sa situation est moins bucolique que l'Auberge de l'Oasis, mais les prestations offertes sont d'excellente qualité. Cette auberge propose 4 chambres et des hébergements sous tente. Les chambres sont propres et agréables, et un réel effort est apporté à la restauration, les légumes cuisinés proviennent du potager de l'auberge. Il y a même une petite piscine au centre d'un jardin, l'eau vient du puits et elle n'est pas traitée et sert donc aussi d'arrosage pour le jardin.

BOUCLE TERJIT-OUJEFT-LE GLEITAT-TERJIT

Ce circuit permet de découvrir de magnifiques oasis peu fréquentées. Il est, en revanche, obligatoire de l'effectuer en 4x4 avec un chauffeur connaissant parfaitement la région. A la sortie de Terjît, il faut prendre la bonne piste à gauche qui permet d'éviter la falaise, on arrive assez rapidement à la passe de Ntouvfine empruntée dans le sens de la montée. Une fois arrivé à son sommet, il serait dommage de ne pas vous y arrêter pour contempler le magnifique panorama qui s'étend devant vous. La vision de l'oued El-Abiod, qui serpente à travers la plaine de Yaghref, mérite en effet plus qu'un simple coup d'œil. La piste se prolonge ensuite jusqu'à Oujeft au milieu de paysages toujours aussi splendides, uniquement rythmés par la paisible progression des nomades et de leurs dromadaires. Un peu avant d'en avoir terminé avec la petite quarantaine de kilomètres qui mène de Terjît à Oujeft, une piste sur la gauche conduit à la très belle oasis de Mhaîreth par la non moins superbe passe de Trik Chaab.

Oujeft, sans avoir l'ancienneté des villes historiques de Mauritanie, n'en a pas moins été créée au XVIIIe siècle. De par sa situation géographique, la cité a joué un rôle stratégique de premier ordre pendant la colonisation française. A l'écart des grands axes de pénétration habituellement utilisés par les Français et replié à l'abri des contreforts du massif de l'Adrar, Oujeft a souvent été utilisée comme base arrière par les insoumis à l'autorité française. C'est d'ailleurs d'ici que partit, en 1905, une attaque en direction de Tidjikja, au cours de laquelle Xavier Coppolani trouva la mort. Aujourd'hui, Oujeft est un gros bourg calme où le sentiment de quiétude prévaut. Dans un rayon d'une cinquantaine de kilomètres autour d'Oujeft, il y a beaucoup d'oasis qui valent le détour. Celles de Berbâra et de Toungad méritent une halte pour la tranquillité et la sérénité qu'elles dégagent, loin du tumulte de certains lieux trop fréquentés. L'oasis d'El-Hnouk mérite une mention particulière, elle est en effet comme incrustée entre deux falaises, telle un bijou dans son écrin. Non loin de l'oasis d'El-Hnouk se trouve le lac de Leglatt, inconcevable et en contradiction totale avec l'idée que peuvent se faire les néophytes d'un Sahara sec et aride où la vie serait absente. Entre autres niches de vie dans ce désert, citons Tintâne, Agmeimîne et Echaîla. La piste vous ramène bientôt à Le Gleitat dont les environs sont riches en gravures rupestres. D'ici, les amateurs de sable peuvent se régaler en traversant les dunes de l'Amatlîch par Foum Tizigui pour rejoindre Amazmaz.

Nous tenons à préciser que cet itinéraire n'est pas de tout repos et demande de la part du chauffeur, non seulement une grande expérience de la conduite sur sable mou, mais aussi une parfaite connaissance de la région. Une fois revenu à Le Gleitat, vous allez suivre une piste qui arrive en haut de la magnifique passe de Tifoujâr. De là, vous distinguez au loin l'oued Abiod et l'oasis d'Amatîl, perdue au milieu de cette mer de sable. Attention, s'il vous venait à l'idée d'effectuer ce trajet dans l'autre sens, il y a de fortes chances que vous soyez contraint de faire demi-tour en arrivant à la passe de Tifoujâr. En effet, l'expression « mer de sable » s'applique parfaitement à cet endroit. Or, s'il est possible en mer de remonter le vent et les courants en tirant des bords, il est pratiquement impossible de franchir la passe de Tifoujâr dans le sens de la montée. La profonde épaisseur de sable mou et la forte pente en interdisent l'accès, même les chameliers ne l'empruntent qu'exceptionnellement, c'est vous dire ! Une fois la passe de Tifoujâr puis la palmeraie d'Amatîl franchies, la piste qui vous permet de rejoindre Terjît n'est plus très loin.

Il serait trop long d'énumérer ici toutes les oasis à découvrir. De plus, emprunter ce circuit demande un certain temps si l'on veut en retirer quelque chose. Il nous semble inconcevable de visiter quotidiennement plus d'une oasis au risque de ne rien voir du tout. Ce pays n'est pas superficiel, il mérite réflexion, attention, profondeur et largeur d'esprit, exactement ce que les Mauritaniens sont prêts à partager pour peu qu'on leur en laisse la possibilité.

CHINGUETTI

Lorsque vous venez d'Atar, après plusieurs dizaines de kilomètres d'une piste caillouteuse au milieu du reg, l'arrivée sur Chinguetti est majestueuse. Les silhouettes colorées des habitants qui avancent lentement sur le sable suspendent le temps. Chinguetti est une merveilleuse cité, où il faut entrer sans bruit, sur la pointe des pieds. Vous distinguez d'abord, au loin, l'imposante masse des dunes du puissant erg Ouarane, au pied duquel Chinguetti semble à la fois blottie et coincée. Les dunes font à la fois le bonheur de cette ville en proposant aux touristes une vision irréelle qui en fait son succès, et malheureusement son malheur puisqu'elle est régulièrement prise d'assaut par le sable. D'ailleurs, on distingue nettement l'oued qui sépare les constructions récentes de l'ancienne ville où vivent encore quelques familles, et où se trouvent la mosquée et une école. Il faut savoir qu'à Chinguetti, comme dans toute la région d'ailleurs, les réserves d'eau ne sont pas infinies mais plutôt mal définies, ce qui n'est pas du tout la même chose. Souvenez-vous en au moment de faire votre toilette !

L'origine de la ville remonte au VIIIe siècle, lorsque des nomades créèrent Abweir, à quelques kilomètres de là, dont on peut encore voir des vestiges au nord-est de Chinguetti en suivant l'oued. Des conflits survenus entre les habitants d'Abweir incitèrent une partie de sa population à s'établir quelques kilomètres plus loin, sur l'emplacement de l'actuelle Chinguetti. Le commerce transsaharien florissant assura longtemps la prospérité de la ville. A son apogée au XVIIIe siècle, Chinguetti comptait une douzaine de mosquées. Avec le déclin des caravanes, le XXe siècle vit la ville péricliter, comme toutes les autres cités historiques de Mauritanie qui dépendaient essentiellement du commerce transsaharien. Sans entrer dans la polémique pour savoir si Chinguetti est ou n'est pas la septième ville sainte de l'islam, contentons-nous de préciser que le Coran ne mentionne que trois villes saintes : La Mecque, Médine et Jérusalem. Ce qui est indéniable en revanche, c'est que Chinguetti était un point de rassemblement très important pour les caravanes de fidèles en partance pour le pèlerinage de La Mecque. A tel point que, lorsque l'on demandait à ces pèlerins d'où ils venaient, ils répondaient tous de Chinguetti. La Mauritanie porta même un temps le nom de pays de Shinguet, c'est dire l'importance spirituelle de cette cité. Chinguetti comme Ouadane sont les deux grandes victimes de la zone rouge établie par les gouvernements occidentaux. Pour plus d'informations à ce sujet, consultez notre rubrique *« Sécurité »* dans la partie *« Organiser son séjour »*.

Transports

Comment y accéder et en partir

Au rond-point d'Atar, prenez le goudron à droite en venant de Nouakchott. Une fois sorti de la ville, vous entamerez une portion goudronnée qui facilite grandement l'ascension de majestueux massifs tabulaires, pour enfin rejoindre le poste de contrôle au sommet. Puis de retour sur la piste, continuez toujours tout droit, vous arriverez à Chinguetti.comptez environ 85 km et entre 1 et 2 heures pour rejoindre Chinguetti depuis Atar, selon que vous roulez en 4x4 ou en VL.

Fort Saganne, passe d'Amogjar

Se déplacer

Il existe, à l'heure actuelle, un seul et unique taxi qui sillonne les pistes de Chinguetti. Connue de tous, cette petite Citroën AX noire est une véritable célébrité !

Se loger

S'il n'existait que deux auberges en 1995 à Chinguetti, on en comptait plus d'une cinquantaine avant l'effondrement des activités touristiques. Aujourd'hui, nombre d'entre elles sont en *stand-by*, les infrastructures étant bien entendu toujours présentes, mais plus exploitées par manque de touristes. Nous remercions tous ceux qui nous ont ouvert leurs portes et proposons ci-dessous une liste non exhaustive des auberges dans ce cas précis, ayant fait le choix de ne détailler que les hébergements où vous serez sûr de trouver quelqu'un pour vous accueillir. En souhaitant une reprise rapide des activités pour les établissements suivants :

- **Auberge des Caravanes :** ✆ + 222 47 42 92 35 06
- **Campement Tindewalli :** ✆ + 222 45 25 62 74
- **Auberge Wahat Sahara :** ✆ + 222 22 24 18 10
- **Auberge Abweir :** ✆ + 222 22 43 75 64
- **Auberge Mauritanie Terre d'Accueil :** ✆ + 222 22 03 24 47
- **Auberge 1001 Nuits :** ✆ + 222 45 40 00 45.

Bien et pas cher

■ AUBERGE ZARGA
✆ +222 47 46 06 28
Face à l'épicerie de Chinguetti. Côté ville nouvelle, juste avant l'oued sur la gauche. Khaima ou chambre 1 000 MRO la nuit, Petit déjeuner 500 MRO, repas 800 MRO. Méharée 6 000 MRO.
L'adresse idéale pour les fauchés pas trop regardants sur la propreté. Abdu vous propose un hébergement simple et des méharées à un prix défiant toute concurrence. Les Italiens rencontrés dans le taxi pour Ouadane étaient ravis de leur séjour à l'auberge Zarga.

LA ROSE DES SABLES
✆ +222 45 40 01 48
✆ +222 47 46 67 63
En venant d'Atar, à gauche avant la station service. Chambre de 2 000 à 2 500 MRO, tente 1 500 MRO. Petit déjeuner 800 MRO, repas de 2 000 à 2 500 MRO.
Bienvenue chez Cheikh, un artisan de l'hébergement, authenticité garantie ! Ces remarques n'ont absolument rien de péjoratif, bien au contraire. Cheikh est un gérant bien sympathique qui saura vous mettre à l'aise et, avec ses petits moyens, mettre tout en œuvre pour vous satisfaire, et ce depuis le tout premier charter de Point Afrique. Vous y croiserez peut-être Jacques, un expatrié français connu de tous à Chinguetti, qui y prend le thé et qui ne demande plus qu'à découvrir la Lune !

Confort ou charme

■ AUBERGE ECHILAL
✆ +33 4 71 02 90 07
www.mauritanie-aventure.com
mauritanieaventure@free.fr
Face à l'oued côté vieille ville. Chambre double 5 000 MRO par personne, petit déjeuner inclus.
Belle structure récente et bien entretenue, cette auberge, avec ses 16 chambres équipées de sanitaires adaptés et de lits massifs, fera le bonheur des seniors. Guy Martin vous propose différents circuits au départ de l'auberge, à bord de gros 4x4 customisés qui avalent toutes les pistes et que vous pourrez conduire vous-même, avec les conseils de vos accompagnateurs. Son agence Mauritanie Aventure organise des itinéraires à travers tout le pays adaptés aux camping-cars, avec une prise en charge possible à partir de la frontière avec le Sahara occidental.

AUBERGE LA GUEÏLA

✆ +222 46 48 25 26

✆ +33 6 77 44 89 92 – +33 6 60 69 24 10

www.lagueila.com – info@lagueila.com

Après la station-service, prenez une piste sur la droite en venant d'Atar. Chambre double 12 800 MRO (38 €) pour 2 personnes et par nuit, chambre single 8 000 MRO (24 €). Repas complet 2 800 MRO (8 €). En pension complète : chambre double 24 000 MRO (70 €), chambre single 13 600 MRO (40 €). Supplément climatisation 3 200 MRO (10 €) par chambre.

La Gueïla est une superbe auberge de standing, née de l'ambitieux projet de Sidi et Sylvette. Elle a enfin ouvert ses portes en 2010, faites-vous conter les différentes étapes de la construction par Sidi et Mohamed Lemine ! Les chambres aux poutres apparentes sont flambant neuves et d'une propreté irréprochable. Elles s'orientent autour d'un merveilleux patio fleuri, où chantent les oiseaux réunis autour d'une fontaine et un majestueux palmier dattier inlassablement bercé par le vent. La terrasse vous réserve une belle surprise au coucher du soleil. Draps, couvertures et serviettes sont fournis, les sanitaires sont étincelants. Un grand espace, salon et bibliothèque, séduit par sa convivialité et sa fraîcheur au moment des repas et des veillées. Une adresse de charme pour vous y ressourcer.

L'EDEN DE CHINGUETTI

✆ +222 22 05 39 02

À l'entrée de Chinguetti, à droite en venant d'Atar. Chambre de 5 000 à 8 000 MRO par personne, petit déjeuner compris. Repas 2 500 MRO.

L'auberge de l'Eden est ouverte depuis octobre 2005 et reste une adresse hautement recommandable. Tant par la qualité et la propreté des chambres que par l'accueil à la fois chaleureux et professionnel de Mohamed. Demandez-lui de vous parler de son annexe située à 5 km environ, si vous êtes intéressé par la baignade dans son petit bassin, la dégustation d'une salade avec les légumes du potager et une nuit étoilée au milieu des jardins maraîchers.

LE JARDIN INTÉRIEUR

Vieille ville

✆ +222 47 46 70 66

✆ +222 22 46 70 66

leminbahan@yahoo.fr

Chambre 20 € la nuit, petit déjeuner 6 € et repas 12 €. Organisation d'une méharée 50 €.

C'est l'une des rares adresses situées dans le cœur de la vieille ville, et sa situation contribue sans doute à l'ambiance particulière qui règne au Jardin Intérieur, un véritable havre de paix. Petite structure charmante qui s'articule autour de l'intimité du jardin, son véritable point fort. Eau chaude et hygiène irréprochable dans les 8 chambres, l'excellent accueil de Mohamed complète cet ensemble harmonieux. Encore quelqu'un que l'on écouterait parler des heures, de sa ville, de ses gens, ou du cybercafé qu'il projette d'ouvrir en août 2012…

À voir – À faire

BIBLIOTHÈQUES

Entrée environ 1 000 MRO.

Il y a plusieurs bibliothèques privées à Chinguetti qui renferment toutes de magnifiques manuscrits, dont certains sont vieux de 1 000 ans. Ces documents à la calligraphie exceptionnelle étaient utilisés par les érudits qui étudiaient et enseignaient ici, d'autres accompagnaient les fidèles tout au long du chemin qui devait les mener à La Mecque.

On peut visiter certaines de ces bibliothèques. L'une des plus représentatives est certainement celle de la famille Melaïnine, un musée regorgeant d'objets utilitaires de l'époque jouxte cette bibliothèque. A voir également, celle de la fondation Al-Ahmed Mahmoud.

FORT

Nous devrions parler des bâtiments du fort, car c'est un ensemble de plusieurs constructions qui constitue l'ancienne garnison française au temps de la colonisation. Le plus important de ces édifices est constitué d'imposants piliers qui supportent de belles arcades.

MINES DE BANCO

Le ciment mauritanien, autrement dit le banco, est utilisé comme liant pour bâtir les maisons. A Chinguetti, on l'extrait depuis plusieurs siècles d'une mine située à moins d'un kilomètre au sud-est de la ville. On accède à ces galeries souterraines de plusieurs centaines de mètres, en se laissant descendre au fond d'un puits accroché à une peau de bête. Ce n'est évidemment pas de tout repos, mais la découverte de ces galeries labyrinthiques est étonnante. Elles sont hautes de plusieurs mètres par endroits et laissent un espace à peine suffisant pour ramper à d'autres.

MOSQUÉE

C'est un superbe bâtiment en pierres sèches, restauré à de nombreuses reprises. C'est l'un des rares édifices de la vieille ville encore intact, on aperçoit de très loin son minaret caractéristique qui servait de repère aux fidèles rentrant du pèlerinage à La Mecque. Les quatre angles de sa tour se terminent par des pointes sur lesquelles sont empalés des œufs d'autruche.

VIEILLE VILLE

Pour tenter d'imaginer ce qu'a pu être cette ville, il est nécessaire de déambuler dans les ruelles de Chinguetti, ensablées et obstruées par les éboulis. Vous respirez Chinguetti en vous y promenant, vous mesurez la menace du danger qui guette la ville en tombant, à l'angle d'une rue, sur les dunes de l'erg Ouarâne. Ne vous fiez pas à l'état extérieur des maisons, certaines sont encore occupées en juillet et en août pour la Guetna, la fête des Dattes.

TÉNACHERT

L'oasis méconnue de Ténachert est située approximativement à mi-chemin entre Ouadane et Chinguetti lorsque l'on emprunte la piste la plus directe mais aussi la plus difficile pour rejoindre ces deux villes anciennes. Nous disons méconnue, car elle est souvent snobée par les circuits organisés qui préfèrent suivre la piste nouvellement refaite à l'ouest de Ténachert. Cette dernière, bien que plus longue d'une quarantaine de kilomètres est en effet beaucoup plus rapide et confortable ;

Désert de l'Amatlich.

mais les paysages traversés en passant par Ténachert sont beaucoup plus intéressants. Cette petite oasis mérite le détour pour son authenticité.

ERG OUARANE

En arrivant à Chinguetti, vous le voyez, à la fois inquiétant par son immensité et rassurant par le calme qu'il inspire. Au sud-ouest de la ville, il s'étend sur environ 300 km et constitue le prolongement occidental de l'erg Chech qui commence dans le désert algérien. Il suffit d'emprunter quelques rues ensablées de l'ancienne ville pour constater les dégâts qu'il provoque et pour se rendre compte de l'inutilité d'engager un combat, perdu d'avance, contre une telle puissance. L'alizé continental, avec ses vents principalement orientés au nord-est, est son principal allié dans le travail de conquête et de destruction qu'il conduit. Ces dunes, ô combien représentatives du désert et souvent magnifiées par le biais d'illustrations et de cartes postales, laissent comme un goût d'amertume à Chinguetti. L'erg abrite quelques oasis dans la région de l'Adrar, ensuite il n'y a plus d'eau. Les couloirs permettant de circuler facilement entre les immenses cordons de dunes, sont appelés les *Mghalig*.
Lagueila est une oasis située à l'est des monts Zarga et au sud-ouest de Chinguetti, au milieu de l'erg Ouarane. Elle est moins étendue que d'autres oasis de l'Adrar, plus connues, comme celles de Mhaïreth ou Tergit. Les randonneurs qui viennent découvrir la région s'y arrêtent pour un pique-nique ou un bivouac. Les véhicules motorisés n'y accèdent pas. Quelques habitants permanents entretiennent la palmeraie et plantent un peu de légumes (carottes notamment) et de céréales.

OUADANE

Ouadane est certainement la plus impressionnante des villes historiques de Mauritanie. En effet, les maisons de sa vieille ville s'accrochent désespérément au flanc de la falaise. Les autorités portugaises ont restauré une partie de la vieille ville, on est obligé de reconnaître que les bâtiments concernés l'ont été avec une certaine réussite. L'accès à cette enceinte est désormais soumis à un droit d'entrée de 1 000 MRO, et les deux guides (Mohamed et Sidi Mohamed) vous attendent à l'auberge Vasque, ou au niveau du poste gendarmerie à l'entrée de la vieille ville. Vers le haut, les constructions de la nouvelle cité se mélangent harmonieusement avec les anciens bâtiments sans que l'on puisse vraiment définir la frontière entre les deux.

Un peu d'histoire. Beaucoup d'érudits des cités anciennes avaient acquis leur savoir en étudiant à Ouadane. Taleb Ahmed Ould Twer Djenna, l'un des derniers savants de Ouadane, narre son pèlerinage à La Mecque dans un livre publié au XIXe siècle, en anglais avant de l'être en arabe. Un autre de ses ouvrages fut agréé pour étudier le Coran à Fès, au Maroc. Malheureusement, les conditions de vie extrêmement difficiles, principalement causées par l'aridité croissante du climat, entraînèrent l'exil d'une partie de la population de Ouadne, essentiellement vers Chinguetti. Ouadane fut fondé en 1141 sur les ruines de quatre villes, elles-mêmes créées en 742.
La ville connut un rayonnement spirituel intense pendant sa période de prospérité, elle était en plus idéalement située sur la route des caravanes qui assuraient le commerce transsaharien. C'est à Ouadane que la première université du désert vit le jour, on y publia *L'Abrégé du droit islamique* qui fut expliqué et diffusé dans la région par un habitant de Ouadane. Le plus vieux manuscrit retrouvé en Mauritanie l'a été à Ouadane, il est aujourd'hui à la Bibliothèque nationale de Nouakchott. A tel point que certains manuscrits, aujourd'hui exposés à Chinguetti, appartiennent à d'anciennes familles exiléées de Ouadane à l'époque. La conservation des manuscrits se heurte à de nombreux obstacles : la chaleur, la poussière, le sable, la lumière et la condensation sont de redoutables ennemis. Récemment, des moyens modernes ont été employés pour tenter de préserver ce patrimoine sur site. Les manuscrits les plus remarquables, qui sont aussi quelquefois les plus détériorés, ont été transférés sur des microfilms pour que les chercheurs puissent les étudier sans les manipuler. Comme toutes les autres villes historiques de Mauritanie, Ouadane a connu un déclin à son entrée dans le XXe siècle, avec la raréfaction des caravanes commerciales. L'exode de la population a continué jusque dans les années 1960, et, ce n'est que depuis une dizaine d'années qu'une prise de conscience collective a entraîné un retour des natifs de Ouadane.

Le fantôme de l'hôtel Palace

Du haut de la vieille ville, l'ancien toit de l'hôtel Palace est facilement repérable à sa forme de boîte à œufs. Il est devenu, bien malgré lui, le symbole du malheur qui frappe Ouadane depuis le classement en zone rouge. On peut aujourd'hui visiter, avec un certain pincement au cœur, ce qui fut autrefois des chambres luxueuses avec salles de bain privées. La vue sur la vieille ville et la palmeraie en prime…

Cette démarche est motivée par une volonté de retrouver leurs racines et un refus de voir mourir la vieille cité. Aujourd'hui, Ouadane, dont le nom signifie « la cité des deux oueds » (l'oued du savoir et l'oued des dattes), revendique haut et fort son patrimoine. Le développement de la ville passe par un intérêt touristique croissant qui doit lui permettre de retrouver une partie de son aura, tout en préservant et en restaurant son riche passé culturel et spirituel. Dans cet objectif, Sidi Mohamed Ould Abidin Sidi, le conservateur du patrimoine de Ouadane, a créé la Fondation pour la culture, le savoir et la protection du patrimoine. N'hésitez pas à visiter son musée, demandez à ce que l'on vous y conduise. On pardonne très affectueusement le relatif manque de professionnalisme de Sidi, pour ne retenir que ses grandes connaissances et s'émouvoir de la foi qui l'anime. Contactez-le, il vous fera partager son savoir sans rodomontades, en toute simplicité, mais avec une grande pertinence parfois mâtinée d'une certaine malice. Il est également passionné de cuisine et envisage d'ouvrir une auberge. Ouadane vient d'être relié au reste du pays par le téléphone, et d'ailleurs, l'installation peu discrète de l'antenne relais au point culminant de la ville ne manque pas de faire débat…

Transports

- **Si vous venez d'Atar,** Ouadane est à environ 200 km en empruntant la nouvelle piste qui évite la passe d'Amogjâr, en direction de Chinguetti. A une vingtaine de kilomètres de cette dernière ville, un embranchement vous permet, en prenant la piste de gauche, d'arriver à Ouadane.
- **Si vous passez à Chinguetti avant Ouadane,** il y a deux possibilités pour relier les deux cités. Soit vous roulez en direction d'Atar sur une vingtaine de kilomètres jusqu'au carrefour cité plus haut, puis vous bifurquez sur la droite, Ouadane est alors au bout de cette piste rapide. Soit vous choisissez la piste directe par Ténachert, auquel cas, il vous faut entre 2 et 3 heures pour parcourir les quelque 90 km de cette piste, par endroits ensablée.
- **En transport public,** il vous faudra parler de vos intentions de voyage assez à l'avance à votre aubergiste et donc ne pas être pressé. Les départs pour Ouadane ne sont pas très fréquents et relativement chers : comptez 3 000 MRO depuis Chinguetti.

Pratique

Tourisme

Sur les hauteurs de la ville, en face de la gendarmerie, un point d'information touristique a été installé et vous propose à la vente des cartes postales et des ouvrages historiques sur la cité. À deux pas, une terrasse surplombant la vieille ville attire les jeunes au coucher du soleil.

Postes et télécommunications

Si le téléphone portable a fait son arrivée à Ouadane, à l'heure actuelle, il n'est possible de téléphoner qu'avec l'opérateur Mauritel.

Se loger

Bien et pas cher

■ AUBERGE MAYATEG

✆ +222 46 99 14 39

Trois cases et 4 tentes 2 000 MRO la nuit, petit déjeuner à 1 000 MRO et repas à 2 000 MRO sur commande.

Le seul hébergement situé en plein cœur de la ville, géré par la sympathique Fatma au sourire qui ne trompe pas. Les cases (3 lits maximums) sont bien entretenues et colorées. WC traditionnels ou à la turque.

■ AUBERGE VARENI

✆ +222 45 46 20 15

Située juste à côté de l'ancienne gendarmerie. Kaima 2 000 MRO par personne, petit déjeuner 1 000 MRO, repas 1 500 MRO.

L'accueil d'Abdoulah est très chaleureux, et il sera toujours prêt à vous rendre service. L'une des plus anciennes adresses de Ouadane, ouverte depuis 1993, les installations ont été bien entretenues et rénovées.

AUBERGE VASQUE – CHEZ ZAIDA
Juste avant l'oued
✆ +222 47 68 96 66
www.auberge-vasque.com
zaida_vasque@yahoo.fr
Cases traditionnelles, camping-cars, tente 2 000 MRO par nuit. Petit déjeuner 1 000 MRO, repas copieux 1 500 MRO.
Cette auberge se trouve au calme dans la palmeraie, juste avant l'oued. Zaida, c'est avant tout une vraie rencontre, un sourire radieux et un dynamisme à toute épreuve. L'auberge, c'est son projet à elle, et à elle seule. Et quelle réussite ! Le salon est très confortable et décoré avec beaucoup de goût, parfait pour y faire la sieste lors des grosses chaleurs de l'après-midi, les cases traditionnelles sont accueillantes et équipées de moustiquaires. Les sanitaires sont fonctionnels et bien entretenus, et si vous prenez votre douche en début de soirée, vous aurez même de l'eau chauffée par le soleil ! Sans doute, la meilleure adresse pour gouter au ksour ! Encore un lieu qu'il est très difficile de quitter… Pour Zaida, les projets continuent, et c'est tout ce qu'on lui souhaite.

Confort ou charme

AUBERGE AGOUEIDIR
✆ +222 46 41 93 91
✆ +222 46 49 10 10
agoueidir@yahoo.fr
En arrivant par la nouvelle piste, c'est la première auberge que vous voyez sur la droite. Chambre climatisée double 9 000 MRO, chambre single 7 000 MRO, pension complète 8 000 MRO (repas 3 000 MRO, petit déjeuner 2 000 MRO).
Cette auberge propose des hébergements en cases ou dans des chambres climatisées. Les sanitaires et les douches sont très propres, on trouve même la petite brosse qui va bien aux toilettes ! Grande capacité d'accueil et beaucoup de fréquentation par des employés de Schenker et Total, ce qui permet d'échanger un peu autour de la télévision du salon. L'adresse confort à Ouadane.

Se restaurer

Ouadane est une ville où l'on peut déguster une excellente gastronomie. Ne partez pas d'ici sans avoir goûté, au moins une fois, au *ksour*. Cette galette de blé, assez épaisse, peut se manger seule, mais il est préférable de la tremper, voire de l'écraser, dans la sauce qui accompagne généralement un plat. Le summum étant de piocher avec la main droite dans ce mélange de galette et de sauce pour en faire une boulette, que vous portez ensuite à votre bouche délicatement et proprement, vous devrez peut-être vous y prendre à plusieurs reprises pour y parvenir !
Une autre spécialité de Ouadane, le lait sec. A certaines périodes de l'année, il peut arriver que les chèvres et les dromadaires produisent du lait en quantité supérieure aux besoins des propriétaires de troupeaux. Les excédents de lait caillé sont alors délicatement répandus sur du sable propre, il n'y a plus qu'à attendre que le soleil agisse. L'évaporation de l'humidité contenue dans le lait entraîne l'apparition, à la surface du sable, d'une galette très dure qui peut se conserver assez longtemps. Il suffit alors de la réhydrater pour qu'elle devienne consommable. L'oasis de Ouadane produit aussi d'excellents légumes, notamment des carottes, des betteraves et des salades. Les nombreux palmiers offrent des grappes de succulentes dattes, que les habitants utilisent pour confectionner de délicieux gâteaux avec ces fruits écrasés.

À voir – À faire

BIBLIOTHÈQUES
Plusieurs bibliothèques privées existent à Ouadane. Vous y découvrirez de superbes manuscrits anciens. L'une des plus intéressantes est certainement celle de Sidi Mohamed Ould Abidin Sidi. Il vous autorise à photographier les magnifiques pages calligraphiées de ces manuscrits et même à les toucher. Il aime à répéter que la conservation de ces trésors se heurte à de nombreux obstacles, dont le premier est lui-même, en acceptant de vous les montrer. Il n'y a donc aucune raison de lui reprocher de ne montrer que des manuscrits seulement vieux de deux ou trois siècles : il a la justesse d'esprit de garder bien à l'abri les plus anciens, pour ne les montrer qu'à des chercheurs. Qui peut lui en tenir rigueur ?

MAISON DES ARMES
C'est d'ailleurs davantage un musée. On y trouve toutes sortes d'objets anciens utilisés par les populations nomades ou pas, comme des trépieds pour baratter le lait, des fléaux pour battre les céréales ou un ustensile baptisé le *Moude* du Prophète, qui sert d'unité de mesure internationale pour les musulmans. Très étonnante est la présence dans ce musée d'un coffre orné de l'étoile de David, preuve de la présence de commerçants juifs à Ouadane il y a environ 150 ans, leurs descendants se sont convertis à l'islam.

Anecdotique et beaucoup plus contemporain, comme d'autres villes de Mauritanie, Ouadane dut subir les attaques perpétrées par le Front Polisario, alors en conflit avec la Mauritanie. Des roquettes tirées sur la ville sont exposées au musée.

■ VIEILLE VILLE

Entrée 1 000 MRO.

Il est fortement recommandé de déambuler dans les ruelles désertes de l'ancienne ville. Un guide est indispensable car les centres d'intérêt sont nombreux et difficilement repérables par un néophyte. D'autre part, il est très facile de s'égarer dans ce gigantesque labyrinthe. La ville dispose de huit symboles que vous ne visiterez peut-être pas tous, mais que nous vous citons pour mémoire. La rue des 40-Savants, la maison des Armes, la nouvelle mosquée, les fortifications, l'ancienne mosquée, les trois maisons des fondateurs de la ville, le puits fortifié et, enfin, les deux tours érigées pour contrôler l'accès au puits. Dans le bas de la vieille ville, pour éviter que des querelles concernant la délimitation de certaines parcelles de terrain apparaissent, au cas où le sable viendrait à recouvrir les enclos, les fondations de ceux-ci sont profondes de deux mètres, empêchant ainsi toute contestation.

TIN-LABBÉ

A 6 km de Ouadane, dans la direction du nord ouest, Tin-Labbé est un village troglodyte.

Visite guidée avec Mohamed

Vous l'aurez bien compris, les touristes se sont faits très rares à Ouadane. Pourtant, on les attend toujours. Si toutefois vous ne trouviez personne pour vous faire la visite au poste de gendarmerie à l'entrée de la vieille ville, vous pouvez contacter Mohamed.

■ MOHAMED

© +222 44 95 52 10

Mohamed est guide officiel. Après la visite de la vieille ville, demandez-lui de vous emmener dans son petit musée, installé dans la maison familiale du vieil Ouadane, il vous montrera avec fierté tous ses trésors et vous en livrera leurs secrets !

Dans les environs, de nombreux rochers sont recouverts de mots en arabe et en tifinagh, l'écriture touarègue, attestant ainsi de la présence ancienne de peuples d'origines diverses dans la région.

GUELB ER-RICHAT

La piste d'environ 45 km qui conduit de Ouadane au Guelb er-Rîchât demande la présence d'un guide, car si vous passez à côté et continuez votre route, vous risquez de ne pas rencontrer signe de vie avant longtemps.

Ce site est constitué de trois cercles concentriques plus ou moins distincts, que l'on franchit en empruntant des passes pour arriver au centre. Ces cercles se trouvent successivement à environ 10 puis 5 km du centre, le dernier n'en étant éloigné que d'un kilomètre. Si l'origine du Guelb er-Rîchât a longtemps été sujette à plusieurs hypothèses, il semble bien que, de nos jours et en l'état actuel des connaissances, la probabilité d'une météorite responsable de ces plissements de terrain soit écartée. Les scientifiques sont pratiquement unanimes pour affirmer que cet endroit est le résultat de ce que nous pouvons appeler, pour simplifier, un volcan avorté. Il y a plusieurs milliers d'années, voire plusieurs millions, une bulle de magma s'est présentée à la surface du sol en provoquant des plis. Après avoir crevé la croûte terrestre, le magma ne suivant plus, elle s'est retrouvée sans énergie pour la propulser. Elle s'est ensuite piteusement dégonflée pour laisser place à un lac, aujourd'hui disparu, en son centre. La formation du Guelb er-Rîchât nous fait penser à un soufflé que l'on sort du four et retombe instantanément. Cette version imagée va faire hérisser le poil de certains scientifiques, mais elle a le mérite d'être comprise de la plupart d'entre nous. Et de toutes les façons, elle est plus près de la réalité que l'hypothèse de la météorite.

EL-GHALLAOUIYA

Prenez la direction du nord-est pendant environ 80 km avant d'atteindre le fort d'El-Ghallâouïya, à la limite de la région du Tiris Zemour. Essayez d'imaginer ce que pouvait être la vie des différents occupants de ce fort et la force morale dont ils devaient faire preuve pour tenir le coup et résister à la chaleur, à l'isolement, sans parler des assaillants.

Ici, vous êtes au bout du monde. Tout autour de vous, c'est le désert, le vrai, le grand, qu'il ne faut aborder qu'avec la plus grande humilité. C'est intéressant de venir ici pas seulement d'un point de vue historique, mais aussi pour les paysages traversés au cours du trajet. La passe de Thanié, notamment, permet de jouir d'un superbe panorama sur les rochers environnants et celle de Maqteïr donne l'occasion d'admirer la mer de dunes du même nom.

ERG MAQTEÏR

Bordé par l'Adrar au sud et par l'erg El Hammâmi au nord, l'erg Maqteïr est un grand massif de dunes peu mobiles et séparées par des creux profonds de 30 à 50 m. Assez long (jusqu'à 1 km), on le découvre généralement sur ses bordures dans l'Adrar. Des circuits se rendent au cirque d'El Beyyed creusé dans le plateau rocheux de l'Adrar où s'engouffrent les sables de l'erg. De très belles gravures rupestres sont visibles sur ce site.
L'erg Maqteïr abrite d'important site paléolithique : on peut citer le Gisement de l'Aftassa oriental au nord, à 60 km de Tourine, où l'on a trouvé des lames, des éclats, des pointes, et des bifaces.

MAJABAT AL KOUBRA

Son nom signifie « l'étendue de la Grande Solitude ». Théodore Monod a surnommé ainsi le Djouf et cette appellation figure encore sur plusieurs cartes. Le mot *djouf*, qui signifie « ventre », désigne la dépression de Taoudenni au Mali. L'explorateur a parcouru ce désert aride en tous sens, avec la même passion et la même curiosité pendant des années. Il s'étend depuis El Ghallaouya jusqu'à Aratanne (430 km) et depuis Ouadane jusqu'à Araouane (1 700 km dont 900 km sans point d'eau). Il couvre une superficie d'environ 250 000 km². Plus précisément, la Majabât al-Koubrah est comme un polygone dont les sommets seraient les points d'eau : Chinguetti – Ouadane – El Ghallaouya – l'erg Chech – Puit d'El Mrayer – Bir Ounane – Araouane – Faguibine – Oualata – Aratâne – Tichett – Oguilet-en-Nemadi – Chinguetti.
Le massif est monotone, sableux et sans points d'eau. Ce sont des dunes blondes à l'infini, sans arbre et sans ombre, sans puits et sans eau. Les géographes arabes Al-Bakri et Ibn Battûta l'avaient déjà signalé. Au XIXe siècle, Heinrich Barth avait pu obtenir

© M-B - FOTOLIA

quelques informations. Certaines régions, dont fait partie le Djouf, restent méconnues, même des nomades, souvent rebutés par l'absence de point d'eau et la rareté des pâturages. Parcourir une distance de 500 km sans point d'eau est pourtant réalisable avec des chameaux. Au-delà, le dromadaire pourrait survivre jusqu'à 900 ou 1 000 km sans point d'eau, selon le pâturage et selon sa forme. Lorsqu'il traverse ces étendues vides, Théodore Monod navigue à la boussole pendant 3 semaines avec 1 seul azimut. Le 12 décembre 1954, Théodore Monod part de Ouadane en autonomie complète. Pour les préparatifs, il a calculé ses réserves en eau. Calcul très simple mais vital qui donne 0,63 litre, soit 9 petits verres de thé par jour (ce qui est peu pour un effort physique intense). Il ne prévoit qu'un seul repas cuit par jour, le soir. Théodore Monod est accompagné de 2 guides et de 5 chameaux : 2 chameaux de monte, 2 chameaux de bas pour l'eau et 1 chameau haut-le-pied (nom que lui donnent les méharistes) qui a refait sa bosse au pâturage et qui est résistant. Il emporte aussi une radio. De son expérience de survie en milieu saharien, Théodore Monod rapporte quelques maximes : « Traces de chacal, eau proche. Trace de fennec, ceins-toi et marche. » Il faut toujours faire manger les chameaux en cours de route surtout quand les pâturages sont rares et incertains.

Nord-Est

Cette dénomination comprend essentiellement la région du Tiris Zemmour, qui s'étend de part et d'autre du tropique du Cancer. A part la ville de Zouérate, elle est difficile d'accès en raison de la dureté du climat qui y règne, de son éloignement par rapport à Nouakchott et des risques liés à la présence de mines consécutives au conflit entre le Sahara occidental, la Mauritanie et le Maroc. C'est une région relativement plate, constituée principalement de regs d'où émergent de temps en temps des guelbs, ces pitons rocheux qui ne dépassent que très rarement une centaine de mètres de hauteur. Vous êtes ici au cœur du Sahara, la chaleur y est aussi présente que l'eau est rare, les vents balaient fréquemment le Tiris Zemmour. Quelques nomades fréquentent encore cet endroit, et on ne s'y aventure qu'après avoir minutieusement préparé son expédition. Si vous empruntez la piste d'environ 400 km qui va de Zouérate à Bîr Mogreïn, vous pouvez, en toute sécurité, en prenant soin de ne pas vous éloigner des traces, avoir une idée assez juste de ce qu'est le plus grand désert du monde. Les paysages peuvent sembler monotones, mais il se dégage d'un voyage dans le Tiris Zemmour, à la fois une impression de puissance insoupçonnée et de quiétude. Quelque chose qui a un goût de liberté très prononcé. La région du Tiris Zemmour ne laisse pas indifférent : soit on l'aime, soit on la déteste. Pour ce qui nous concerne, nous avons aimé.

CHOUM

Choum est un gros bourg de quelque 3 000 âmes qui s'articule principalement autour de la gare. Au sud des rails, la place avec ses commerces et ses restaurants. C'est notamment là que l'on sort le jeu de boules quand le soleil tarde à se coucher. Au nord, les quartiers résidentiels de la ville. Si les rails qui traversent la ville offrent un paysage inattendu, Choum est surtout une ville où l'on a fait de l'attente un fonds de commerce. L'attente du train, bien sûr… Essayez donc de la savourer, tant qu'à faire !

Transports

Le plus facile pour rejoindre Choum est de partir depuis Atar. De là, vous pourrez prendre une piste accessible en 4x4 uniquement, qui devient assez technique dans sa dernière partie, longue d'une centaine de kilomètres.

- **En transport public (conseillé),** rendez-vous à Atar au garage Nouakchott pour 8h. Les places se négocient entre 1 000 et 2 000 MRO suivant votre place dans le véhicule (dans la benne, à l'arrière, ou devant). L'arrivée se fait vers 12h30 à Choum, après les différents arrêts aux postes de gendarmerie, les pauses et autres tracas éventuels que la route réserve…

Oasis dans le désert mauritanien.

▶ **Si vous êtes venu jusqu'à Choum,** c'est sûrement pour y prendre le train. Le train en provenance de Zouérate et à destination de Nouadhibou arrive vers 17h30. Attention, une fois le train arrivé, ne traînez pas pour choisir votre place, il ne reste pas plus de 15 minutes à quai ! Arrivée prévue à Nouadhibou à 6h30 le matin. Pour les voyageurs à destination de Zouérate, le train arrive à Choum la nuit vers 1h15. Arrivée prévue à Zouérate à 6h le matin.

Se loger

Il n'existe pas de structure pour accueillir les touristes à Choum. En revanche, si pour une raison *x* ou *y* votre train avait été annulé, vous ne dormirez pas à la belle étoile, et vous verrez la légendaire hospitalité mauritanienne à l'œuvre !

Se restaurer

Impossible de vous recommander un restaurant plutôt qu'un autre ! Ici, ils ne portent même pas de noms. Certains vous inviteront à manger dans le restaurant que tient leur grand-mère, d'autres chez celui de leur cousin… laissez-vous porter, et reprenez des forces ! Le trajet qui vous attend est éprouvant. Par ailleurs, n'oubliez pas de faire le plein en eau et en nourriture dans les différentes épiceries autour de la place centrale.

ZOUERATE

Le point culminant de la Mauritanie se trouve tout près de Zouérate. La Kediet ej-Jill culmine à 915 m d'altitude. Les premières prospections mettent à jour du minerai de fer en 1935, mais devant les coûts d'extraction trop lourds, l'exploitation est abandonnée.

Ce n'est qu'en 1960 que la Mauritanie, nouvellement indépendante, entreprend d'importants investissements pour extraire le minerai de fer. Il a fallu créer de toutes pièces une ville, avec les infrastructures nécessaires à la vie des cadres et des employés de la mine. Heureusement, des forages permettent d'alimenter en eau les nouveaux arrivants. Le problème de l'acheminement du minerai est résolu en construisant la seule voie ferrée du pays qui transporte le fer de Zouérate à Nouadhibou sur plus de 600 km. L'exploitation de ces mines à ciel ouvert débute vraiment en 1963. L'exceptionnelle teneur en fer du minerai extrait, environ 65 %, assure rapidement de nombreux marchés à ce qui va devenir la première source de rentrée en devises pour la Mauritanie. En 1974, les autorités mauritaniennes décident de nationaliser les mines de Zouérate, qui dépendent désormais de la Société nationale industrielle et minière (SNIM). Les exportations de minerai de fer étant liées à la plus ou moins bonne santé de l'économie mondiale, les rentrées de devises subissent les contrecoups du choc pétrolier au cours des années 1970-1980, ce qui entraîne la constitution de stocks importants, conséquence rarement synonyme d'une économie prospère. L'amélioration des perspectives économiques mondiales et la découverte de nouveaux gisements permettent à la Mauritanie d'envisager l'avenir des mines de fer avec une belle confiance. De récentes prospections dans un rayon de plusieurs centaines de kilomètres, principalement en direction du nord-est, laissent augurer de la découverte de nouveaux gisements, non seulement de fer mais aussi d'autres métaux. Une route goudronnée conduit sur une quinzaine de kilomètres de F'Dérik à Zouérate. Si vous empruntez cet itinéraire, prenez garde, la circulation s'y fait à gauche ! En effet, ce goudron était à l'origine réservé aux lourds engins apportant le minerai de Zouérate à F'Derik. Ces gros transporteurs étant dotés d'une conduite à droite, on a adopté tout naturellement, pour des questions de sécurité en rapport avec la visibilité réduite de ces monstres, la circulation à gauche. De nombreuses échoppes dispersées dans la ville vous permettent de manger des plats mauritaniens, riz ou pâtes, pour quelques centaines d'ouguiyas. En discutant un peu et si vous n'êtes pas trop regardant sur le confort, vous pouvez également trouver un endroit pour dormir.

■ HÔTEL OASIAN

✆ +222 45 74 06 05

Chambre double 17 000 MRO, petit déjeuner inclus. Cuisine internationale 2 500 MRO pour le repas complet.

Au centre-ville, c'est l'hôtel de la SNIM. Quoiqu'un peu impersonnelles, les chambres climatisées sont spacieuses, confortables et équipées de tout le confort moderne.

■ MINES À CIEL OUVERT

Même s'il est extrêmement difficile de les visiter quand on ne connaît pas un membre du personnel de la SNIM, cela vaut la peine d'essayer de le faire.

Le Nord-Est

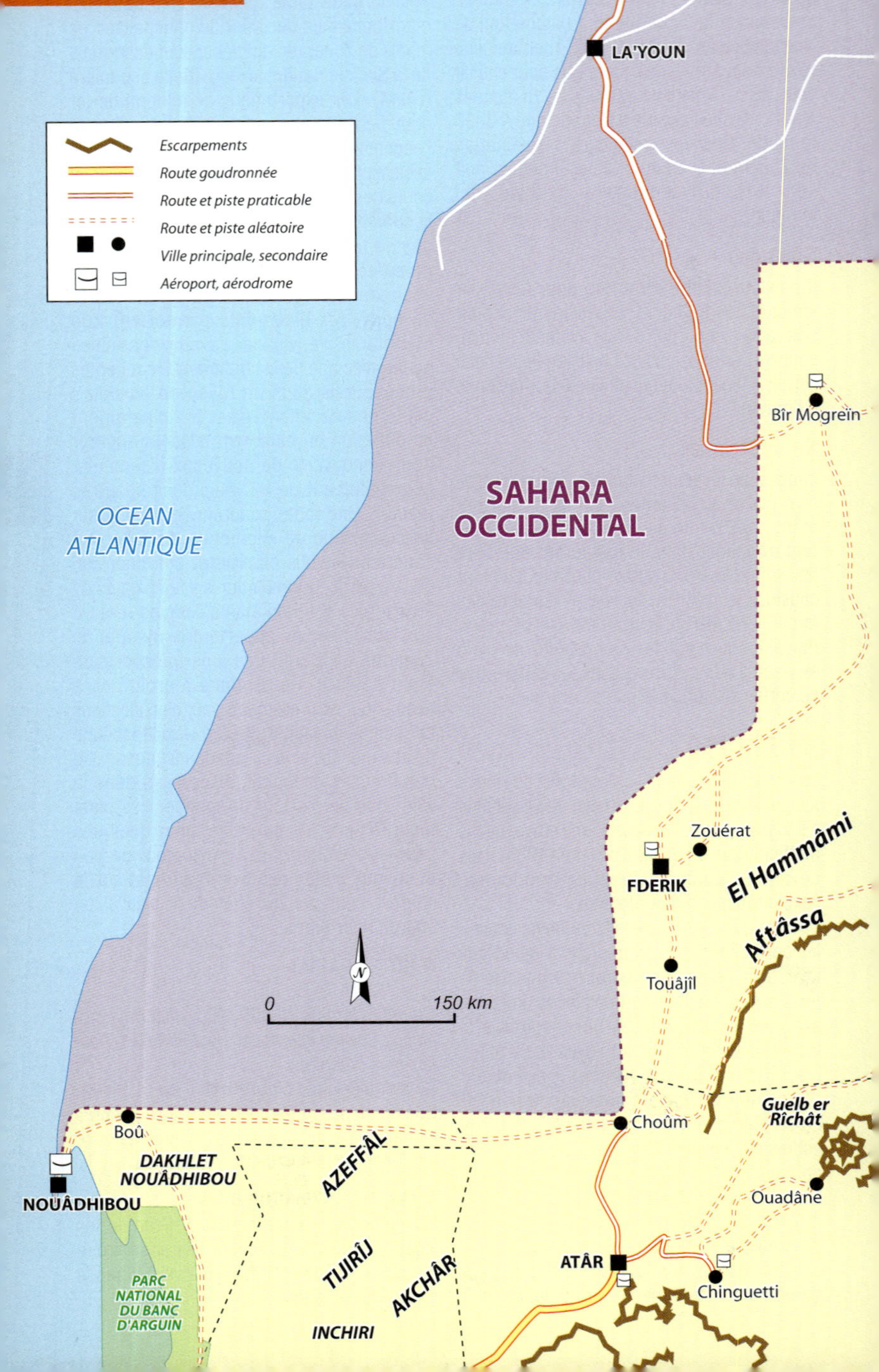
Escarpements
Route goudronnée
Route et piste praticable
Route et piste aléatoire
Ville principale, secondaire
Aéroport, aérodrome
LA'YOUN
Bîr Mogreïn
SAHARA
OCCIDENTAL
OCEAN
ATLANTIQUE
Zouérat
FDERIK
El Hammâmi
Aftâssa
Touâjîl
0
150 km
Boû
NOUÂDHIBOU
DAKHLET
NOUÂDHIBOU
AZEFFÂL
Choûm
Guelb er
Rîchât
Ouadâne
PARC
NATIONAL
DU BANC
D'ARGUIN
TIJIRÎJ
AKCHÂR
INCHIRI
ATÂR
Chinguetti

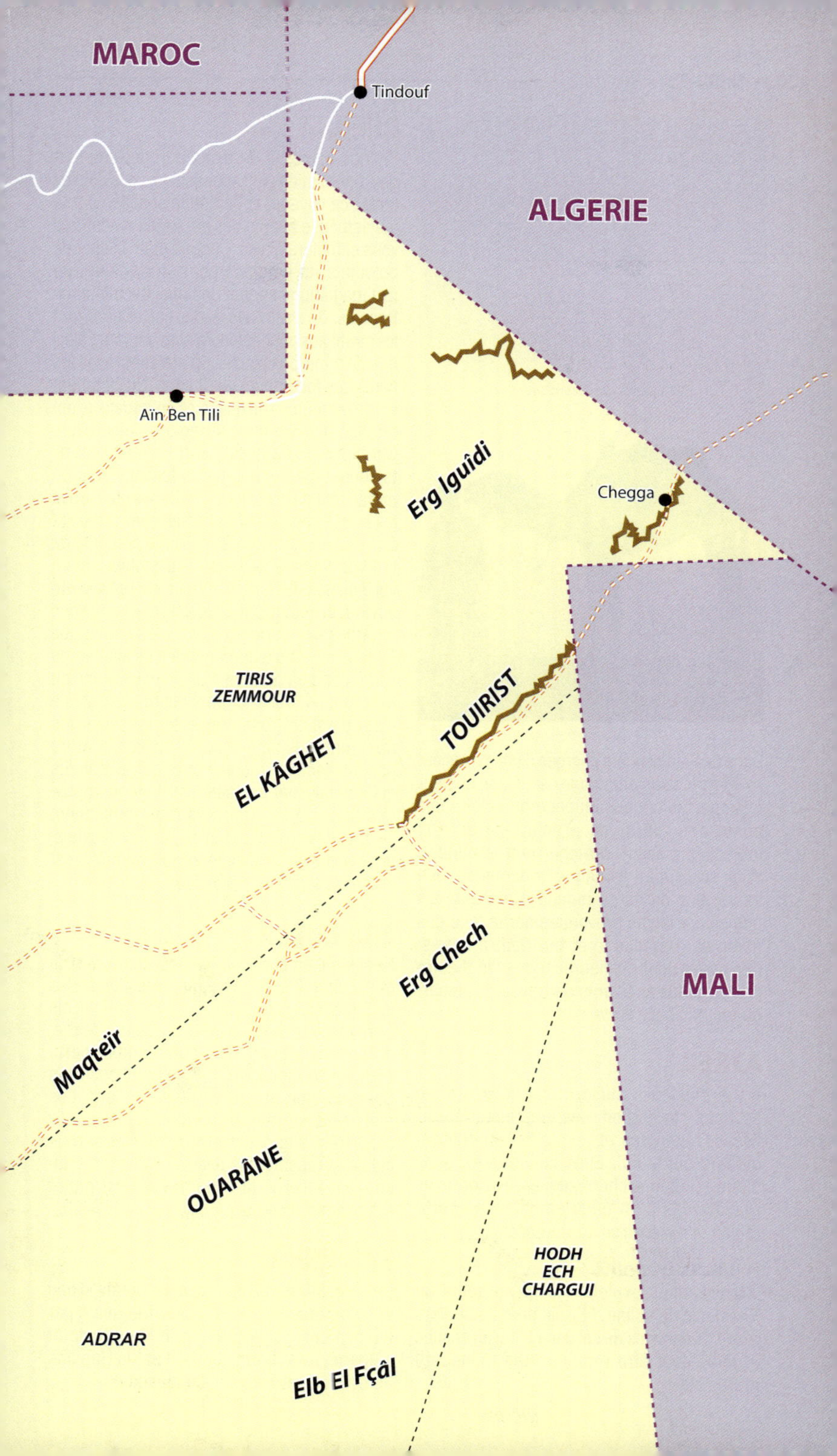
MAROC
Tindouf
ALGERIE
Aïn Ben Tili
Erg Iguîdi
Chegga
TIRIS
ZEMMOUR
TOUIRIST
EL KÂGHET
Erg Chech
MALI
Maqteïr
OUARÂNE
HODH
ECH
CHARGUI
ADRAR
Elb El Fçâl

Dans une atmosphère chargée d'une poussière rougeâtre, vous déambulez sous une chaleur insupportable, conséquence du soleil mais aussi des fours, en prenant garde aux monstres d'aciers qui charrient le minerai et en sursautant à chaque tir de mines. Une impression de fin du monde, consécutive à une colère divine provoquée par la folie des hommes. Dantesque et terrifiant à la fois. Ces mines sont malheureusement le théâtre de nombreux accidents de travail, la plupart du temps assez graves.

AZREG

Il y a plusieurs milliers d'années, un lac occupait cet endroit, des empreintes fossilisées, humaines et animales, recouvrent aujourd'hui le sol. Elles constituent, avec d'autres sites archéologiques, les preuves irréfutables d'un peuplement dans cette région, il y a environ 10 000 ans.

■ SALINE D'EJ-JILL

Intensivement exploitée jusqu'au début du XXe siècle, la saline d'Ej-Jill produisait alors plus 1 200 tonnes de sel par an. Il était ensuite expédié pour être vendu à Atar, Chinguetti et Oualata.

CHEGGA

Si vous disposez de beaucoup de temps et des autorisations indispensables, vous pouvez tenter ce voyage, et l'émotion suscitée par la majestueuse beauté des paysages rencontrés vous comblera d'aise. Chegga était à l'époque coloniale un emplacement stratégique, un fort magnifique servait de base aux militaires français. On a retrouvé ici des cartes détaillant les stratégies pour défendre cette position, ainsi que de superbes pierres où étaient gravés les noms des fondateurs de Chegga. Un cimetière abrite les tombes de quelques courageux ayant terminé leur vie dans la région. Aujourd'hui, Chegga sert de garnison à l'armée mauritanienne, car les bâtiments fortifiés sont en parfait état de conservation. Si vous êtes arrivé jusqu'ici, chapeau ! Mais il vous reste à revenir ! Car Chegga est situé à l'extrême nord-est de la Mauritanie, à plus de 1 300 kilomètres à vol d'oiseau de Nouakchott, ce qui représente environ le double par la voie terrestre. Si vous regardez une carte du pays, vous verrez que Chegga n'est qu'à une vingtaine de kilomètres de l'Algérie au nord, et à une cinquantaine du Mali au sud. Venir ici ne s'improvise pas, ce n'est d'ailleurs pas conseillé. La proximité des frontières algérienne et malienne attire ponctuellement trafiquants et autres bandits qui connaissent parfaitement la topographie des lieux, et les autorités mauritaniennes, algériennes ou maliennes, n'ont ni les moyens, ni les hommes, ni le matériel pour contrôler cet immense territoire désertique.

ERG CHECH

Il est situé en partie sur la Mauritanie, le Mali et l'Algérie. C'est l'un des ergs les plus arides du Sahara. Lors de la pacification, les Français y ont établi un fort : le Bordj Fly Sainte-Marie, du nom du général qui commandait cette compagnie méhariste, au puits d'hassi Bou Barnous, l'un des rares puits de l'erg. Les méharées se font en bordure de l'erg, car c'est très long d'arriver au cœur et parfois cela ne présente pas beaucoup d'intérêt. En ce qui concerne la voiture, l'erg est plutôt difficile à traverser.

ERG IGUIDI

L'erg Iguidi est assez riche en points d'eau et en pâturages et il est assez fréquenté par les nomades. A cheval sur la Mauritanie et l'Algérie, il est bordé au nord par la Hamada du Drâa et par l'erg Chech au sud.

ORGANISER SON SÉJOUR

Caravane de chameaux dans le Sahara.

Pense futé

ARGENT

Monnaie

La monnaie est l'ouguiya mauritanien (abréviations : MRO, OM et UM). Un ouguiya comporte 5 khoums. Les pièces en circulation sont les suivantes : 1 khoum, 1, 5, 10, 20 ouguiyas. Les billets en circulation sont : 100, 200, 500, 1 000, 2 000, 5 000 ouguiyas.

Taux de change

En juillet 2011, 1 € valait 398,95 MRO.

Coût de la vie

Quelques idées de prix :

- **Une course en taxi :** 200 MRO en moyenne.
- **Un paquet de cigarettes :** de 200 à 500 MRO suivant la marque.
- **Un sandwich :** 300 MRO.
- **Un plat dans un petit restaurant :** de 700 à 1 000 MRO.
- **Une bouteille d'eau :** 100 MRO (50 cl).
- **Un litre d'essence à Nouakchott :** 360 MRO (290 MRO le litre de gasoil).
- **La location d'un véhicule 4x4 pour une journée avec chauffeur :** 25 000 MRO (carburant non compris).
- **Une baguette, un pain au chocolat, un croissant :** 100 MRO.
- **1 heure d'Internet au cybercafé :** de 200 à 300 MRO.

Budget

- **Si votre voyage s'ar-ticule autour d'hôtels** avec chambres climatisées et de restaurants d'un standing équivalent, cela risque de vous coûter pas mal d'argent, soit entre 15 000 et 20 000 MRO par jour (soit 35 à 50 € par jour). En revanche, vous pouvez vivre correctement en Mauritanie en ne dépensant quotidiennement que 3 000 à 4 000 MRO (de 7 à 10 €), si vous fréquentez des petites auberges et des restaurants de quartier.
- **Les déplacements à l'intérieur du pays** restent le problème le plus épineux à résoudre. Si vous louez un véhicule, ce sera obligatoirement un 4x4 à moins de ne circuler que sur des routes goudronnées, une perspective qui ne présente pas beaucoup d'intérêt. La location d'un 4x4 avec chauffeur revient à environ 25 000 MRO par jour (autour de 65 €), carburant non compris. L'autre solution consiste à se déplacer à l'intérieur du pays avec les moyens de transport locaux, taxis-brousse, taxis collectifs, voire camions. Dans ce cas, comptez de 800 à 1 000 MRO par

tranche de 100 km. Attention toutefois au manque de confort de cette solution (imaginez une R21 avec 10 personnes à son bord), réservée aux plus téméraires pour les grands trajets.

Banques et change

▶ **Les agences bancaires sont nombreuses à Nouakchott** et beaucoup d'entre elles se sont récemment équipées de distributeurs automatiques de billets acceptant les cartes VISA. Plus besoin donc, en théorie, d'emporter de grosses sommes en euros... Dans la pratique, les commissions pratiquées par les banques européennes sur les retraits en Mauritanie restent élevées (4-5 € par retrait), et l'importation de liquidités à changer sur place reste la solution la plus économique. Pour changer des euros en ouguiyas, vous serez fortement sollicité dans la rue, aux alentours du marché central (pour les petites sommes, taux de change aux alentours de 320 MRO pour 1 €). Pour les grosses sommes à changer, préférez les agences bancaires (Société Générale), où vous profiterez d'un taux souvent plus intéressant que dans la rue... mais tout dépend bien entendu du cours du change, dont la fluctuation est importante (environ 300 MRO pour 1 € fin 2008, contre près de 400 MRO pour 1 € actuellement).

▶ **En dehors de la capitale,** les distributeurs acceptant les cartes VISA sont présents à Nouadhibou et Atar. Ailleurs, il vous faudra prévoir des ouguiyas, car le change ne s'y pratique pas, ou à des taux peu avantageux, comme c'est le cas à Rosso.

Moyens de paiement

Vos carnets de chèques ne vous seront pas d'une grande utilité, bien que certains commerçants libanais de Nouakchott les acceptent contre leurs ouguiyas. Seuls les chèques de voyage peuvent éventuellement vous servir à régler les prestations d'hôtels d'un certain standing. Les banques et les bureaux de change acceptent les chèques Swiss Bankers en francs CHF.

▶ **Devises.** Attention, l'obligation faite à l'entrée sur le territoire mauritanien, de déclarer l'intégralité de vos devises a été supprimée par la circulaire N° 006/GR/98 émise par la Banque centrale de Mauritanie le 27 juillet 1998. Si un douanier devait vous demander de vous plier à cette contrainte, soyez ferme et refusez. Il est interdit de sortir des ouguiyas du pays et, de toute façon, vous auriez les plus grandes difficultés à les changer à votre retour.

▶ **Si vous venez en Mauritanie en provenance du Mali ou du Sénégal,** vous n'avez pas le droit de rentrer dans le pays avec des francs CFA. Le problème consiste donc, d'une part, à prévoir approximativement l'argent nécessaire à votre séjour avant de partir, et d'autre part, à ne pas convertir trop de vos devises en ouguiyas une fois sur place. La commission pratiquée dans les banques mauritaniennes pour changer vos devises en ouguiyas est d'environ 2 %.

Cash

Le *cash* est la seule forme de paiement envisageable en Mauritanie pour la plupart de vos achats : au marché, dans le taxi, à l'auberge, au restaurant... À l'exception bien sûr des rares adresses de standing qui acceptent parfois les cartes bleues.

Transfert d'argent

Avec ce système, on peut envoyer et recevoir de l'argent de n'importe où dans le monde en quelques minutes. Le principe est simple : un de vos proches se rend dans un point MoneyGram® ou Western Union® (poste, banque, station-service, épicerie...), il donne votre nom et verse une somme à son interlocuteur. De votre côté de la planète, vous vous rendez dans un point de la même filiale. Sur simple présentation d'une pièce d'identité avec photo et de la référence du transfert, on vous remettra aussitôt l'argent.

Carte de crédit

▶ **Avant votre départ,** pensez à vérifier avec votre conseiller bancaire la limitation de votre plafond de paiement et de retrait. Demandez, si besoin est, une autorisation exceptionnelle pour la période de votre voyage. Forts utiles, les règlements par carte sont très majoritairement acceptés dans les hôtels, les restaurants et les agences de voyages, moyennant une commission de 2 à 3 %.

▶ **En cas de perte ou de vol** de votre carte de paiement, appelez le serveur vocal du groupement des cartes bancaires Visa® et MasterCard® au ✆ (00 33) 892 705 705 ou (00 33) 836 690 880. Il est accessible 7j/7 et 24h/24. Si vous connaissez le numéro de votre carte bancaire, l'opposition est immédiate et confirmée. Dans le cas contraire, l'opposition est enregistrée mais vous devez confirmer l'annulation à votre banque par fax ou lettre recommandée.

▶ **En cas de dysfonctionnement de votre carte** de paiement ou si vous avez atteint votre plafond de retrait, vous pouvez bénéficier d'un *cash advance*. Proposé dans la plupart des grandes banques, ce service permet de retirer du liquide sur simple présentation de votre carte au guichet d'un établissement bancaire, que ce soit le vôtre ou non. On vous demandera souvent une pièce d'identité. En général, le plafond du *cash advance* est identique à celui des retraits, et les deux se cumulent (si votre plafond est fixé à 500 €, vous pouvez retirer 1 000 € : 500 € au distributeur, 500 € en *cash advance*). Quant au coût de l'opération, c'est celui d'un retrait à l'étranger.

Traveler's Cheques

Ce sont des chèques prépayés émis par une banque, valables partout, et qui permettent d'obtenir des espèces dans un établissement bancaire ou de payer directement ses achats auprès de très nombreux lieux affiliés (boutiques, hôtels, restaurants...). Ils sont valables à vie. Leur avantage principal est l'inviolabilité : un système de double signature (la deuxième étant faite par vous devant le commerçant) empêche toute utilisation frauduleuse. A la fin de votre séjour, s'il vous reste des Traveler's Cheques, vous pourrez les changer contre des euros ou les restituer à votre banque qui les imputera à votre compte courant. A noter que le paiement par chèque classique est rarement possible à l'étranger. Lorsque c'est le cas, l'utilisation est compliquée et très coûteuse.

Pourboires, marchandage et taxes

▶ **Laisser un pourboire** n'est pas une pratique courante en Mauritanie. Libre à vous de réclamer votre monnaie ou non, et si on essaye effectivement parfois de tout faire pour ne pas avoir à vous la rendre, on ne saurait que vous conseiller la patience et la dérision.

▶ **Le marchandage** est une pratique très courante en Mauritanie. Beaucoup de prix se discutent : le taxi, l'hébergement, les cigarettes, tous les petits services, sans parler des souvenirs typiques que vendent des boutiques spécialisées à Nouakchott, et qui méritent sans doute une visite, à condition d'être préparé. Pour simplifier, disons que vous devez retenir deux choses pour ne pas sombrer dans la crainte de vous faire constamment rouler dans la farine. La première est qu'il faut définir avant toute transaction le prix que l'on juge juste, et ne jamais accepter de payer plus que ce dernier. Chose aisée au premier abord, mais cela demande en réalité beaucoup d'assurance et d'habileté de la part du voyageur européen. La sollicitation est grande, vous ne passez pas inaperçu, et tout le monde sait bien qu'avec un taux de change à 1 € contre 400 MRO, le voyageur européen est forcément un bon client. La deuxième chose à retenir est d'être prêt à toute éventualité en repartant sans l'objet convoité et sans maudire le vendeur pour autant. Cela s'apprend et demande de la patience. Un temps qui en vaut la peine, car le marchandage réussi est un incroyable moyen de partager, d'échanger, et de tisser des liens.

Duty Free

Puisque votre destination finale est hors de l'Union européenne, vous pouvez bénéficier du Duty Free. Attention, si vous faites escale au sein de l'Union européenne, vous en profiterez dans tous les aéroports à l'aller, mais pas au retour. Par exemple, sur un vol Paris-Londres-Fès, vous pourrez faire du shopping en Duty Free dans les trois aéroports à l'aller, mais seulement dans celui de Fès au retour.

ASSURANCES

Simples touristes, étudiants, expatriés ou professionnels, il est possible de s'assurer selon ses besoins et pour une durée correspondant à son séjour. De la simple couverture temporaire s'adressant aux baroudeurs occasionnels à la garantie annuelle, très avantageuse pour les grands voyageurs, chacun pourra trouver le bon compromis. À condition toutefois de savoir lire entre les lignes.

Choisir son assureur

Voyagistes, assureurs, secteur bancaire et même employeurs : les prestataires sont aujourd'hui très nombreux et la qualité des produits proposés varie considérablement d'une enseigne à une autre. Pour bénéficier de la meilleure protection au prix le plus attractif, demandez des devis et faites jouer la concurrence. Quelques sites Internet peuvent être utiles dans ces démarches comme celui de la Fédération française des sociétés d'assurances (www.ffsa.fr), qui saura vous aiguiller selon vos besoins, ou le portail de l'Administration française (www.service-public.fr) pour toute question relative aux démarches à entreprendre.

Voyagistes. Ils ont développé leurs propres gammes d'assurances et ne manqueront pas de vous les proposer. Le premier avantage est celui de la simplicité. Pas besoin de courir après une police d'assurance. L'offre est faite pour s'adapter à la destination choisie et prend normalement en compte toutes les spécificités de celle-ci. Mais ces formules sont habituellement plus onéreuses que les prestations équivalentes proposées par des assureurs privés. C'est pourquoi il est plus judicieux de faire appel à son apériteur habituel si l'on dispose de temps et que l'on recherche le meilleur prix.

Assureurs. Les contrats souscrits à l'année comme l'assurance responsabilité civile couvrent parfois les risques liés au voyage. Il est important de connaître la portée de cette protection qui vous évitera peut-être d'avoir à souscrire un nouvel engagement. Dans le cas contraire, des produits spécifiques pourront vous être proposés à un coût généralement moindre. Les mutuelles couvrent également quelques risques liés au voyage. Il en est ainsi de certaines couvertures maladie qui incluent une protection concernant par exemple tout ce qui touche à des prestations médicales.

Employeurs. C'est une piste largement méconnue mais qui peut s'avérer payante. Les plus généreux accordent en effet à leurs employés quelques garanties applicables à l'étranger. Pensez à vérifier votre contrat de travail ou la convention collective en vigueur dans votre entreprise. Certains avantages non négligeables peuvent s'y cacher.

Cartes bancaires. Moyen de paiement privilégié par les Français, la carte bancaire permet également à ses détenteurs de bénéficier d'une assurance plus ou moins étendue. Visa®, MasterCard®, American Express®, toutes incluent une couverture spécifique qui varie selon le modèle de carte possédé. Responsabilité civile à l'étranger, aide juridique, avance des fonds, remboursement des frais médicaux : les prestations couvrent aussi bien les volets assurance (garanties contractuelles) qu'assistance (aide technique, juridique, etc.). Les cartes bancaires haut de gamme de type Gold® ou Visa Premier® permettent aisément de se passer d'assurance complémentaire. Ces services attachés à la carte peuvent donc se révéler d'un grand secours, l'étendue des prestations ne dépendant que de l'abonnement choisi. Il est néanmoins impératif de vérifier la liste des pays couverts, tous ne donnant pas droit aux mêmes prestations. De plus, certaines cartes bancaires assurent non seulement leurs titulaires mais aussi leurs proches parents lorsqu'ils voyagent ensemble, voire séparément. Pensez cependant à vérifier la date de validité de votre carte car l'expiration de celle-ci vous laisserait sans recours.

Précision utile : beaucoup pensent qu'il est nécessaire de régler son billet d'avion à l'aide de sa carte bancaire pour bénéficier de l'ensemble de ces avantages. Cette règle ne s'applique en fait qu'à la garantie annulation du billet de transport – si elle est prévue au contrat – et ne concerne que l'assurance, en aucun cas l'assistance. Les autres services, indépendants les uns des autres, ne nécessitent pas de répondre à cette condition afin de pouvoir être actionnés.

Choisir ses prestations

Garantie annulation. Elle reste l'une des prestations les plus utiles et offre la possibilité à un voyageur défaillant d'annuler tout ou partie de son voyage pour l'une des raisons mentionnées au contrat.

Ce type de garantie peut couvrir toute sorte d'annulation : billet d'avion, séjour, location… Cela évite ainsi d'avoir à pâtir d'un événement imprévu en devant régler des pénalités bien souvent exorbitantes. Le remboursement est la plupart du temps conditionné à la survenance d'une maladie ou d'un accident grave, au décès du voyageur ayant contracté l'assurance ou à celui d'un membre de sa famille. L'attestation d'un médecin assermenté doit alors être fournie. Elle s'étend également à d'autres cas comme un licenciement économique, des dommages graves à son habitation ou son véhicule, ou encore à un refus de visa des autorités locales. Moyennant une surtaxe, il est également possible d'élargir sa couverture à d'autres motifs comme la modification de ses congés ou des examens de rattrapage. Les prix pouvant atteindre 5 % du montant global du séjour, il est donc important de bien vérifier les conditions de mise en œuvre qui peuvent réserver quelques surprises. Dernier conseil : s'assurer que l'indemnité prévue en cas d'annulation couvre bien l'intégralité du coût du voyage.

- **Assurance bagages.** Voir la partie « Bagages ».
- **Assurance maladie.** Voir la partie « Santé ».
- **Autres services.** Les prestataires proposent la plupart du temps des formules dites « complètes » et y intègrent des services tels que des assurances contre le vol ou une assistance juridique et technique. Mais il est parfois recommandé de souscrire à des offres plus spécifiques afin d'être paré contre toute éventualité. L'assurance contre le vol en est un bon exemple. Les plafonds pour ce type d'incident se révèlent généralement trop faibles pour couvrir les biens perdus et les franchises peuvent finir par vous décourager. Pour tout ce qui est matériel photo ou vidéo, il peut donc être intéressant de choisir une couverture spécifique garantissant un remboursement à hauteur des frais engagés.

BAGAGES

Que mettre dans ses bagages ?

Prévoyez un maximum de t-shirts et de pantalons en toile ou en coton plutôt qu'en matières synthétiques. Evitez de vous déguiser en portant des vêtements africains, vous seriez tout de suite catalogué comme touriste, ou de vous promener torse nu ou en short. Les Africains affirment que les shorts sont réservés aux enfants. En faisant simple, vous aurez les plus grandes chances de vous faire accepter. Sauf si vous allez dans le nord entre novembre et mars, le sac de couchage est inutile, la température nocturne descendant rarement sous les 20 °C. En revanche, un sac à viande léger et peu encombrant, vous sera indispensable. Si vous faites votre lessive, pas d'inquiétude, avec le climat régnant en Mauritanie, votre linge séchera pratiquement instantanément. Une paire de sandales, utilisée la plupart du temps, et des chaussures de sport, pratiques si vous comptez marcher, compléteront votre valise. Une lampe frontale, un sac étanche pour vos papiers importants, et un couteau de poche peuvent se révéler utiles, tout comme les lunettes et crèmes, indispensables protections contre le soleil. Pour vous protéger la tête, ne vous encombrez pas d'un chapeau, vous trouverez très facilement sur place de quoi vous confectionner un superbe chèche. Ce turban, même s'il n'est pas enroulé dans les règles de l'art, vous préservera très efficacement du soleil, du vent, et vous rendra de multiples autres services.

Réglementation

- **Bagages en soute.** Généralement, 20 à 23 kg de bagages sont autorisés en soute pour la classe économique et 30 à 40 kg pour la première classe et la classe affaires. Si vous prenez une des compagnies *low cost*, sachez qu'elles font souvent payer un supplément pour chaque bagage enregistré.
- **Bagages à main.** En classe éco, un bagage à main et un accessoire (sac à main, ordinateur portable) sont autorisés, le tout ne devant pas dépasser les 12 kg ni les 115 cm de dimension. En première et en classe affaires, deux bagages sont autorisés en cabine. Les liquides et gels sont désormais interdits : seuls les tubes et flacons de 100 ml maximum sont tolérés, et ce dans un sac en plastique transparent fermé (20 cm x 20 cm). Seules exceptions à la règle : les aliments pour bébé et médicaments accompagnés de leur ordonnance.

Enfin, si vous souhaitez ramener des denrées typiquement françaises sur votre lieu de villégiature, sachez que les fromages à pâte molle et les bouteilles achetées hors du Duty Free ne sont pas acceptés en cabine. Pour un complément d'informations, contactez directement la compagnie aérienne concernée.

Excédent

Lorsqu'on en vient à parler d'excédent de bagages, les compagnies aériennes sont assez strictes. Elles vous laisseront souvent tranquille pour 1 ou 2 kg de trop, mais passé cette marge, le couperet tombe, et il tombe sévèrement : 30 € par kilo supplémentaire sur un vol long-courrier chez Air France, 120 € par bagage supplémentaire chez British Airways, 100 € chez American Airlines. A noter que les compagnies pratiquent parfois des remises de 20 à 30 % si vous réglez votre excédent de bagages sur leur site Web avant de vous rendre à l'aéroport. Si le coût demeure trop important, il vous reste la possibilité d'acheminer une partie de vos biens par voie postale.

Perte – Vol

En moyenne, 16 passagers sur 1 000 ne trouvent pas leurs bagages sur le tapis à l'arrivée. Si vous faites partie de ces malchanceux, rendez-vous au comptoir de votre compagnie pour déclarer l'absence de vos bagages. Pour que votre demande soit recevable, vous devez réagir dans les 21 jours suivant la perte. La compagnie vous remettra un formulaire qu'il faudra renvoyer en lettre recommandée avec accusé de réception à son service clientèle ou litiges bagages. Vous récupérerez le plus souvent vos valises au bout de quelques jours. Dans tous les cas, la compagnie est seule responsable et devra vous indemniser si vous ne revoyez pas la couleur de vos biens (ou si certains biens manquent à l'intérieur de votre bagage). Le plafond de remboursement est fixé à 20 € par kilo ou à une indemnisation forfaitaire de 1 200 €. Si vous considérez que la valeur de vos affaires dépasse ces plafonds, il est fortement conseillé de le préciser à votre compagnie au moment de l'enregistrement (le plafond sera augmenté moyennant finance) ou de souscrire à une assurance bagages. A noter que les bagages à main sont sous votre responsabilité et non sous celle de la compagnie.

Matériel de voyage

■ **AU VIEUX CAMPEUR**

www.auvieuxcampeur.fr

Fondé en 1941, Au Vieux Campeur est la référence incontournable lorsqu'il s'agit d'articles de sport et loisirs.

■ **DELSEY**

www.delsey.com

La deuxième marque mondiale dans le domaine du bagage, présente dans plus de 100 pays, avec 6 000 points de vente.

■ **INUKA**

www.inuka.com

Ce site vous permet de commander en ligne tous les produits nécessaires à votre voyage, du matériel de survie à celui d'observation en passant par les gourdes ou la nourriture lyophilisée.

■ **SAMSONITE**

www.samsonite.com

Samsonite est le leader mondial de l'univers des solutions de voyage. Les produits sont distribués sous les marques Samsonite, Samsonite Black Label, American Tourister, Lacoste et Timberland.

■ **TREKKING**

www.trekking.fr

Trekking propose dans son catalogue tout ce dont le voyageur a besoin : trousses de voyage, ceintures multipoche, sacs à dos, sacoches, étuis… Une mine d'objets de qualité pour voyager futé et dans les meilleures conditions.

DÉCALAGE HORAIRE

Durant les six mois où la France applique l'heure d'été, lorsqu'il est 12h en Mauritanie, il est 14h en France. En hiver, 12h à Nouakchott correspond à 13h à Paris.

ÉLECTRICITÉ, POIDS ET MESURES

L'approvisionnement électrique en 220 volts est plutôt bien assuré en Mauritanie. Les coupures de courant sont rares dans les grandes villes et rarement longues. Mais plus on s'éloigne des centres urbains, plus la fourniture d'énergie devient aléatoire, jusqu'à devenir inexistante dans les contrées les plus éloignées. Certains bâtiments s'équipent, petit à petit, de panneaux solaires, sources d'énergie inépuisable dans ce pays. Les unités de poids et de mesure sont les mêmes qu'en France. Seule nuance, « kilo » est souvent utilisé comme abréviation pour « kilomètre ».

FORMALITÉS, VISA ET DOUANES

Pour vous rendre en Mauritanie en avion, votre passeport doit comporter un visa d'entrée délivré par la représentation diplomatique mauritanienne. Pour obtenir ce visa (30 € pour les Français), vous devez remplir un formulaire fourni par l'ambassade ou le consulat du pays visité, ainsi que deux photos d'identité et au choix, une invitation émise par un ressortissant du pays ou une réservation d'hôtel dans le pays. Le visa est délivré pour un séjour d'une durée maximale de trois mois. Les voyageurs se rendant par avion à Atar entre octobre et avril sont dispensés de cette démarche, le visa étant délivré sur place à l'aéroport d'Atar. Les personnes se rendant en Mauritanie par la voie terrestre en traversant le Maroc doivent impérativement obtenir un visa au consulat de Mauritanie à Casablanca (100 dirhams, soit environ 10 €) et non à l'ambassade de Mauritanie à Rabat. Vous déposez votre demande le matin, elle est satisfaite l'après-midi. La possibilité d'obtenir un visa aux frontières nord et sud du pays est sujette à caution et vous coûtera de toutes les façons plus cher, 20 € au poste frontière de Bir Gandouz au Maroc. Ces dispositions sont celles en vigueur en février 2007, renseignez-vous avant de partir sur leur validité, car cela change relativement souvent. La vaccination contre la fièvre jaune est obligatoire. Même si on vous la demande de moins en moins souvent, la non-présentation de votre carnet de vaccinations ou l'absence de certificat de vaccination contre la fièvre jaune peut vous valoir d'être refoulé à la frontière, tout comme l'absence de visa sur votre passeport.

▶ **NB :** attention ! L'obligation de déclarer l'intégralité de ses devises à l'entrée sur le territoire mauritanien a été supprimée par la circulaire N° 006/GR/98, émise par le gouverneur de la Banque centrale de Mauritanie le 27 juillet 1998.

▶ **Attention aux conditions d'entrée pour vos animaux de compagnie.** Renseignez-vous avant votre départ pour savoir comment ils pourront vous accompagner. Pour en savoir plus, vous pouvez consulter le site Internet www.anivoyage.fr

Obtention du passeport

Tous les passeports délivrés en France sont désormais biométriques. Ils comportent votre photo, vos empreintes digitales et une puce sécurisée. Pour l'obtenir, rendez-vous en mairie muni d'un timbre fiscal, d'un justificatif de domicile, d'une pièce d'identité et de deux photos d'identité. Le passeport est délivré sous trois semaines environ. Il est valable dix ans. Les enfants doivent disposer d'un passeport personnel (valable cinq ans).

▸ **Conseil futé.** Avant de partir, pensez à photocopier tous les documents que vous emportez avec vous. Vous emporterez un exemplaire de chaque document et laisserez l'autre à quelqu'un en France. En cas de perte ou de vol, les démarches de renouvellement seront ainsi beaucoup plus simples auprès des autorités consulaires. Vous pouvez également conserver des copies sur le site internet officiel http://mon. service-public.fr – Il vous suffit de créer un compte et de scanner toutes vos pièces d'identité et autres documents importants dans l'espace confidentiel.

Obtention du visa

Pour l'obtention d'un visa pour la Mauritanie, deux solutions existent.

▸ **Vous pouvez faire votre demande à l'ambassade de Mauritanie en France** située dans le 16e arrondissement de Paris, où un visa d'un mois revient à 47 €, un visa de 1 à 3 mois à 62,50 €, et un visa de 6 mois à 94 €. Comptez 3 jours ouvrés avant de pouvoir récupérer votre passeport, et prévoir un certificat d'hébergement, vos dernières fiches de paie, 2 photos d'identités, et une photocopie de votre passeport. Une lettre de votre employeur pour les voyages d'affaires facilite les démarches.

▸ **Vous pouvez faire une demande de visa à l'ambassade de Mauritanie à Rabat** au Maroc.comptez 200 DH pour un visa d'un mois, obtenu dans le meilleur des cas l'après-midi même.

■ **ACTION-VISAS**
69, rue de la Glacière 75013 Paris
✆ 0 892 707 710 – www.action-visas.com

■ **VISAS EXPRESS**
54, rue de l'Ouest, BP 48, 75661 Paris Cedex 14 (France)
✆ 0 825 08 10 20
www.visas-express.fr

Tabac	Cigarettes (unités)	200*
	Tabac à fumer (g)	250
	Cigares (unités)	50
Alcool (litres)	Vin	4
	Produits intermédiaires (- 22°)	2
	Boissons spiritueuses (+ 22°)	1
	Bières	16

** Certains pays peuvent abaisser ce chiffre à 40 selon leur politique de santé.*

■ **VSI**
19-21, avenue Joffre
93800 Epinay-sur-Seine Cedex
✆ 0 826 46 79 19
www.vsi.1er.fr

■ **WORLD VISA**
117, rue de Charenton
75012 Paris
✆ 06 09 83 82 29
www.worldvisa.fr

Douanes

Si vous voyagez avec 10 000 € de devises ou plus, vous devez impérativement les déclarer en douane et si vous transportez des objets d'origine étrangère, munissez-vous des factures ou des quittances de paiement des droits de douane : on peut vous les demander pour prouver que vous êtes en règle.
Enfin, certains produits sont libres de droits de douane jusqu'à une certaine quantité. Au-delà de celle-ci, ils doivent être déclarés. Vous acquitterez alors les taxes normalement exigibles. Les franchises ne sont pas cumulatives. Cela signifie que si vous choisissez de ramener du tabac, vous pouvez acheter 200 cigarettes ou 50 cigares (soit 250 grammes de tabac), mais pas les deux. Contactez la douane pour en savoir plus.

■ **DOUANES**
✆ 0 811 20 44 44
www.douane. gouv.fr
dg-bic@douane. finances. gouv.fr

HORAIRES D'OUVERTURE

Les administrations, les banques et certains commerces appliquent le principe de la journée continue et sont ouverts de 7h à 16h.

INTERNET

Les cybercafés ont vu le jour un peu partout, on en trouve sans problème à Nouakchott, Nouadhibou et Atar. En revanche, si Tidjikja est connectée, Chinguetti et Ouadane ne le sont pas encore. Comptez en moyenne 150 MRO la demi-heure. Dans la capitale, certains cafés et beaucoup d'hôtels et d'auberges proposent une connexion wi-fi gratuite.

JOURS FÉRIÉS

En Mauritanie, le vendredi, jour de la grande prière collective, et le samedi, depuis peu de temps, sont fériés. La semaine commence officiellement le dimanche. On distingue, dans le pays, deux types de fêtes légales, les célébrations civiles et les célébrations religieuses.

Fêtes civiles

- **Le jour de l'An :** 1er janvier.
- **La fête du Travail :** 1er mai.
- **La fête de l'Organisation de l'unité africaine :** 25 mai.
- **La fête de l'Indépendance :** 28 novembre.

Fêtes religieuses

Dans la religion musulmane, on parle de calendrier de l'Hégire, en référence au jour où Mahomet s'enfuit de La Mecque pour se réfugier à Médine. La première année de l'Hégire commence donc le 16 juillet 622. L'année est partagée en 12 mois, mais ceux-ci sont alignés sur le mouvement de la Lune et non pas du Soleil. Ainsi, les mois durent 29 ou 30 jours, et une année lunaire dure 354,5 jours en moyenne, contre 365,25 jours en moyenne dans le calendrier solaire, soit une différence de 10,75 jours. Pour déterminer l'année de l'Hégire dans laquelle nous sommes, il nous suffit donc de résoudre l'équation suivante : Année de l'Hégire = (année chrétienne – 622) /0,97. Ainsi : (2011 – 622) /0,97 = 1432. Nous sommes donc en 1432 selon le calendrier de l'Hégire. De même, le Nouvel An musulman se situe chaque année 10,75 jours avant celui de l'année précédente dans le calendrier chrétien.

- **Aïd el-Kebir** commémore le sacrifice d'Isaac par son père Abraham obéissant à un ordre divin, lorsque Dieu, satisfait de sa soumission, lui envoya un bélier à sacrifier à la place de son fils. On la nomme également la « fête du mouton », puisque ce jour-là, chaque famille sacrifie un mouton. Elle aura lieu le 6 novembre 2011.
- **1er Moharram.** Nouvel An musulman. Il aura lieu le 26 novembre 2011 et fêtera l'entrée dans l'an 1433.
- **Achouara.** C'est le dixième jour de l'année. Il s'agit à l'origine de l'anniversaire de la mort de Hussein, le petit-fils du prophète, en 680. Cette commémoration aura lieu 10 jours après la fête précédente.
- **Mouloud.** Cette fête commémore la naissance de Mahomet. Elle a la lieu à la mi-mars.
- **Aïd el-Seghir ou Aïd el-Fitr.** C'est la « petite fête », qui clôture le ramadan.
- **Le ramadan.** Cette période de jeûne s'est déroulée au mois d'août de l'année 2011.

LANGUES PARLÉES

- **Si vous parlez le hassanya,** cet arabe très pur particulier à la Mauritanie et pratiqué par environ 80 % de la population, vous n'aurez aucun problème. Sinon, le français doit vous permettre de vous faire comprendre de suffisamment de Mauritaniens pour rendre votre séjour agréable. Dans le sud du pays, le wolof et le peul sont les langues les plus courantes au sein des populations négro-africaines. A part dans les milieux d'affaires, et éventuellement chez des prestataires de services touristiques haut de gamme, l'anglais ne vous sera d'aucune utilité.
- **Apprendre la langue :** il existe différents moyens d'apprendre quelques bases de la langue et l'offre des méthodes d'auto-

apprentissage se trouve sur différents supports : CD, DVD, cahiers d'exercices ou même directement sur Internet.

■ **ASSIMIL**
11, rue des Pyramides, Paris (1er)
✆ 01 42 60 40 66 – Fax : 01 40 20 02 17
www.assimil.com – contact@assimil.com
Métro Pyramides.
Assimil est le précurseur des méthodes d'auto-apprentissage des langues en France, la référence lorsqu'il s'agit de langues étrangères. C'est aussi une nouvelle façon d'apprendre : une méthodologie originale et efficace, le principe, unique au monde, de l'assimilation intuitive.

■ **POLYGLOT**
www.polyglot-learn-language.com
Ce site propose à des personnes désireuses d'apprendre une langue d'entrer en contact avec d'autres dont c'est la langue maternelle. Une manière conviviale de s'initier à la langue et d'échanger.

■ **TELL ME MORE ONLINE**
www.tellmemore-online.com
Sur ce site Internet, votre niveau est d'abord évalué et des objectifs sont fixés en conséquence. Ensuite, vous vous plongez parmi les 10 000 exercices et 2 000 heures de cours proposés. Enfin, votre niveau final est certifié selon les principaux tests de langues.

PHOTOS

Safari

Emporter un compact numérique en sus de votre reflex peut donc s'avérer utile, d'autant qu'il vous dépannera sans doute lorsque vous aurez besoin de prendre des photos avec plus de discrétion. Pensez aussi à prendre un Beans Bag : ce sac rempli de haricots ou de riz permet de poser son boîtier pour le stabiliser n'importe où. C'est beaucoup plus pratique qu'un pied dans un véhicule de safari.

Photo sous-marine

Eau, sable, pluie poussière : en voyage, votre appareil est mis à rude épreuve. Vous pouvez le protéger en achetant une housse de pluie (50 € environ) ou une pochette étanche (à partir de 10 €). En vinyle ou PVC, ce type de pochette permet même d'effectuer des clichés sous-marins jusqu'à 3 ou 5 m selon les modèles. Vous en trouverez notamment chez Nautistore ou Pearl.fr. Dans le cas où vous n'auriez pas pensé à vous munir de ce genre d'accessoire avant le départ, un bon vieux sac plastique assurera une protection minimale. A noter : si votre appareil a été mouillé, n'essayez surtout pas de l'utiliser pour voir s'il fonctionne, c'est le meilleur moyen de l'endommager réellement. Laissez-le sécher 48 heures à l'air libre, boîtier ouvert.

Conseils pratiques

▶ **Vous prendrez les meilleures photos tôt le matin** ou aux dernières heures de la journée. Un ciel bleu de midi ne correspond pas aux conditions optimales : la lumière est souvent trop verticale et trop blanche. En outre, une météo capricieuse offre souvent des atmosphères singulières, des sujets inhabituels et, par conséquent, des clichés plus intéressants.

▶ **Prenez votre temps.** Promenez-vous jusqu'à découvrir le point de vue idéal pour prendre votre photo. Multipliez les essais : changez les angles, la composition, l'objectif... Vous avez réussi à cadrer un beau paysage, mais il manque un petit quelque chose ? Attendez que quelqu'un passe dans le champ ! Tous les grands photographes vous le diront : pour obtenir un bon cliché, il faut en prendre plusieurs.

▶ **Appliquez la règle des tiers.** Divisez mentalement votre image en trois parties horizontales et verticales égales. Les points forts de votre photo doivent se trouver à l'intersection de ces lignes imaginaires. En effet, si on cadre son sujet au centre de l'image, la photo devient plate, car cela provoque une symétrie trop monotone. Pour un portrait, il faut donc placer les yeux sur un point fort et non au centre. Essayez aussi de laisser de l'espace dans le sens du regard. Un coup d'œil aux cartes postales et livres de photos sur la région vous donnera des idées de prises de vue.

▶ **À savoir :** les tons jaunes, orange, rouges et les volumes focalisent l'attention ; ils donnent une sensation de proximité à l'observateur. Les tons plus froids (vert ou bleu) créent de leur côté une impression d'éloignement.

Développer – Partager

Plusieurs sites proposent de stocker vos photos et de les partager directement en ligne avec vos proches.

FLICKR
www.flickr.com
Sur Flickr, vous pouvez créer des albums photo, retoucher vos clichés et les classer par mots-clés tout en déterminant s'ils seront visibles par tous ou uniquement par vos proches. Petit plus du site : vous avez la possibilité d'effectuer des recherches par lieux et ainsi découvrir votre destination à travers les prises de vue d'autres internautes. D'autant plus intéressant que nombre de photographes professionnels utilisent Flickr.

FOTOLIA
http://fr. fotolia.com
Fotolia est une banque d'images. Le principe est simple : vous téléchargez vos photos sur le site pour les vendre à qui voudra. Le prix d'achat de base est fixé à 0,83 € et peut monter jusqu'à 8,30 € par cliché. Pas de quoi payer vos prochaines vacances donc, mais peut-être assez pour réduire la note de vos tirages !

PHOTOWEB
www.photoweb.fr
Photoweb est un laboratoire photo en ligne. Vous pouvez y télécharger vos photos pour commander des tirages ou simplement créer un album virtuel. Le site conçoit aussi tout un tas d'objets à partir de vos clichés : tapis de souris, livres, posters, faire-part, agendas, tabliers, cartes postales… Les prix sont très compétitifs et les travaux de qualité.

POSTE

L'envoi d'une lettre nécessite environ une semaine pour faire le trajet entre la France et Nouakchott. Un colis risque de mettre un peu plus de temps. Si votre expédition doit arriver dans une région peu ou mal desservie, cela risque d'être plus problématique, mais sauf exception, elle parviendra à son destinataire.

QUAND PARTIR ?

Climat

On peut arbitrairement découper la Mauritanie en trois zones climatiques sans risquer de beaucoup se tromper.

- **Le littoral,** de Nouakchott à Nouadhibou, où les alizés maritimes et les rares pluies entre août et novembre rendent la chaleur supportable.
- **Le sud du pays** qui couvre approximativement la partie du pays située au sud du 17e parallèle, c'est-à-dire la région entre la route de l'Espoir qui va de Nouakchott à Néma et la frontière avec le Sénégal et le Mali. C'est une zone sahélienne avec une chaleur humide pendant l'hivernage, de juillet à octobre.
- **Le reste du pays** subit un climat saharien très sec, caractérisé par de très fortes températures en été et des soirées fraîches voire froides en hiver. Les pluies y sont quasi inexistantes.

La meilleure saison pour découvrir la Mauritanie est donc d'octobre à avril, car elle permet d'éviter les fortes chaleurs.

MÉTÉO CONSULT
www.meteo-consult.com
Sur ce site vous trouverez les prévisions météorologiques pour le monde entier. Vous connaîtrez ainsi le temps qu'il fait sur place.

Haute et basse saisons touristiques

La haute saison touristique s'étend d'octobre à avril. Certaines structures d'hébergement n'ouvrent que pendant cette période de l'année, mais vous trouverez toujours à vous loger même pendant la basse saison. En termes de fréquentation, la Mauritanie connaît plutôt ces dernières années une basse saison qui s'éternise…

Manifestations spéciales

En dehors des fêtes religieuses propres au calendrier musulman, les festivités et autres événements culturels sont plutôt rares en Mauritanie.
A l'exception de la fête des dattes que tout Mauritanien qui se respecte ne manquerait pour rien au monde !

- **La fête de la Guetna** est un événement célébré dans toutes les régions du pays. En juillet ou en août, suivant les précipitations et les conditions climatiques, les palmiers-dattiers sont à l'honneur et livrent leurs premières dattes à l'occasion d'une grande cérémonie qui se fête dans toutes les villes et villages de brousse qui ont une palmeraie. C'est l'occasion de retrouver la famille et de danser sur les rythmes et les chants des griots, dans la fraîcheur de la nuit, réunis autour du feu. La tradition veut que l'on garde le noyau de la première datte de l'année comme porte-bonheur.

SANTÉ

Les situations du Sahel et de la région du fleuve Sénégal sont différentes sur le plan sanitaire. Un séjour dans le désert doit être encadré et les séjours prolongés nécessitent une préparation spéciale.

Problème médical sur place. Les plus fréquents des problèmes de santé sont la diarrhée, les infections des voies aériennes et les maladies de peau. Il est fréquent de se faire piquer par des insectes dont certains transmettent des maladies (comme le paludisme) qui peuvent se déclarer après le retour.

De plus, les piqûres d'insectes se surinfectent facilement en milieu tropical et il faudra être attentif aux petits bobos. Pour éviter les piqûres, veillez à vous couvrir bras et jambes en portant des tenues vestimentaires adaptées. Dans le désert, la chaleur du jour, le froid de la nuit et la déshydratation sont ce qu'il y a de plus à craindre.

Conseils

Pour vous informer de l'état sanitaire du pays et recevoir des conseils, n'hésitez pas à consulter votre médecin. Vous pouvez aussi vous adresser à la Société de médecine des voyages du centre médical de l'Institut Pasteur au ✆ 01 40 61 38 46 (www.pasteur.fr/sante/cmed/voy/listpays. html) ou vous rendre sur le site du Cimed (www.cimed. org), du Ministère des Affaires étrangères à la rubrique « Conseils aux voyageurs » (www.diplomatie. gouv.fr/voyageurs) ou de l'Institut national de veille sanitaire (www.invs. sante.fr).

En cas de maladie, il faut contacter le consulat français. Il se chargera de vous aider, de vous accompagner et vous fournira la liste des médecins francophones. En cas de problème grave, c'est aussi lui qui prévient la famille et qui décide du rapatriement.

Avant de partir, vous pouvez contacter le service Santé Voyages : ✆ 05 56 79 58 17 (Bordeaux) • ✆ 04 91 69 11 07 (Marseille) • ✆ 01 40 25 88 86 (Paris).

Maladies et vaccins

Diarrhée du voyageur (tourista)

Statistiquement, un voyageur sur deux est touché par la turista au cours des 48 premières heures de son séjour. Ces diarrhées et douleurs intestinales sont dues à une mauvaise hygiène, à la cuisson insuffisante des aliments, à une nourriture trop épicée ou, le plus souvent, à l'eau. 80 % des maladies contractées en voyage sont en effet directement imputables à une eau contaminée. Ces troubles disparaissent en général en un à trois jours. Prenez un antidiarrhéique, un désinfectant intestinal et hydratez-vous bien (pas de jus de fruits). Si la diarrhée persiste ou s'accompagne de pertes de sang ou de glaires, consultez un médecin. Pour éviter ces désagréments, achetez des bouteilles d'eau scellées, faites bouillir l'eau (le café et le thé sont des boissons « sûres »), évitez les crudités ou les fruits non pelés, bannissez les glaçons, ne vous brossez pas les dents avec l'eau du robinet et ayez toujours sur vous des comprimés désinfectants. Avant de partir, vous pouvez acheter du Micropur® Forte DCCNa – seul produit sur le marché qui purifie l'eau rapidement (élimine bactéries, virus, giardia et amibes) et permet à l'eau de rester potable. Il existe aussi Aquatabs® ou Hydroclonazone®. Ce dernier est le moins cher mais le goût en chlore est très prononcé et seules les bactéries sont éliminées. Pour les aventuriers, un filtre est indispensable pour l'eau boueuse. Les filtres Katadyn® répondent aux attentes de ces baroudeurs avec plusieurs modèles, dont le filtre bouteille qui permet d'avoir de l'eau potable instantanément sans pomper (il élimine aussi les virus).

Hépatite A

Pour l'hépatite A, l'existence d'une immunité antérieure rend la vaccination inutile. Elle est fréquente lorsque vous avez des antécédents de jaunisse, de séjour prolongé à l'étranger ou êtes âgé de plus de 45 ans.

L'hépatite A est le plus souvent bénigne mais elle peut se révéler grave, notamment au-delà de 45 ans et en cas de maladie hépatique préexistante. Elle s'attrape par l'eau ou les aliments mal lavés. Si vous êtes porteur d'une maladie du foie, la vaccination contre l'hépatite A est hautement recommandée avant tout type de voyage où l'hygiène est précaire. Elle doit être effectuée en deux fois mais la première injection, un mois avant le départ, suffit à assurer une protection pour un voyage de courte durée. La deuxième (six mois à un an plus tard) renforce la durée de l'immunité pour des dizaines d'années.

Hépatite B

L'hépatite B est plus grave que l'hépatite A. Elle se contracte lors de rapports sexuels ou par le sang. Le vaccin contre l'hépatite B est à faire en deux fois à un mois d'intervalle (mais il existe des vaccinations accélérées en un mois pour les voyageurs pressés), puis un rappel six mois plus tard pour renforcer la durée de la protection.

Leishmaniose ou lèpre des montagnes

La leishmaniose est transmise (rarement) par les moustiques dans les régions reculées où la végétation est luxuriante. Elle a quatre variantes dont la plus sérieuse peut entraîner la mort en deux ans, faute de traitement adapté. Les symptômes classiques sont des plaies cutanées, des ulcères chroniques, des nodules au visage, de la fièvre ou encore une anémie. Un traitement médicamenteux entrepris à temps permet aux sujets de recouvrer la santé.

Paludisme

Le pays est une zone de transmission de paludisme. Consultez votre médecin pour connaître le traitement préventif adapté : il diffère selon la région, la période du voyage et la personne concernée. Eviter le traitement est possible si votre séjour est inférieur à sept jours (et sous réserve de pouvoir consulter un médecin en cas de fièvre dans le mois qui suit le retour.) En plus des cachets, réduisez les risques de contraction du palu en évitant les piqûres de moustiques (répulsif et vêtements couvrants). Entre le coucher et le lever du soleil, près des points d'eau stagnante et des espaces ombragés, les risques de se faire piquer sont les plus élevés.

Rage

La rage est encore présente dans le pays. Il faut donc éviter tout contact avec les chiens, les chats et autres mammifères pouvant être porteurs du virus. L'apparition des premiers symptômes (phobie de l'air et de l'eau) varie entre 30 et 45 jours après la morsure. Une fois ces symptômes constatés, le décès intervient en quelques jours, dans 100 % des cas. En cas de doute, suite à une morsure, il faut donc absolument consulter un médecin, qui vous administrera un vaccin antirabique associé à un traitement adapté. Le vaccin préventif ne dispense pas du traitement curatif en cas de morsure.

Typhoïde

La fièvre typhoïde est une infection bactérienne qui se traduit par de fortes fièvres, une diarrhée fébrile et des troubles de la conscience. Les formes les plus graves peuvent engendrer des complications digestives, neurologiques ou cardiaques. La période d'incubation de la maladie varie entre dix et quinze jours. La contamination se fait par les selles ou la salive, de manière directe (contact avec une personne malade ou un porteur sain) ou indirecte (ingestion d'aliments contaminés : crudités, fruits de mer, eau et glaçons). Le vaccin, actif au bout de deux à trois semaines, vous protège pour trois ans. En cas de contamination et de non-vaccination préventive, un traitement par les fluoroquinolones sera préconisé.

Les centres de vaccination

Pour plus d'informations, vous pouvez consulter le site Internet du ministère de la Santé (www. sante. gouv.fr) pour connaître les centres de vaccination proches de chez vous.

■ **CENTRE AIR FRANCE**
148, rue de l'Université, Paris (7e)
✆ 01 43 17 22 00 – 08 92 68 63 64
✆ 01 48 64 98 03
http://centredevaccination-airfrance-paris.com
vaccinations@airfrance.fr

▶ **Autre adresse :** 3, place Londres, bâtiment Uranus 95703 Roissy Charles-de-Gaulle.

■ **INSTITUT PASTEUR**
209, rue de Vaugirard, Paris (15e)
✆ 0 890 710 811 – 03 20 87 78 00
www.pasteur.fr – www.pasteur-lille.fr

Chaque année, Action contre la Faim vient en aide
à près de 5 millions de personnes dans le monde.
SOUTENEZ-NOUS
www.actioncontrelafaim.org
Dons sécurisés en ligne
ACTION
CONTRE LA
FAIM
ACF INTERNATIONAL
Ne jamais oublier, ne jamais renoncer
© Véronique Burger/Phanie - RDC

DOMAINE & CHATEAU
AUZIAS
11610 PENNAUTIER - LANGUEDOC - FRANCE
VDP de la CITÉ DE CARCASSONNE - AOC CABARDÈS
2007
DOMAINE AUZIAS
2003
CABARDÈS
Château
AUZIAS
Recherche agent et importateur
en Mauritanie
Contact : auzias@auzias.fr
Tél. : + 33 4 68 47 28 28
© VGSTUDIO - FOTOLIA

Autre adresse : 1, rue du Professeur Calmette 59019 Lille.

En cas de maladie

Un réflexe : contacter le Consulat de France. Il se chargera de vous aider, de vous accompagner et vous fournira la liste des médecins francophones. En cas de problème grave, c'est aussi lui qui prévient la famille et qui décide du rapatriement. Pour connaître les urgences et établissements aux standards internationaux : consulter les sites www.cimed. org – www. diplomatie. gouv.fr et www.pasteur.fr

Assurance rapatriement – Assistance médicale

Si vous possédez une carte bancaire Visa® et MasterCard®, vous bénéficiez automatiquement d'une assurance médicale et d'une assistance rapatriement sanitaire valables pour tout déplacement à l'étranger de moins de 90 jours (le paiement de votre voyage avec la carte n'est pas nécessaire pour être couvert, la simple détention d'une carte valide vous assure une couverture).

Renseignez-vous auprès de votre banque et vérifiez attentivement le montant global de la couverture et des franchises ainsi que les conditions de prise en charge et les clauses d'exclusion. Si vous n'êtes pas couvert par l'une de ces cartes, n'oubliez surtout pas de souscrire une assistance médicale avant de partir.

La carte européenne d'assurance maladie remplace les multiples formulaires E111, E126 et autres. Cette carte permet la prise en charge des frais médicaux dans les mêmes conditions que pour les assurés du pays d'accueil. Il faut la demander au moins deux semaines avant le départ à votre caisse d'assurance maladie. La carte est valable un an et est personnelle : chaque enfant doit aussi avoir la sienne. Si les délais sont trop courts, il vous sera délivré un certificat provisoire de remplacement. Cette carte fonctionne dans tous les pays membres de l'Union européenne mais aussi en l'Islande, au Lichtenstein, en Suisse et en Norvège. Il vous suffit de la présenter chez le médecin, le pharmacien et dans les hôpitaux du service public : soit vous serez dispensé de l'avance des frais médicaux, soit vous serez remboursé sur place par l'organisme de Sécurité sociale du pays.

■ CARTE BLEUE VISA®
✆ 01 41 85 88 81
www.europ-cartes.com

■ MASTERCARD®
✆ 01 45 16 65 65
www.mastercard.com

■ SÉCURITÉ SOCIALE
11, rue de la Tour des Dames
75436 Paris Cedex 09
✆ 01 45 26 33 41
Fax : 01 49 95 06 50
www.cleiss.fr
www.ameli.fr
Plus d'informations sur l'assistance médicale à l'étranger au Centre des Liaisons Européennes et Internationales de la Sécurité Sociale (Cleiss).

Trousse à pharmacie

Il est sage, avant de partir, de se constituer une petite trousse à pharmacie qui pourra, si le cas se présente, vous rendre bien des services et vous permettre de continuer votre voyage dans les meilleures conditions. Il n'est pas question ici de se substituer à une consultation médicale obligatoire dès que des symptômes inquiétants apparaissent, mais simplement de prévenir, et quelquefois de soulager, certains désagréments pouvant survenir lors d'un voyage en Mauritanie. Voici quelques pistes pour constituer cette trousse : un antipaludéen, un antidiarrhéique, un antipyrétique contre les maux de tête ou de dents (aspirine ou paracétamol), un antibiotique à spectre large, un collyre, un antiseptique digestif, un antivomitif. Les crèmes ou écrans solaires, les antimoustiques, les désinfectants pour l'eau à boire et éventuellement un ASPIVENIN peuvent compléter cet inventaire.

Médecins parlant français

A contacter à Nouakchott :

■ DR. CHERIF
✆ +222 45 25 21 35
Médecin.

■ DR. HANNA
✆ + 222 45 25 23 98
Médecin.

■ DR. HOBALLAH
✆ + 222 45 25 14 48
Dentiste.

Hôpitaux – Pharmacie

■ **SERVICE DES URGENCES DE L'HÔPITAL DE NOUAKCHOTT**
✆ + 222 45 25 21 35

■ **PHARMACIE KENNEDY**
Nouakchott
✆ + 222 45 25 36 93

Urgences

Les numéros importants à connaître sont :

- **le 12** pour les renseignements téléphoniques
- **le 17** pour la police
- **le 16** pour la gendarmerie
- **le 18** pour les pompiers.

SÉCURITÉ ET ACCESSIBILITÉ

La sécurité, c'est le grand thème qui revient toujours quand on aborde dans les circonstances actuelles un voyage en Mauritanie. On s'en rend compte en discutant avec son entourage de son prochain voyage, et au plus tard à la lecture des informations du ministère des affaires étrangères. Mais le débat continue sur place, avec les voyageurs étrangers que l'on croise dans les auberges ainsi qu'avec les professionnels du tourisme locaux. On en revient toujours au même sujet délicat. Délicat, parce que la menace terroriste est par essence invisible, et qu'elle est donc perçue différemment de part et d'autre de la Méditerranée. Est-il sûr de se rendre en Mauritanie ? Nous ne prétendons pas apporter ici une réponse à la question, celle-ci étant bien trop naïve en soi. Nous nous contenterons de vous rappeler les faits et de vous rapporter la manière dont on commente, en Mauritanie, la mise en place par le Quai d'Orsay de la zone rouge, ce qui dissuade grandement les touristes de se rendre dans l'Adrar et dans le Tagant.
En ce qui concerne les faits, souvent commentés en France comme en Mauritanie :

- **Quatre touristes français** sont assassinés le 24 décembre 2007 à Aleg, au sud de la Mauritanie sur la route de l'Espoir, par un groupuscule rattaché à la mouvance salafiste algérienne. Ce tragique épisode a pour conséquence l'annulation du Paris-Dakar. S'en est suivie également une vaste politique de sécurisation des régions touristiques en Mauritanie. Trop tard, cet événement marque les consciences et on distingue très nettement un avant et après Aleg en ce qui concerne les chiffres du tourisme.

- **Au Niger,** des employés d'Areva dont 5 Français sont enlevés à Arlit en septembre 2010. À la suite de ces enlèvements, Maurice Freund, patron de la coopérative de voyageurs Point Afrique et présent au Niger au moment des faits, décide de suspendre ses vols vers la Mauritanie. Il s'explique dans une interview accordée au site d'informations www.rue89.com, dont il est actionnaire : « C'est simple : en 2007, nous avons transporté 70 000 voyageurs sur l'axe Algérie, Mauritanie, Mali, Niger… où Point Afrique est le seul affréteur avec des vols hebdomadaires sur six destinations qui sont toutes menacées. Concrètement, je ne vais pas pouvoir continuer. Nous arrêtons tout […] Il y a un changement d'ambiance générale, avec des fractions de jeunes touaregs, de 20-25 ans, qui rejoignent l'Aqmi (Al-Qaeda au Magreb islamique). […] Cette gangrène s'installe petit à petit. C'est une réalité de terrain. Aujourd'hui, j'estime que les groupes de l'Aqmi comptent entre 500 et 1 000 personnes. A Point Afrique, nous avions la prétention de pouvoir être un des derniers remparts en créant de l'activité. Je vous donne un exemple : en 1996, selon les chiffres du Pnud [programme des Nations unies pour le développement, ndlr], le taux de prévalence de la pauvreté était de 58 % dans le nord de la Mauritanie. En 2002, ce taux était tombé à 21 %, grâce au tourisme. Autour d'Atar, on a créé quelque chose en amenant 600 personnes par semaine. Un trekker fait vivre une famille entière sur la saison. » (*Propos tirés de l'interview consultable sur le site www.rue89.com)* C'est à la suite des événements d'Arlit que le Ministère des Affaires Étrangères français instaure une zone rouge, formellement déconseillée à ses ressortissants, qui concerne pour la Mauritanie toutes les zones à l'est d'une ligne reliant Chinguetti à Tidjikja.

- **Trois Espagnols** travaillant pour le compte d'une ONG sont enlevés le 29 novembre 2009 sur la route Nouakchott-Nouadhibou, trois jours après le kidnapping d'un ressortissant français au Mali. En août 2009, un attentat suicide avait été perpétré contre l'ambassade de France à Nouakchott, ne faisant aucune victime.

- **Plus récemment en juillet 2010,** on se souvient de l'opération militaire franco-mauritanienne pour la libération du Français Michel Germaneau, détenu par un groupuscule affilié à AQMI au Mali, probablement décédé avant l'assaut d'un manque de médicaments.

▶ **Dans la nuit du 1er au 2 février 2011,** un véhicule bourré d'explosifs explose à Nouakchott. L'armée explique qu'elle a délibérément fait sauter l'engin qui tentait « de s'infiltrer dans la capitale pour y commettre des attentats ». (*Propos recueillis sur le site www.jeuneafrique.com*) Selon AQMI, les passagers auraient eux-mêmes déclenché l'explosion. Un autre véhicule piégé est intercepté par la gendarmerie près de Rkiz, dans le sud de la Mauritanie.

▶ **En janvier 2011,** deux ressortissants français sont assassinés au Niger.

Voilà pour les faits. Le magazine nouakchottois *Citymag*, dans son édition de février 2011, donne la parole à plusieurs professionnels du tourisme en Mauritanie, ainsi qu'au chef du département de la communication à l'Office National du Tourisme, Monsieur Hamady Samba Bâ. Voici ce qui en ressort :

▶ **Sur la sécurité dans la région de l'Adrar,** Cheibany, directeur d'une agence de voyages de Nouakchott déclare : « Atar n'est pas une zone à risque [...] Je défie quiconque de me faire état d'un problème sécuritaire dans l'Adrar depuis 1997 [...] C'est la plateforme la plus sécurisée de Mauritanie. Une zone montagneuse constituée de cuvettes et de passes difficiles d'accès. Le nombre d'entrées est limité et lors des excursions, nous évitons les zones trop faciles d'accès. Et puis Atar est une ancienne garnison militaire. 90 % de la population de l'Adrar a au moins un membre de sa famille dans l'armée ou qui en a été membre. La population de l'Adrar n'a pas d'affinités avec le terrorisme. Et c'est une région qui tire profit du tourisme. Qui va donc se risquer à compromettre cette activité ? » Une argumentation qui donne effectivement à réfléchir.

▶ **Pour Mr. Hamady Samba Bâ,** la Mauritanie n'est pas à mettre dans le même panier que ses voisins du Sahel : « La Mauritanie présente plusieurs particularités par rapport aux autres pays de la région. AQMI n'a pas de camps dans le pays. Le territoire est entièrement contrôlé. Des mesures draconiennes ont été prises pour sécuriser les frontières. »

▶ **Pour Mr. Hamady Samba Bâ,** si Point Afrique a suspendu ses vols vers Atar, c'est avant tout pour des raisons économiques. On dit effectivement que Point Afrique aurait perdu plus de 100 000 € en affrétant deux avions vers Atar pour une centaine de touristes seulement.

▶ **En 2009,** la population est mise à contribution dans la lutte contre le terrorisme en Mauritanie et invitée à signaler tout convoi suspect à la gendarmerie. Les méharées ne se font plus sans emmener une balise Argos et un téléphone portable.

▶ **La présence de Français** sur les sites d'exploitation de Total dans la région de Ouadane, en pleine zone rouge, exaspère ceux qui ont pour métier d'y accueillir les touristes.

▶ **Pour conclure, la grande majorité des touristes** qui reviennent de Mauritanie déclare ne s'être à aucun moment senti en insécurité. Et paradoxalement, les régions victimes du classement en zone rouge, plus particulièrement celles de Ouadane-Chinguetti et de Tidjikja-Tichit, sont celles dont nous gardons le meilleur souvenir...

Dangers potentiels et conseils

▶ **Informations générales.** Si vous séjournez en Mauritanie en voyage organisé, pas de problème, votre encadrement vous mettra à l'abri de certaines complications. Pour les voyageurs individuels, il convient de tenir compte des points suivants : le manque d'infrastructures d'hébergement conduit à déconseiller le pays aux voyageurs accompagnés de jeunes enfants et aux personnes à mobilité réduite. Une femme seule peut voyager en Mauritanie à condition de respecter certaines règles de bon sens et de savoir-vivre. (*voir la rubrique « Faire et ne pas faire »*). Séjourner dans le désert en Mauritanie entre mai et septembre demande une bonne condition physique, voire morale, les températures frôlent les 50 °C à l'ombre et beaucoup de structures sont fermées.

▶ **Informations spécifiques.** La seule façon d'accéder en Mauritanie par le nord du pays, c'est de suivre le goudron qui mène de Dakhla à Nouadhibou en passant par le poste frontière de Bir Gandouz. Tout autre moyen équivaut à une tentative de suicide, à cause des nombreuses mines, conséquences des conflits ayant affecté la région. Pour la même raison, une fois arrivé en Mauritanie, si vous effectuez le trajet entre Nouadhibou et Atar, via Choum, ne circulez jamais au nord de la voie ferrée. Seule exception, le site sécurisé de Ben Amira, le plus grand monolithe d'Afrique. A faire néanmoins avec un guide local.

Se lancer dans une expédition sur plusieurs jours, en 4x4 ou à dos de dromadaires, à l'est d'une ligne Bir Mogrein-Zouérate-Chinguetti-Néma demande une excellente préparation, une expérience du désert et surtout beaucoup d'humilité. Et même en réunissant ces conditions, nous vous déconseillons ce genre d'aventure. Dans le reste du pays, il convient de respecter certaines règles de base si l'on veut partir en 4x4 et dormir en bivouac : réserves suffisantes en eau et en carburant, deux véhicules au minimum et surtout être accompagné d'un guide et/ou d'un chauffeur. Dans tous les cas de figure, il est prudent de signaler aux autorités sa destination et le jour d'arrivée prévu.comme dans tout pays Africain, la conduite de nuit est fortement déconseillée. Sur l'axe Nouadhibou-Nouakchott, il n'y a pas encore de station-service ni de cabine téléphonique. A Nouakchott, la criminalité se développe. Il est déconseillé de se rendre dans les quartiers périphériques la nuit, tout comme de flâner sur les plages aux abords de la ville. Sur le plan sanitaire, évitez de caresser chiens et chats (risque de rage), vérifiez que vous êtes vacciné contre la fièvre jaune et prévoyez un traitement antipaludéen pour la partie du pays située au sud de la route de l'Espoir (*voir rubrique « Santé »*).

▶ **Pour connaître les dernières informations sur la sécurité sur place,** consultez la rubrique *« Conseils aux voyageurs »* du site du ministère des Affaires étrangères : www.diplomatie.gouv.fr/voyageurs – Sachez cependant que le site dresse une liste exhaustive des dangers potentiels et que cela donne parfois une image un peu alarmiste de la situation réelle du pays.

Femme seule en voyage

La destination Mauritanie n'est aucunement contre-indiquée pour une femme souhaitant voyager seule. En revanche, vous pourrez difficilement éviter les railleries à votre sujet si vous avez le profil de l'occidentale à l'âge mûr qui vient chercher en Mauritanie une jeune compagnie masculine...

Voyager avec des enfants

Voyager avec des enfants ne présente en soi aucune difficulté en Mauritanie. Pourtant, les parents de la petite famille rencontrée lors de notre voyage n'étaient pas du tout rassurés par leur idée de rejoindre le Mali par la route de l'Espoir... et il y a plus réjouissant que de passer 1 100 km sur la route, la peur au ventre. À vous de décider, suivant votre état d'esprit.

Voyageur handicapé

Si vous présentez un handicap physique ou mental ou que vous partez en vacances avec une personne dans cette situation, différents organismes et associations s'adressent à vous.

■ ACTIS VOYAGES

http://actis-voyages.fr
Voyages adaptés pour le public sourd et malentendant.

■ ADAPTOURS

www.adaptours.fr
info@adaptours.fr

■ AILLEURS ET AUTREMENT

www.ailleursetautrement.fr
Pour des personnes souffrant de handicap physique et/ou mental.

■ COMPTOIR DES VOYAGES

2-18, rue Saint-Victor, Paris (5e)
✆ 0 892 239 339 – www.comptoir.fr
Fauteuil roulant (manuel ou électrique), cannes ou béquilles, difficultés de déplacement... Quel que soit le handicap du voyageur, Comptoir des Voyages met à sa disposition des équipements adaptés et adaptables, dans un souci de confort et d'autonomie. Chacun pourra voyager en toute liberté.

■ ÉVÉNEMENTS ET VOYAGES

www.evenements-et-voyages.com
Sports mécaniques, sports collectifs, festivals et concerts, Événements et Voyages propose à ses voyageurs d'assister à la manifestation de leur choix tout en visitant la ville et la région. Grâce à son département dédié aux personnes handicapées, Événements et Voyages permet à ces derniers de voyager dans des conditions confortables.

■ HANDI VOYAGES

12, rue du Singe, Nevers
✆ 0 872 32 90 91 – 09 52 32 90 91
✆ 06 80 41 45 00
http://handi. voyages.free.fr
Cette association assure l'aide aux personnes à mobilité réduite dans l'organisation de leurs voyages individuels ou en petits groupes. Elle propose un service d'aide à la recherche d'informations sur l'accessibilité mais aussi la mise en relation avec des volontaires compagnons de voyage. En outre, dans le cadre de l'opération « Des fauteuils en Afrique », Handi Voyages récupère du matériel pour personnes à mobilité réduite et le distribue en Afrique.

■ **OLÉ VACANCES**
www.olevacances.org
info@olevacances.org
Olé Vacances propose d'accompagner des personnes adultes handicapées mentales.

■ **PARALYSÉS DE FRANCE**
www.apf. asso.fr
Informations, conseils et propositions de séjours.

Voyageur gay ou lesbien

La Mauritanie n'est décidément pas une destination rêvée pour y vivre une homosexualité épanouie, c'est le moins qu'on puisse dire, puisque vous y encourez quelque 7 années de prison.
À noter toutefois que peu de procès ont été engagés pour ce motif, mais ne tentez pas le diable !

TÉLÉPHONE

Comment téléphoner

- **Pour appeler de Mauritanie vers la France**, composez le + 33 suvi du numéro de votre correspondant sans le 0.
- **Pour appeler de France vers la Mauritanie**, composez le + 222 suivi des huit chiffres de votre correspondant.
- **Le téléphone entre l'Europe et la Mauritanie** fonctionne assez bien et, si ce n'est pas le cas, on y parvient presque toujours en insistant.

Téléphone mobile

- **Utiliser son téléphone mobile.** Si vous souhaitez garder votre forfait français, il faudra avant de partir, activer l'option internationale en appelant le service clients de votre opérateur.
- **Qui paie quoi ?** Lorsque vous utilisez votre téléphone français à l'étranger, vous payez la communication, que vous émettiez l'appel ou que vous le receviez. Dans le cas d'un appel reçu, votre correspondant paie lui aussi, mais seulement le prix d'une communication locale. Tous les appels passés depuis ou vers l'étranger sont hors forfait, y compris ceux vers la boîte vocale.

Autres moyens de téléphoner

À Nouakchott et Nouadhibou, vous trouverez des boutiques qui se revendiquent téléphones publics. Une communication vers la France vous revient à environ 140 MRO la minute.

Skype et MSN

Pas besoin de combiné mais d'un ordinateur et d'une connexion Internet pour téléphoner avec Skype ou MSN. Les deux personnes cherchant à entrer en contact doivent avoir téléchargé l'un de ces deux logiciels gratuits. L'utilisation est ensuite très simple : un micro, un casque et une webcam si vous en avez une, et vous pouvez discuter pendant des heures sans payer un centime (connexion Internet exceptée). Attention, si vous voulez appeler sur un téléphone (fixe ou mobile) depuis Skype, il vous faudra créditer votre compte de 10 € minimum. Les tarifs sont néanmoins très avantageux.

TARIFS DES DIFFÉRENTS OPÉRATEURS

	Bouygues	Orange (HT)	SFR	SFR Vodafone (option gratuite)
Appel émis	2,30 €/min.	2,35 €/min.	2,90 €/min.	2,20 € + 0,37 €/min.
Appel reçu	1 €/min.	1,10 €/min.	1,40 €/min.	2,20 € par appel (jusqu'à 20 min.).
SMS	0,30 € – réception gratuite	0,29 € – réception gratuite	0,50 € pour les forfaits souscrits depuis le 12/03/2008, 0,30 € pour les autres – réception gratuite	0,30 € – réception gratuite

À VOIR – À LIRE

Librairies de voyage

Paris

■ ITINÉRAIRES
60, rue Saint-Honoré (1er)
✆ 01 42 36 12 63
www.itineraires.com
itineraires@itineraires.com
M° Louvre, Rivoli. Ouvert du lundi au samedi de 10h à 19h.
Depuis sa fondation en 1985, cette librairie est idéale pour s'évader, choisir sa destination, commencer à organiser son voyage, ou pour s'imprégner de la culture d'un pays avant d'y séjourner. Toutes les possibilités sont ici à combiner. Une sélection aussi complète que possible qui offre en guise d'horizon un panorama complet des pays du monde entier. Car cette librairie se dit elle-même dédiée à la connaissance des pays du monde, et le tout est tout simplement classé par pays. 3, 2, 1, partez ?

■ LIBRAIRIE EYROLLES PRATIQUE
63, boulevard Saint-Germain (5e)
✆ 01 46 34 82 75
www.eyrolles.com
M° Maubert – Mutualité ou Cluny – La Sorbonne et R. E. R. Saint-Michel. Ouvert de 9h30 à 19h30.
Consacrée à la vie pratique, cette boutique se présente sur deux niveaux dont un entièrement dédié au tourisme. Voyageurs du monde, bienvenue au « paradis eyrollien ». Vous trouverez tout pour préparer votre escapade : cartes, guides, plans… Il ne vous reste plus qu'à prendre vos billets.

■ LIBRAIRIE LA GÉOGRAPHIE
184, boulevard Saint-Germain (6e)
✆ 01 45 48 03 82
www.librairie-la-geographie.com
livres@librairie-la-geographie.com
M° Saint-Germain ou Rue du Bac. Ouvert du lundi au samedi de 10h à 19h.
Il y en a pour tous les goûts dans cette librairie gérée par deux amoureux du voyage. Aux ouvrages couvrant les sujets de la Société de géographie s'ajoutent des récits de voyage et d'aventures, des guides touristiques, des écrits géopolitiques, des cartes, etc. Voici un endroit convivial où l'on découvre et discute… Et ça ne s'arrête pas là : le site Internet et son blog fourmillent d'informations sur l'actualité du monde.

■ LIBRAIRIE L'HARMATTAN
16 et 21, rue des Ecoles (5e)
✆ 01 40 46 79 10 – 01 46 34 13 71
www.editions-harmattan.fr
M° Maubert – Mutualité. Ouvert du lundi au samedi de 10h à 12h30 et de 13h30 à 19h.
Se consacrant essentiellement au continent africain, cette librairie propose toutefois de nombreux ouvrages sur l'Asie, l'Océanie, les pays de l'Est, le monde arabe et l'Amérique latine. Vous y trouverez littérature et études, dans des domaines aussi divers que la sociologie, l'anthropologie, l'analyse politique ou encore l'histoire.

■ LIBRAIRIE MARITIME OUTREMER
55, avenue de la Grande-Armée (16e)
✆ 01 45 00 17 99
Fax : 01 45 00 10 02
www.librairie-outremer.com
M° Argentine. Ouvert du lundi au samedi de 10h à 19h.
La librairie de la rue Jacob a rallié les locaux de la boutique avenue de la Grande-Armée. Des ouvrages sur l'architecture navale, des manuels de navigation, des ouvrages de droit marin, les codes Vagnon, les cartes du Service hydrographique et océanique de la marine, des précis de mécanique pour les bateaux, des récits et romans sur la mer, des livres d'histoire de la marine… tout est là. Cette librairie constitue la référence dans ce domaine. Son catalogue est disponible sur Internet et en format papier à la boutique.

■ LE MONDE DES CARTES
50, rue de la Verrerie (4e)
✆ 01 43 98 80 00 – www.ign.fr
M° Hôtel de ville. Ouvert du lundi au samedi de 11h à 19h.
Vous trouverez dans cette belle librairie pléthore de cartes (on n'est pas à l'Institut géographique national pour rien), guides de toutes éditions, beaux livres, méthodes

de langues en version poche ouvrages sur la météo, mappemondes, conseils pour les voyages... Les enfants ont droit à un coin rien que pour eux avec des ouvrages sur la nature, les animaux, les civilisations, etc. Quant aux amateurs d'ancien, ils pourront se procurer des reproductions de cartes datant pour certaines du XVIIe siècle

■ **ULYSSE**
26, rue Saint-Louis-en-l'Ile (4e)
✆ 01 43 25 17 35
www.ulysse.fr – ulysse@ulysse.fr
M° Pont Marie. Ouvert du mardi au samedi de 14h à 20h.
C'est le « kilomètre zéro du monde », comme le clame le slogan de la maison, d'où l'on peut en effet partir vers n'importe quelle destination grâce à un fonds extraordinaire de livres consacrés au voyage. Catherine Domain, la libraire et fondatrice depuis quarante ans de la librairie, est là pour vous aider dans votre recherche, notamment si vous voulez vous documenter avant d'entreprendre un court ou un long séjour. Membre de la Société des Explorateurs, du Club International des Grands Voyageurs, fondatrice du Cargo Club, du Club Ulysse des petites îles du monde et du Prix Pierre Loti, elle est vraiment une spécialiste du voyage. Vous trouverez ici aussi de nombreuses cartes non disponibles dans les librairies habituelles.

■ **LE VIEUX CAMPEUR**
2, rue de Latran (5e)
✆ 01 53 10 48 27
www.auvieuxcampeur.fr
M° Maubert – Mutualité. Ouvert du lundi au samedi : lundi, mardi, mercredi et vendredi de 11h à 19h30, samedi de 10h à 19h30, nocturne le jeudi jusqu'à 21h.
Les magasins Au Vieux Campeur disposent d'une librairie dédiée au tourisme sportif. Vous y trouverez guides, cartes, beaux livres, revues et un petit choix de vidéos principalement axés sur la France. Le premier étage met à l'honneur le sport, les exploits et découvertes. Vous pourrez vous y documenter sur l'escalade, le VTT, la plongée sous-marine, la randonnée, la voile, le ski... Commande possible par Internet.

Brest

■ **LIBRAIRIE DES VOYAGEURS**
14, rue Boussingault ✆ 02 98 33 61 72
Fax : 02 98 33 61 73
www.georama.fr
Ouvert du lundi au samedi de 14h à 19h.
Repaire incontestable pour tous les voyageurs en partance, cette librairie propose guides, cartes, atlas, mappemondes, littérature et récits de voyage... à feuilleter en buvant un verre au coin café. Pour les bambins globe-trotteurs, des jeux pédagogiques sont disponibles.

Caen

■ **HÉMISPHÈRES**
15, rue des Croisiers ✆ 02 31 86 67 26
www.librairie-hemispheres. blogspot.com
Ouvert du mardi au samedi de 9h à 19h sans interruption.
Dans cette librairie dédiée au voyage, les livres sont classés par pays : guides, plans de villes, littérature étrangère, ethnologie, cartes et topoguides pour la randonnée. Les rayons portent aussi un beau choix de livres illustrés et comprennent un rayon musique. Le premier étage allie littérature et gastronomie et des expositions de photos y sont régulièrement proposées.

Clermont-Ferrand

■ **BOUTIQUE MICHELIN**
2, place de la Victoire
✆ 04 73 90 20 50
www.michelin-boutique.com
michelin@mdsfrance.fr
Ouvert du mardi au samedi de 10h à 13h et de 14h à 19h, le lundi après-midi l'été.
Vous trouverez dans cette boutique toute la production Michelin, des Guides vert (en français, anglais ou allemand) aux Guides rouge en passant par les cartes France et étranger. Egalement bagagerie, articles de sport, vaisselles et tout le nécessaire pour vos voyages (du triangle au contrôleur de pression) et de nombreux produits dérivés.

Grenoble

■ **LIBRAIRIE DE VOYAGEURS DU MONDE**
16, boulevard Gambetta
✆ 04 76 85 95 97 – www.vdm.com
Ouvert du mardi au samedi de 11h à 19h.
Tout comme ses homologues de Paris ou Marseille, la librairie propose un vaste choix de guides en français et anglais, de cartes géographiques et atlas, de récits de voyage et d'ouvrages thématiques... Également pour les voyageurs en herbe : des atlas, des albums et des romans d'aventures.

Lille

■ LIBRAIRIE AUTOUR DU MONDE

65, rue de Paris
✆ 03 20 78 19 33
www.autourdumonde. biz
Ouvert le lundi de 14h à 19h et du mardi au samedi de 10h à 19h.
Ouverte en 2006, cette librairie située au cœur du vieux Lille est tenue par un ancien professionnel du tourisme qui se fera un plaisir de vous conseiller. Romans, carnets de voyage, guides, cartes IGN, livres jeunesse, jeux et affiches remplissent les rayons de cette boutique. Pour s'y retrouver, c'est facile : les ouvrages sont rangés par continents, puis selon les quatre points cardinaux. Vous partez en Islande ? Rendez-vous au nord-ouest du magasin. Possibilité de commande sur le site de la librairie.

■ LIBRAIRIE DE VOYAGEURS DU MONDE

147, boulevard de la Liberté
✆ 03 20 06 76 30
Fax : 03 20 06 76 31 – www.vdm.com
Ouvert du lundi au samedi de 10h à 19h.
La librairie de Voyageurs du Monde lilloise est située dans le centre-ville. Elle compte pas moins de 14 000 références, livres et cartes, uniquement consacrées à la découverte de tous les pays du monde, de l'Albanie au Zimbabwe en passant par la Chine.

Lyon

■ RACONTE-MOI LA TERRE

14, rue du Plat (2e) ✆ 04 78 92 60 22
www.racontemoilaterre.com
librairie2@racontemoilaterre.com
Ouvert le lundi de 12h à 19h30 et du mardi au samedi de 10h à 19h30.
Restaurant « exotique », cette librairie s'ouvre sur le monde des voyages. Les vendeurs vous conseillent et vous emmènent jusqu'à l'ouvrage qui vous convient. Ethnographes, juniors, baroudeurs, Raconte-moi la Terre propose de quoi satisfaire tous les genres de voyageurs.

▶ **Autre adresse :** Décathlon, 332, avenue Général-de-Gaulle, Bron

■ AU VIEUX CAMPEUR

72, cours de la Liberté (3e)
✆ 04 78 60 81 00
www.auvieuxcampeur.fr
Ouvert du mardi au vendredi de 11h à 19h30, le samedi de 10h à 19h et le lundi de 11h à 19h.
Les magasins Au Vieux Campeur disposent d'une librairie dédiée au tourisme sportif. Vous y trouverez guides, cartes, beaux livres, revues et un petit choix de vidéos principalement axés sur la France. Commande possible par Internet.

Marseille

■ AU VIEUX CAMPEUR

255, avenue du Prado (1er)
✆ 04 91 16 30 30
Fax : 04 91 16 30 59
www.auvieuxcampeur.fr
infos@auvieuxcampeur.fr
Ouvert du mardi au vendredi de 10h30 à 19h30, le samedi de 10h à 19h et le lundi de 10h30 à 19h.
Les magasins Au Vieux Campeur disposent d'une librairie dédiée au tourisme sportif. Vous y trouverez guides, cartes, beaux livres, revues et un petit choix de vidéos principalement axés sur la France.

■ LIBRAIRIE DE LA BOURSE – MAISON FREZET

8, rue Paradis (1er)
✆ 04 91 33 63 06
Ouvert le lundi de 14h à 19h et du mardi au samedi de 8h45 à 12h15 et de 13h45 à 19h.
Cette librairie fondée en 1876 propose plans, cartes et guides touristiques du monde entier. Terre, mer, montagne ou campagne, tous les environnements se trouvent parmi les centaines d'ouvrages proposés. Si jamais l'idée vous tente de partir à l'aventure, rien ne vous empêche de vérifier votre thème astral ou de vous faire tirer les cartes avec tout le matériel ésotérique et astrologique également disponible.

■ LIBRAIRIE DES VOYAGEURS DU MONDE

25, rue Fort-Notre-Dame (1er)
✆ 04 96 17 89 26
Fax : 04 96 17 89 18
(préciser pour la librairie)
http://librairie. vdm.com/
http://vdm-marseille.com/
webmaster@librairie-maritime.com
Métro Vieux Port
Ouvert le lundi de midi à 19h et du mardi au samedi de 10h à 19h sans interruption.
Sur le même site sont regroupés les bureaux des conseillers Voyageurs du Monde et ceux de Terres d'Aventure. La librairie détient plus de 5 000 références : romans, ouvrages thémati-

ques sur l'histoire, spiritualité, cuisine, reportages, cartes géographiques, atlas, guides (en français et en anglais). L'espace propose également une sélection d'accessoires incontournables : moustiquaires, bagages…

■ **LIBRAIRIE MARITIME OUTREMER**
26, quai Rive-Neuve (1er)
✆ 04 91 54 79 40
Fax : 04 91 54 79 49
www.librairie-maritime.com
webmaster@librairie-maritime.com
Ouvert du mardi au vendredi de 9h à 12h30 et de 14h à 18h30, le samedi de 10h à 12h30 et de 15h à 18h30.
Que vous ayez le pied marin ou non, cette librairie vous ravira tant elle regorge d'ouvrages sur la mer. Ici, les histoires sont envoûtantes, les images incroyables... De quoi se mettre à rêver sans même avoir jeté l'ancre !

Montpellier

■ **LES CINQ CONTINENTS**
20, rue Jacques-Cœur
✆ 04 67 66 46 70
Fax : 04 67 66 46 73
www.lescinqcontinents.com
contact@lescinqcontinents.com
Ouvert le lundi de 13h à 19h et de 10h à 19h du mardi au samedi.
Les libraires globe-trotters de cette boutique vous aideront à faire le bon choix parmi les nombreux ouvrages des cinq continents. Récits de voyage, guides touristiques, livres d'art, cartes géographiques et autres livres de cuisine ou musicaux vous permettront de mieux connaître divers pays du monde et régions de France. Régulièrement, la librairie organise des rencontres et animations (programme trimestriel disponible sur place).

Nantes

■ **LIBRAIRIE DE VOYAGEURS DU MONDE**
1-3, rue des Bons Français
✆ 02 40 20 64 39 – www.vdm.com
Ouvert du mardi au samedi de 11h à 19h.
Tout comme ses homologues de Paris ou Marseille, la librairie propose un vaste choix de guides en français et anglais, de cartes géographiques et atlas, de récits de voyage et d'ouvrages thématiques. Également pour les voyageurs en herbe : des atlas, des albums et des romans d'aventures.

Nice

■ **LIBRAIRIE DE VOYAGEURS DU MONDE**
4, rue du Maréchal-Joffre
✆ 04 97 03 64 65
Fax : 04 97 03 64 60 – www.vdm.com
Ouvert de 10h à 19h du lundi au samedi.
Les librairies de Voyageurs du Monde travaillent en partenariat avec plusieurs instituts géographiques à travers le monde et également quelques éditeurs privés. Elles proposent tous les ouvrages utiles pour devenir un voyageur averti !

Rennes

■ ARIANE LIBRAIRIE DE VOYAGE

20, rue Capitaine-Dreyfus
✆ 02 99 79 68 47 – Fax : 02 99 78 27 59
www.librairie-voyage.com
Ouvert tous les jours de 9h30 à 12h30 et de 14h à 19h, fermé le lundi matin.
En France, en Europe, à l'autre bout du monde, plutôt montagne ou résolument mer, forêts luxuriantes ou déserts arides… quelle que soit votre envie, chez Ariane, vous trouverez de quoi vous documenter avant de partir. De la boussole aux cartes routières et marines, en passant par les guides de voyage, plans et articles de trekking, vous ne repartirez certainement pas sans avoir trouvé votre bonheur.

Strasbourg

■ AU VIEUX CAMPEUR

32, rue du 22-Novembre
www.auvieuxcampeur.fr
Ouvert du mardi au vendredi de 11h à 19h30, le samedi de 10h à 19h et le lundi de 11h à 19h.
Les magasins Au Vieux Campeur disposent d'une librairie dédiée au tourisme sportif. Vous y trouverez guides, cartes, beaux livres, revues et un petit choix de vidéos principalement axés sur la France.

Toulouse

■ AU VIEUX CAMPEUR

23, rue de Sienne, Labège-Innopole
www.auvieuxcampeur.fr
infos@auvieuxcampeur.fr
Ouvert du mardi au vendredi de 11h à 19h30, le samedi de 10h à 19h et le lundi de 11h à 19h.
Les magasins Au Vieux Campeur disposent d'une librairie dédiée au tourisme sportif. Vous y trouverez guides, cartes, beaux livres, revues et un petit choix de vidéos principalement axés sur la France.

■ OMBRES BLANCHES

48-50, rue Gambetta
✆ 05 34 45 53 33
Fax : 05 61 23 03 08
www.ombres-blanches.fr
info@ombres-blanches.fr
Ouvert du lundi au samedi de 10h à 19h, le samedi de 10h à 19h30.
Cette librairie est la petite sœur de la grande Ombres Blanches d'à côté. Dans cet espace spécialisé dans les voyages et le tourisme, vous trouverez beaux livres, récits de voyage, cartes de rando et de montagne, livres de photos… Le voyage avant même d'avoir quitté sa ville !

Tours

■ LA GÉOTHÈQUE, LE MASQUE ET LA PLUME

14, rue Néricault-Destouches
✆ 02 47 05 23 56
Fax : 02 47 20 01 31
www.geotheque.com
geotheque-tours@geotheque.com
Ouvert du mardi au samedi de 10h à 12h30 et de 14h à 19h.
Totalement destinée aux globe-trotters, cette librairie possède une très large gamme de guides et de cartes pour parcourir le monde. Et que les navigateurs des airs ou des mers sautent sur l'occasion : la librairie leur propose aussi des cartes, manuels, CD-ROM et GPS.

Belgique

■ LIBRAIRIE ANTICYCLONE DES AÇORES

34, rue Fossé-aux-Loups
Bruxelles
✆ +32 2 217 52 46
On va dans cette librairie située près de la Bourse pour ses guides et ses beaux livres mais surtout pour son large choix cartographique. Cartes topographiques, de randonnée, cyclotouristiques, plans de villes, cartes et atlas routiers, globes terrestres : vous ne vous lasserez pas de vous perdre dans les rayons de l'Anticyclone des Açores.

■ LIBRAIRIE PEUPLES ET CONTINENTS

17-19, Galerie Ravenstein
Bruxelles
✆ +32 2 511 27 75
Fax : +32 2 514 57 20
www.peuplesetcontinents.com
info@peuplesetcontinents.com
Ouvert du mardi au vendredi de 9h à 18h et le samedi de 10h à 18h.
Cette librairie indépendante propose guides de voyage et de randonnée, cartes routières, plans de villes, lexiques de conversation, guides d'identification botanique, atlas animaliers. Parmi plus de 5 000 titres, vous trouverez aussi des livres d'art sur les civilisations, des récits de voyage, historique, d'ethnologie, d'anthropologie et des beaux livres sur tous les pays du monde. Le tout en français, néerlandais ou anglais.

Québec

LIBRAIRIE ULYSSE
4176, rue Saint-Denis
560, rue Président-Kennedy Montréal
✆ +1 514 843 9447 ✆ +1 514 843 7222
La librairie des guides éponymes. Vous y trouverez près de 10 000 cartes et guides Ulysse en français et en anglais.

Suisse

LIBRAIRIE LE VENT DES ROUTES
50, rue des Bains
Genève ✆ +41 22 800 33 81
www.vdr. ch – info@vdr. ch
Le Vent des Routes réunit sous le même toit une librairie, une agence de voyages et un café-restaurant. Vous y trouverez guides, cartes, romans, idées de voyage et des libraires très disponibles qui vous feront part de leurs livres coup de cœur.

Cartographie et bibliographie

Cartographie

A part la carte Michelin n° 953 au 1/4 000 000, pour une vision globale de la situation de la Mauritanie en Afrique de l'Ouest et du Nord, la seule carte exclusivement consacrée au pays est celle de l'Institut géographique national au 1/250 000 qui date de 1993.

Bibliographie

- **Diaw (Moussa) et Bourmaud (Daniel),** *La Politique étrangère de la Mauritanie*, L'Harmattan, 1999. Quelle place pour la Mauritanie dans l'échiquier mondial à l'aube du IIIe millénaire ?
- **Nantet (Bernard),** *L'Invention du désert, archéologie en Mauritanie* Payot, 1998. Initiation à la préhistoire et à l'histoire mauritaniennes.
- **Vuillemin (Désiré),** *Histoire de la Mauritanie des origines à l'indépendance*, Karthala, 1997. Découverte de la société maure jusqu'à l'indépendance.
- **Belvaude (Catherine),** *Libre expression en Mauritanie*, L'Harmattan, 1995. Liberté de la presse et processus démocratique peuvent-ils perdurer en Mauritanie ?
- **Daure-Serfaty (Christine),** *La Mauritanie*, L'Harmattan, 1993. Evolution de la société mauritanienne intra-muros et tensions avec les pays limitrophes.
- **Marchesin (Philippe),** *Tribus, ethnies et pouvoir en Mauritanie*, Karthala, 1992. comprendre la société mauritanienne en tenant compte de ses origines.
- **Taine Cheikh (C.),** *Lexique français-hassaniya, dialecte arabe de Mauritanie,* Editions Sépia C. C. F. , 1990. Très utile si vous séjournez longtemps dans le pays.
- **Arnaud (Jean-Claude),** *Le Système politique de la Mauritanie 1960-1980*, Université de Paris-I Panthéon-Sorbonne, 1990. D'une Constitution à la française à un pouvoir collégial.
- **Klotchkoff (Jean-Claude),** *La Mauritanie aujourd'hui*, Editions J A, 1991. Guide généraliste très bien illustré.
- **Belvaude (Catherine),** *La Mauritanie*, Karthala, 1989. Ouvrage généraliste complet.
- **Monod (Théodore),** *Méharées*, Actes Sud, 1989. Inclassable et initiatique pour la découverte d'un vrai Sahara.
- **Du Puigaudeau (Odette),** *Pieds nus à travers la Mauritanie*, Phoébus, 1992. Le récit de deux femmes sillonnant la Mauritanie de décembre 1933 à septembre 1934.
- **Du Puigaudeau (Odette),** *Tagant*, Phoébus, 1994. 6 000 kilomètres aux confins de la Mauritanie, du Mali et de l'Algérie.
- **Serle (W.) et Morel (G. J.),** *Les Oiseaux de l'Ouest africain*, Delachaux et Niestlé, 1993. Inventaire des oiseaux vivant le long du fleuve Sénégal.

AVANT SON DÉPART

Le rôle principal de l'ambassade est de s'occuper des relations entre les Etats, tandis que la section consulaire est responsable de sa communauté de ressortissants. Ainsi, pour tout problème concernant les papiers d'identité, la santé, le vote, la justice ou l'emploi, il faut s'adresser à la section consulaire de son pays. En cas de perte ou de vol de papiers d'identité, le consulat délivre un laissez-passer pour permettre uniquement le retour dans le pays d'origine, par le chemin le plus court. Il faut, bien entendu, avoir préalablement déclaré la perte ou le vol auprès des autorités locales.

Ambassade et consulats

■ AMBASSADE DE MAURITANIE
5, rue de Montévidéo, Paris (16e)
✆ 01 45 04 88 54 – Fax : 01 40 72 82 96

■ CONSULAT GÉNÉRAL DE MAURITANIE
89, rue du Cherche-Midi, Paris (6e)
✆ 01 45 48 23 88

■ CONSULAT HONORAIRE DE MAURITANIE À MARSEILLE
241 avenue du Prado, Marseille (8e)
✆ 04 91 25 99 38 – Fax : 04 91 78 38 28

■ CONSULAT HONORAIRE DE MAURITANIE À NICE
14, route d'Aspremont, Gairaut Supérieur
✆ 04 92 07 68 01
Fax : 04 92 07 68 00

Institution culturelle

■ MUSÉE DES ARTS D'AFRIQUE ET D'OCÉANIE
293, avenue Daumesnil, Paris (12e)
✆ 01 44 74 85 00
Ouvert du mardi au vendredi de 11h à 18h, nocturne le mercredi jusqu'à 21h.

SUR PLACE

Ambassade et consulat

■ AMBASSADE ET CONSULAT DE FRANCE
BP 231, Rue Ahmed Ould Mohamed
Nouakchott
✆ (222) 525 17 40/47/50/57 (ambassade)
✆ (222) 574 58 71 (consulat)
Fax : (222) 52 569 38/541 57

Associations et institutions culturelles

■ ALLIANCE FRANCO-MAURITANIENNE
Boulevard Maritime, BP 217
Nouadhibou
✆ +222 45 74 58 71
Proche de l'ENEMP (École Nationale d'Enseignement Maritime des Pêches) à Nouadhibou.

Bibliothèque, ordinateurs avec accès Internet, soirées films et culturelles, point presse. Fait office de consulat pour délivrer les visas.

■ CENTRE CULTUREL FRANÇAIS SAINT-EXUPÉRY
BP 225, Nouakchott ✆ +222 45 29 96 54
Meilleure programmation de Nouakchott. Films en VO sous-titrée en français. Appelez pour connaître la programmation et les jours de projection.

Tourisme

■ OFFICE NATIONAL DU TOURISME
Nouakchott ✆ +222 45 29 03 44
www.tourisme.mr
Longez la Présidence vers le Nord, au carrefour avec la rue de l'hôtel Halima tout droit, puis sur votre gauche.

MAGAZINES ET ÉMISSIONS

Presse

AMINA

11, rue de Téhéran 75008 Paris
✆ 01 45 62 74 76
Fax : 01 45 63 22 48
www.amina-mag.com
Après 34 ans d'existence, *Amina,* magazine destiné aux femmes noires, africaines et antillaises, fait toujours preuve de dynamisme. Actualités, people, cosmétique, coiffure, mode, musique, romans-photos… Les sujets sont nombreux et variés ! Prix de vente : 2,50 €.

COURRIER INTERNATIONAL

www.courrierinternational.com
Hebdomadaire regroupant les meilleurs articles de la presse internationale en version française.

GÉO

www.geo.fr
Le mensuel accorde une large place aux reportages photographiques. Il propose aussi des articles et actualités, l'ensemble étant désormais imprimé sur du papier provenant de forêts gérées durablement.

GRANDS REPORTAGES

www.grands-reportages.com
Le magazine de l'aventure et du voyage propose des dossiers, reportages photo et articles divers sur les peuples, civilisations, paysages et monuments. Chaque sujet est complété par un important volet pratique pour préparer son voyage.

PETIT FUTÉ MAG

www.petitfute.com
Notre journal bimestriel vous offre une foule de conseils pratiques pour vos voyages, des interviews, un agenda, le courrier des lecteurs… Le complément parfait à votre guide !

RANDOS-BALADES

www.randosbalades.fr
Magazine mensuel sur les randonnées en France et à l'étranger. L'approche est thématique (sentiers du littoral, itinéraires sauvages, thèmes culturels…) et la publication est riche en actualités, trucs et astuces, tests matériels, fiches topographiques et, bien sûr, en guides de randonnée.

TERRE SAUVAGE

www.terre-sauvage.com
Ce mensuel est spécialisé dans la faune et la flore sauvages. Au sommaire : des aventures dans le sillage des expéditions scientifiques, la découverte des écosystèmes, des enquêtes sur la protection de l'environnement ou encore des rubriques plus pratiques avec, par exemple, des conseils photo.

ULYSSE

www.ulyssemag.com
Ce magazine culturel du voyage est édité par *Courrier International.* Huit numéros par an pour découvrir le monde, avec une large place accordée à la photographie.

Radio

AFRICA N°1

Paris 107.5
www.africa1.com
Radio panafricaine francophone depuis 1981. Bulletins d'informations toutes les heures.

Suivez le guide, mais le bon !

N'exagérons pas, vous n'êtes pas harcelé par les guides si vous désirez visiter la Mauritanie. Mais il peut vous arriver d'être en contact avec des personnes qui manifestement, malgré leurs dires, ne possèdent ni les compétences ni l'intégrité nécessaires à l'exercice de cette activité. Mais cela n'a rien à voir avec le harcèlement dont sont victimes certains touristes dans d'autres pays. En Mauritanie, si vous dites non, la plupart du temps, on en reste là. Et avec un peu d'expérience, il est assez facile de repérer ces « pseudo guides ». Sans que les remarques suivantes soient fiables à 100 %, elles peuvent néanmoins vous mettre la puce à l'oreille. Si un homme relativement jeune, habillé à l'européenne, vous aborde rapidement, il convient de rester sur vos gardes. En effet, les Mauritaniens, aussi chaleureux soient-ils, sont des gens calmes et posés, pour eux confiance rime avec longueur de temps et patience.

■ **RADIO FRANCE INTERNATIONALE**
www.rfi.fr
89 FM à Paris. Pour vous tenir au courant de l'actualité du monde partout sur la planète.

Télévision

■ **ESCALES**
www.escalestv.fr
Cette chaîne est consacrée au voyage sous toutes ses formes, en France et à l'étranger. Différentes thématiques sont déclinées au fil de d'émissions comme « Cap sur » ou « Passeport », animées par des invités de marque.

■ **FRANCE 24**
www.france24.com
Chaîne d'information en continu, France 24 apporte 24h/24 et 7j/7, un regard nouveau à l'actualité internationale. Diffusée en 3 langues (français, anglais, arabe) dans plus de 160 pays, la chaîne est également disponible sur internet (www.france24.com) et les mobiles, pour vous accompagner tout au long de vos voyages.

■ **LIBERTY TV**
www.libertytv.com
Cette chaîne non cryptée propose des reportages sur le monde entier et un journal sur le tourisme toutes les heures. La « télé des vacances » met aussi en avant des offres de voyages et promotions touristiques toutes les 15 minutes.

■ **PLANÈTE**
www.planete. tm.fr
Depuis plus de 20 ans, Planète propose de découvrir le monde, ses origines, son fonctionnement et son probable devenir avec une grille de programmation documentaire éclectique : civilisation, histoire, société, investigation, reportages animaliers, faits divers, etc.

■ **TV5 MONDE**
www.tv5. org
La chaîne de télévision internationale francophone diffuse des émissions de ses partenaires nationaux (France Télévisions, RTBF, TSR et CTQC) et ses propres programmes.

■ **USHUAÏA TV**
www.ushuaiatv.fr
La chaîne découlant du magazine éponyme a un slogan clair : « Mieux comprendre la nature pour mieux la respecter ». Elle se veut télévision du développement durable et de la protection de la planète et propose nombre de documentaires, reportages et enquêtes.

■ **VOYAGE**
www.voyage.fr
Terres méconnues ou inconnues, grands espaces et mégapoles, lieux incontournables ou insolites, cultures et nouvelles tendances : Voyage TV vous propose d'explorer le monde dans toute sa richesse à l'aide de documentaires ou en compagnie de guides éclairés.

Sites Internet

■ **AFRIK.COM**
www.afrik.com
essi.gnaglom@afrik.com
Le site du quotidien d'actualité de l'Afrique noire et du Maghreb.

■ **CRIDEM. ORG**
www.cridem. org
Sans doute le meilleur site d'information en ligne pour la Mauritanie. Actualités et info en continu, un site de référence pour les expatriés, les locaux, et les voyageurs à destination de la Mauritanie.

■ **MAURITANIA.MR**
www.mauritania.mr/FR
Un condensé d'informations réparties en 3 catégories : « Administration », « Économie » et « Tourisme ».

■ **MAURITANIE-WEB**
www.mauritanie-web.com
Site fédérateur de l'actualité sur la Mauritanie en rubriques : « Politique », « Economie », « Météo », etc. Forums de discussions et liens vers journaux et magazines.

■ **MCOMMEMAURITANIE**
mcommemauritanie. blogspot.com
Blog tenu par Claire, une jeune Suissesse installée depuis plusieurs années à Nouakchott, que vous aurez peut-être la chance de rencontrer. La qualité des articles et les nombreuses photos invitent au voyage, avant même de prendre l'avion !

Comment partir ?

PARTIR EN VOYAGE ORGANISÉ

Voyagistes

Spécialistes

Vous trouverez ici les tour-opérateurs spécialisés dans votre destination. Ils produisent eux-mêmes leurs voyages et sont généralement de très bon conseil car ils connaissent la région sur le bout des doigts. À noter que leurs tarifs se révèlent souvent un peu plus élevés que ceux des généralistes.

■ AKAÏNA
4, rue Gabriel-Péri, Grenoble
✆ 04 76 86 14 14
Fax : 04 76 86 30 23
www.akaina.fr – info@akaina.fr
Akaïna propose 4 formules pour voyager : « Grands Voyages (GV) », « Périple à la carte (PC) », « Itinéraire en liberté (IL) » et « Vivre avec (VA) ». Quatre Grands Voyages de 8 jours et 7 nuits à destination de la Mauritanie : « La route des caravanes » (autotour), « De Chinguetti à Terjit » et « Erg Amatlich » (randonnées chamelières) et « Sous le soleil de l'Adrar » (circuit-randonnée).

■ E-CHANGEONS LE MONDE
27, rue du petit Colmar
Sundhoffen ✆ 03 89 71 96 46
http://e-changeonslemonde.com
contacts@e-changeonslemonde.com
L'association E-changeons le monde propose un tourisme très loin des sentiers battus pour des voyages authentiques à la rencontre d'un pays et d'une population. Elle vous propose un circuit de 8 jours pour un « Trek en pays Touareg ».

■ HORIZONS NOMADES
4, rue des Pucelles
67000 Strasbourg
✆ 03 88 25 00 72
Fax : 03 88 25 02 52
www.horizonsnomades.fr
contact@horizonsnomades.com
Ce tour-opérateur propose plusieurs parcours en Mauritanie couvrant tous les sites magnifiques de ses interminables étendues de sable. En plus de l'immense choix géographique, vous pourrez aussi sélectionner votre voyage selon le moyen de transport : randonnée chamelière, randonnée muletière, méharée, randonnée pédestre et 4x4.

■ LA BALAGUÈRE
BP 3F 65403, Route du Val d'Azun
Arrens-Marsous Cedex
✆ 05 62 97 46 46
Fax : 05 62 97 43 01
www.labalaguere.com
labalaguere@labalaguere.com
La Balaguère est spécialisée dans la randonnée, les voyages à pied et le trek, et propose des séjours avec ou sans guide, pour les familles ou entre amis, et surtout pour tous les niveaux, du débutant au marcheur expérimenté. Huit voyages en groupes accompagnés sont organisés à destination de la Mauritanie : opterez-vous pour les « Canyons et l'oasis de l'Adrar » ? Ou choisirez-vous « De la passe de Tifoujar à la Vallée Blanche » ?

■ LA ROUTE DU SAHARA
www.laroutedusahara.com
Ce tour-opérateur spécialiste du Sahara propose différents circuits de randonnée en Mauritani. Randonnées à dos de chameau, circuits en 4x4, randonnées pédestres… Le choix est vaste !

■ POINT AFRIQUE
Le Village, Bidon
✆ 0 820 830 255
Fax : 04 75 97 20 50
www.point-afrique.com
Créée en 1996, sa raison d'être est le développement des relations Nord-Sud. En mettant en place des liaisons aériennes à bas prix sur des régions enclavées, elle souhaite proposer le voyage au plus grand nombre et favoriser le désenclavement de certaines régions fragilisées d'Afrique. Pour que son action soit pérenne, elle s'est appuyée sur un tourisme responsable, en partenariat avec les populations locales auxquelles les retombées économiques profitent directement. Point Afrique propose une large gamme de voyages et de thèmes pour découvrir la Mauritanie : randonnées chamelières, VTT, treks, séjours libres, itinérance, circuit en 4x4…

Découvrir le monde avec LibertyTV
LibertyTV est une chaîne non cryptée sur Astra 19,2° Est (12 552 Mhz, polarisation verticale)
Cinéma du monde
Les coulisses du voyage
la télé des vacances
numericable canal 82
orange canal 110
CANALSAT canal 45
SFR canal 177
Bbox canal 117
Maroc Telecom
DARTY BOX canal 155
proximus
Alice canal 72
France CitéVision canal 144
free canal 154
canal 4
Monaco telecom canal 145
ASTRA
Mobistar
liberty TV
LibertyTV vous propose:
- des reportages sur le monde entier pour choisir vos prochaines vacances.
- des offres de vacances aux meilleurs prix toutes les 15 minutes.
- un journal sur le tourisme toutes les heures.
- des comparaisons sur toutes les destinations de vacances.
- les meilleures promotions de vacances en permanence.
0892 700 313 (0,34 €/min)
www.libertytv.fr

■ TERRE D'AFRIQUE

Rue des Fripiers, 17, Bruxelles
✆ +32 2 218 03 55
Fax : +32 2 218 10 31
www.terredafrique.com
info@terredafrique.com
Les nombreux séjours de Terre d'Afrique se déclinent par thème, « Discover », « Expedition », « Explore », « Charm hotel », « Prestige »... Plusieurs circuits sont organisés pour découvrir la Mauritanie.

■ TRANS AFRICA EXPEDITIONS

Château Alexandre Dumas
Villers-Hélon ✆ 03 23 72 93 93
Fax : 03 23 72 93 33
www.transafrica. eu
transafrica.pascal@gmail.com
Spécialiste de l'Afrique, Transafrica propose des circuits dans tout le Sahara, au départ de la Libye, de l'Egypte, du Maroc, de la Tunisie, du Mali, de la Mauritanie, du Niger et du Soudan.

Généralistes

Vous trouverez ici les tour-opérateurs dits « généralistes ». Ils produisent des offres et revendent le plus souvent des produits packagés par d'autres sur un large panel de destinations. S'ils délivrent des conseils moins pointus que les spécialistes, ils proposent des tarifs généralement plus attractifs.

■ ABCVOYAGE

www.abcvoyage.com
Regroupe les soldes de tous les voyagistes avec des descriptifs complets pour éviter les surprises. Les dernières offres saisies sont accessibles immédiatement à partir des listes de dernière minute. Le serveur est couplé au site www.airway.net qui propose des vols réguliers à prix réduits, ainsi que toutes les promotions et nouveautés des compagnies aériennes.

■ DEGRIFTOUR

✆ 0 899 78 50 00 – www.degriftour.fr
Vols secs, hôtels, location de voiture, séjours clé en main ou sur mesure... Degriftour s'occupe de vos vacances de A à Z, à des prix très compétitifs.

■ EXPEDIA FRANCE

✆ 0 892 301300 – www.expedia.fr
Expedia est le site français du n° 1 mondial du voyage en ligne. Un large choix de 500 compagnies aériennes, 105 000 hôtels, plus de 5 000 stations de prise en charge pour la location de voitures et la possibilité de réserver parmi 5 000 activités sur votre lieu de vacances. Cette approche sur mesure du voyage est enrichie par une offre très complète comprenant prix réduits, séjours tout compris, départs à la dernière minute...

■ GO VOYAGES

✆ 0 899 651 951
www.govoyages.com
Go Voyages propose le plus grand choix de vols secs, charters et réguliers, au meilleur prix, au départ et à destination des plus grandes villes. Possibilité également d'acheter des packages sur mesure « vol + hôtel » et des coffrets cadeaux. Grand choix de promotions sur tous les produits sans oublier la location de voitures. La réservation est simple et rapide, le choix multiple et les prix très compétitifs.

■ LASTMINUTE

✆ 04 66 92 30 29
www.lastminute.fr
Des vols secs à prix négociés, dégriffés ou publics sont disponibles sur Lastminute. On y trouve également des week-ends, des séjours, de la location de voiture... Mais surtout, Lastminute est le spécialiste des offres de dernière minute permettant ainsi aux vacanciers de voyager à petits prix. Que ce soit pour un week-end ou une semaine, une croisière ou simplement un vol, des promos sont proposées et renouvelées très régulièrement.

■ OPODO

✆ 0 899 653 656 – www.opodo.fr
Pour préparer votre voyage, Opodo vous permet de réserver au meilleur prix des vols de plus de 500 compagnies aériennes, des chambres d'hôtels parmi plus de 45 000 établissements et des locations de voitures partout dans le monde. Vous pouvez également y trouver des locations saisonnières ou des milliers de séjours tout prêts ou sur mesure ! Des conseillers voyages à votre écoute jours/7 de 8h à 23h du lundi au vendredi, de 9h à 19h le samedi et de 11h à 19h le dimanche.

■ PROMOVACANCES

✆ 0 899 654 850
www.promovacances.com
Promovacances propose de nombreux séjours touristiques, des week-ends, ainsi qu'un très large choix de billets d'avion à tarifs négociés sur vols charters et réguliers, des locations, des hôtels à prix réduits. Egalement, des promotions de dernière minute, les bons plans du jour. Informations pratiques pour préparer son voyage : pays, santé, formalités, aéroports, voyagistes, compagnies aériennes.

■ **THOMAS COOK**

✆ 0 826 826 777

www.thomascook.fr

Tout un éventail de produits pour composer son voyage : billets d'avion, location de voitures, chambres d'hôtel... Thomas Cook propose aussi des séjours dans ses villages-vacances et les « 24 heures de folies » : une journée de promos exceptionnelles tous les vendredis. Leurs conseillers vous donneront des conseils utiles sur les diverses prestations des voyagistes.

■ **TRAVELPRICE**

✆ 0 899 78 50 00

www.travelprice.com

Un site Internet très complet de réservations en ligne pour préparer votre voyage : billets d'avion et de train, hôtels, locations de voitures, billetterie de spectacles. En ligne également : de précieux conseils, des informations pratiques sur les différents pays, les formalités à respecter pour entrer dans un pays.

Sites comparateurs et enchères

Plusieurs sites permettent de comparer les offres de voyages (packages, vols secs, etc.) et d'avoir ainsi un panel des possibilités et donc des prix. Ils renvoient ensuite l'internaute directement sur le site où est proposée l'offre sélectionnée.

■ **EASYVOYAGE**

www.easyvoyage.com

Le concept d'Easyvoyage.com peut se résumer en trois mots : s'informer, comparer et réserver. Des infos pratiques sur quelque 255 destinations en ligne (saisonnalité, visa, agenda...) vous permettent de penser plus efficacement votre voyage. Après avoir choisi votre destination de départ selon votre profil (famille, budget...), Easyvoyage.com vous offre la possibilité d'interroger plusieurs sites à la fois concernant les vols, les séjours ou les circuits. Enfin grâce à ce méta-moteur performant, vous pouvez réserver directement sur plusieurs bases de réservation (Lastminute, Go Voyages, Directours, Anyway... et bien d'autres).

■ **ILLICOTRAVEL**

www.illicotravel.com

Illicotravel permet de trouver le meilleur prix pour organiser vos voyages autour du monde. Vous y comparerez les billets d'avion, hôtels, locations de voitures et séjours. Ce site très simple offre des fonctionnalités très utiles comme le baromètre des prix pour connaître les meilleurs prix sur les vols à plus ou moins 8 jours. Le site propose également des filtres permettant de trouver facilement le produit qui répond à tous vos souhaits (escales, aéroport de départ, circuit, voyagiste…).

■ **KELKOO**

www.kelkoo.com

Ce site vous offre la possibilité de comparer les tarifs de vos vacances. Vols secs, hôtels, séjours, campings, circuits, croisières, ferries, locations, thalassos : vous trouverez les prix des nombreux voyagistes et pourrez y accéder en ligne grâce à Kelkoo.

■ **LILIGO**

www.liligo.com

Liligo interroge agences de voyage, compagnies aériennes (régulières et low cost), trains (TGV, Eurostar…), loueurs de voiture mais aussi 250 000 hôtels à travers le monde pour vous proposer les offres les plus intéressantes du moment. Les prix sont donnés TTC et incluent donc les frais de dossier, d'agence… Le site comprend aussi deux thématiques : « week-end » et « ski ».

■ **LOCATIONDEVOITURE. FR**

✆ 0 800 73 33 33 – 01 73 79 33 32

www.locationdevoiture.fr

Le site compare toutes les offres de 8 courtiers en location de voitures, des citadines aux monospaces en passant par les cabriolets et 4x4. Vous avez le choix parmi 6 123 villes différentes réparties dans 130 pays. En plus du prix, l'évaluation de l'assurance et les avis clients sont affichés pour chacune des offres. Plus qu'un simple comparateur, vous pouvez réserver en ligne ou par téléphone. En outre, le site propose des circuits en voiture dans chaque pays, remplissant ainsi parfaitement son rôle d'agence de voyage. C'est la garantie du prix et du service !

■ **MYZENCLUB**

www.myzenclub.com

Le site recense les meilleures offres des voyagistes en ligne les plus importants. Myzenclub vous informe des bons plans et des promotions trouvées parmi toutes les agences pour vos vacances en France et à l'étranger, hôtels, croisières, thalasso, vols… L'inscription est gratuite.

WWW.EASYVOYAGE.COM
ON NE VOUS VEND RIEN...
ON VOUS DIT TOUT !
S'INFORMER
VISUALISER
ÉCHANGER
COMPARER
CHOISISSEZ !
EASY VOYAGE .com
Tout savoir pour mieux voyager
S'informer sur 250 destinations , décryptées et présentées par nos journalistes
Visualiser les tests et notes de nos experts sur plus de 6 000 Hôtels de loisir
Échanger en partageant vos impressions et notations entre voyageurs
Comparer les meilleurs offres des plus grands voyagistes en 1 clic
Choisissez parmi plus de 1 000 000 d'offres, celle qui vous est le plus adaptée !
PROMOTIONS - ACTUALITÉS - INFOS VOYAGEURS - SÉCURITÉ AÉRIENNE - FORUMS - JEUX - SONDAGES
Agence Feu Sacré © 01 78 94 51 52

■ **PRIX DES VOYAGES**
www.prixdesvoyages.com
Ce site est un comparateur de prix de voyages, permettant aux internautes d'avoir une vue d'ensemble sur les diverses offres de séjours proposées par des partenaires selon plusieurs critères (nombre de nuits, catégories d'hôtel, prix, etc.). Les internautes souhaitant avoir plus d'informations ou réserver un produit sont ensuite mis en relation avec le site du partenaire commercialisant la prestation. Sur Prix des Voyages, vous trouverez des billets d'avion, des hôtels et des séjours.

■ **SPRICE**
www.sprice.com
Un site qui gagne à être connu. Vous pourrez y comparer vols secs, séjours, hôtels, locations de voitures ou biens immobiliers, thalassos et croisières. Le site débusque aussi les meilleures promos du Web parmi une cinquantaine de sites de voyages. Un site très ergonomique qui vous évitera bien des heures de recherches fastidieuses.

■ **VOYAGER MOINS CHER**
www.voyagermoinscher.com
Ce site référence les offres de près de 100 agences de voyages et tour-opérateurs parmi les plus réputés du marché et donne ainsi accès à un large choix de voyages, de vols, de forfaits « vol + hôtel », de locations, etc. Il est également possible d'affiner sa recherche grâce au classement par thèmes : thalasso, randonnée, plongée, All Inclusive, voyages en famille, voyages de rêve, golf ou encore départs de province.

PARTIR SEUL

En avion

Prix moyen d'un vol Paris-Nouakchott : 800 €. A noter que la variation de prix dépend de la compagnie empruntée mais, surtout, du délai de réservation. Pour obtenir des tarifs intéressants, il est indispensable de vous y prendre très en avance. Pensez à acheter vos billets six mois avant le départ !

Principales compagnies desservant la Mauritanie

▶ **Pour connaître le degré de sécurité** de la compagnie aérienne que vous envisagez d'emprunter, rendez-vous sur le site Internet www.securvol.fr ou sur celui de la Direction générale de l'aviation civile : www.dgac.fr

■ **AIR FRANCE**
✆ 36 54 (0,34 €/min d'un poste fixe)
www.airfrance.fr
La compagnie française propose deux vols par jour entre Paris et Nouakchott. Environ 5 heures de vol.

■ **ROYAL AIR MAROC (RAM)**
✆ 08 20 82 18 21
www.royalairmaroc.com
Une liaison par jour entre Paris et Nouakchott, avec escale à Casablanca.

L'arrivée d'un concurrent mauritanien ?

La compagnie Mauritania Airlines a confié au magazine nouakchottois *Citymag* qu'elle s'apprêtait à lancer des vols vers l'Afrique de l'ouest et du centre, ainsi que vers le Maroc, l'Espagne et la France. Pour pouvoir décoller, sa flotte n'attend plus qu'un certificat d'autorisation censé être délivré par l'Agence Nationale de l'Aviation Civile (ANAC). Seul problème, l'ANAC ne serait pas aux normes internationales et donc dans l'impossibilité de fournir un certificat reconnu par l'aviation civile internationale… Une affaire à suivre.

Vous rendre à Roissy – CDG ou Orly

■ **CARS AIR FRANCE**
✆ 0 892 350 820
www.cars-airfrance.com
Pour vous rendre aux aéroports de Roissy-Charles-de-Gaulle et d'Orly, vous pouvez utiliser les services des cars Air France. Quatre lignes sont à votre disposition. Tarif réduit pour les moins de 12 ans et les groupes de plus de 4 personnes.

▶ **Ligne 1 :** Orly-Montparnasse-Arc de Triomphe : 11,50 € pour un aller simple, 18,50 € pour un aller-retour.

▶ **Ligne 2 :** CDG-Porte Maillot-Étoile : 15 € pour un aller simple et 24 € pour un aller-retour.

En CLASSE TEMPO, 25 dessins animés,
85 films sur écran individuel, glace pour les enfants
pour FAIRE DU CIEL LE PLUS BEL ENDROIT DE LA TERRE.
AIR FRANCE
BETC EURO RSCG THE PINK PANTHER™ & © 1964 - 2008 Metro Goldwyn-Mayer Studios Inc. All Rights Reserved.
AIR FRANCE KLM
AIRFRANCE.FR

▶ **Ligne 3 :** Orly-CDG : 19 € pour un aller simple. Pas de tarifs spécifiques aller-retour.

▶ **Ligne 4 :** CDG-gare de Lyon-Montparnasse : 16,50 € pour un aller simple et 27 € pour un aller-retour.

■ **ROISSYBUS – ORLYBUS**
✆ 0 892 68 77 14 – www.ratp.fr
La RATP permet de rejoindre facilement les deux grands aéroports parisiens grâce à des navettes ou des lignes régulières.

▶ **Roissy-CDG.** Au départ de la place de l'Opéra (à l'angle de la rue Scribe et la rue Auber), il y a des bus toutes les 15 ou 20 minutes entre 5h45 et 23h.comptez 10 € l'aller simple et entre 45et 60 minutes de trajet. Au départ de Paris-gare de l'Est (bus 350) et au départ de Paris-Nation (bus 351), vous pouvez aussi rejoindre l'aérogare 1 et 2, terminal 4, et le Roissypôle Gare-RER. La fréquence des bus est de 10 à 15 minutes en semaine, 20 à 35 minutes le week-end et les jours fériés. Avec la ligne B du RER : comptez 45 minutes au départ de Denfert-Rochereau (toutes les 10 à 15 minutes) : 8,40 €.

▶ **Orly.** Départ de l'Orlybus de la place Denfert-Rochereau de 5h30 à 23h toutes les 15 à 20 minutes.comptez 6,90 € l'aller simple et 30 minutes de trajet. Au départ de porte de Choisy, le bus 183 vous mène aussi au terminal sud de l'aéroport d'Orly. Avec le RER C : 25 minutes de trajet entre Austerlitz et Orly, puis navette. Départ toutes les 15 minutes. Avec le RER B : allez jusqu'à Antony, puis métro Orlyval.comptez alors 8 minutes de trajet pour rejoindre Orly (toutes les 4 à 7 minutes). Tarif de l'aller simple : 10,75 €.

Aéroports

■ **BEAUVAIS**
✆ 08 92 68 20 66
www.aeroportbeauvais.com

■ **BORDEAUX**
✆ 05 56 34 50 00
www.bordeaux.aeroport.fr

■ **BRUXELLES**
✆ +32 2 753 77 53 – +32 9 007 00 00
www.brusselsairport.be

■ **GENÈVE**
✆ +41 90 057 15 00 – www.gva.ch/fr

■ **LILLE-LESQUIN**
✆ 0 891 67 32 10
www.lille.aeroport.fr

■ **LYON SAINT-EXUPÉRY**
✆ 08 26 80 08 26
www.lyon.aeroport.fr

■ **MARSEILLE-PROVENCE**
✆ 04 42 14 14 14
www.marseille.aeroport.fr

■ **MONTPELLIER-MÉDITERRANÉE**
✆ 04 67 20 85 00
www.montpellier.aeroport.fr

■ **MONTRÉAL-TRUDEAU**
✆ +1 514 394 7377 – +1 800 465 1213
www.admtl.com

■ **NANTES-ATLANTIQUE**
✆ 02 40 84 80 00
www.nantes.aeroport.fr

■ **NICE-CÔTE-D'AZUR**
✆ 0 820 423 333
www.nice.aeroport.fr

■ **PARIS ORLY**
✆ 01 49 75 52 52
www.aeroportsdeparis.fr

■ **PARIS ROISSY – CHARLES-DE-GAULLE**
✆ 01 48 62 12 12
www.aeroportsdeparis.fr

■ **QUÉBEC – JEAN-LESAGE**
✆ +1 418 640 3300 – +1 877 769 2700
www.aeroportdequebec.com

■ **STRASBOURG**
✆ 03 88 64 67 67
www.strasbourg.aeroport.fr

■ **TOULOUSE-BLAGNAC**
✆ 0 825 380 000
www.toulouse.aeroport.fr

Les sites comparateurs

Ces sites vous aideront à trouver des billets d'avion au meilleur prix. Certains d'entre eux comparent les prix des compagnies régulières et low-cost. Vous trouverez des vols secs (transport aérien vendu seul, sans autres prestations) au meilleur prix.

■ **EASY VOLS**
www.easyvols.fr

■ **JET COST**
www.jetcost.com

■ **TERMINAL A**
www.terminalA.com

En voiture

Environ 4800 km séparent Paris de Nouakchott par la route. Si c'est effectivement le trajet que vous envisagez, vous avez sûrement prévu plusieurs étapes, en Espagne et au Maroc. Pour la traversée du Détroit de Gibraltar, il faut vous rendre à Ceuta en Espagne. Aucun problème pour rejoindre Nouakchott, même en véhicule léger (VL). En revanche, si vous voulez partir à la découverte des pistes mauritaniennes, le 4x4 est bien entendu conseillé.

Location de voiture

ALAMO – RENT A CAR – NATIONAL CITER

✆ 0 825 16 22 10 – 0 891 700 200
www.alamo.fr – www.rentacar.fr
webmaster@rentacar.fr
Depuis près de 30 ans, Alamo Rent a Car est l'un des acteurs les plus importants de la location de véhicules. Actuellement, Alamo possède plus de 180 000 véhicules au service de 15 millions de voyageurs chaque année, répartis dans 1 248 agences implantées dans 43 pays. Des tarifs spécifiques sont proposés, comme Alamo Gold, le forfait de location de voiture tout compris incluant les assurances, les taxes, les frais d'aéroport, le plein d'essence et les conducteurs supplémentaires. Rent a Car et National Citer font partie du même groupe qu'Alamo.

AUTO ESCAPE

✆ 0 892 46 46 10 – 04 90 09 51 87
www.autoescape.com
En ville, à la gare ou dès votre descente d'avion. Cette compagnie qui réserve de gros volumes auprès des grandes compagnies de location de voitures vous fait bénéficier de ses tarifs négociés. Grande flexibilité. Pas de frais de dossier, pas de frais d'annulation, même à la dernière minute. Des informations et des conseils précieux, en particulier sur les assurances.

AUTO EUROPE

✆ 0 800 940 557 — www.autoeurope.fr
Réservez en toute simplicité sur plus de 4 000 stations dans le monde entier. Auto Europe négocie toute l'année des tarifs privilégiés auprès des loueurs internationaux et locaux afin de proposer à ses clients des prix compétitifs. Les conditions Auto Europe : le kilométrage illimité, les assurances et taxes incluses dans de tout petits prix et des surclassements gratuits pour certaines destinations.

AVIS

✆ 0 820 05 05 05 – www.avis.fr
Avis a installé ses équipes dans plus de 5 000 agences réparties dans 163 pays. De la simple réservation d'une journée à plus d'une semaine, Avis s'engage sur plusieurs critères, sans doute les plus importants. Proposition d'assurance, large choix de véhicules de l'économique au prestige avec un système de réservation rapide et efficace.

BSP AUTO

✆ 01 43 46 20 74
Fax : 01 43 46 20 71
www.bsp-auto.com
La plus importante sélection de grands loueurs dans les gares, aéroports et centres-villes. Les prix proposés sont les plus compétitifs du marché. Les tarifs comprennent toujours le kilométrage illimité et les assurances. Les bonus BSP : réservez dès maintenant et payez seulement 5 jours avant la prise de votre véhicule, pas de frais de dossier ni d'annulation, la moins chère des options zéro franchise.

BUDGET FRANCE

✆ 0 825 00 35 64
Fax : 01 70 99 35 95 – www.budget.fr
Budget France est le troisième loueur mondial, avec 3 200 points de vente dans 120 pays. Le site www.budget.fr propose également des promotions temporaires. Si vous êtes jeune conducteur et que vous avez moins de 25 ans, vous devrez obligatoirement payer une surcharge.

ELOCATIONDEVOITURES

✆ 0 800 942 768
www.elocationdevoitures.fr
Vous avez la possibilité de louer votre voiture moyennant une caution et de ne rien payer de plus jusqu'à quatre semaines avant la prise en charge. Il n'y a pas de frais d'annulation, ni de frais de carte de crédit, ni de frais de modification.

EUROPCAR FRANCE

✆ 0 825 358 358
Fax : 01 30 44 12 79 – www.europcar.fr
Chez Europcar, vous aurez un large choix de tarifs et de véhicules : économiques, utilitaires, camping-cars, prestige, et même rétro. Vous pouvez réserver votre voiture via le site Internet et voir les catégories disponibles à l'aéroport – il faut se baser sur une catégorie B, les A étant souvent indisponibles.

■ **HERTZ**
✆ 0 810 347 347
www.hertz.com
Vous pouvez obtenir différentes réductions si vous possédez la carte Hertz ou celle d'un partenaire Hertz. Le prix de la location comprend un kilométrage illimité, des assurances en option, ainsi que des frais si vous êtes jeune conducteur. Toutes les gammes de voitures sont représentées.

■ **HOLIDAY AUTOS FRANCE**
✆ 0 892 39 02 02
www.holidayautos.fr
Avec plus de 4 500 stations dans 87 pays, Holiday Autos vous offre une large gamme de véhicules allant de la petite voiture économique au grand break. Holiday Autos dispose également de voitures plus ludiques telles que les 4x4 et les décapotables.

LOCATIONDEVOITURE. FR
✆ 0 800 73 33 33
✆ 01 73 79 33 32
www.locationdevoiture.fr
Notre coup de cœur ! Le site compare toutes les offres de 8 courtiers en location de voitures, des citadines aux monospaces en passant par les cabriolets et 4x4. Vous avez le choix parmi 6 123 villes différentes réparties dans 130 pays. En plus du prix, l'évaluation de l'assurance et les avis clients sont affichés pour chacune des offres. Plus qu'un simple comparateur, vous pouvez réserver en ligne ou par téléphone. En outre, le site propose des circuits en voiture dans chaque pays, remplissant ainsi parfaitement son rôle d'agence de voyage. C'est la garantie du prix et du service !

■ **SIXT**
✆ 0 820 00 74 98
www.sixt.fr
Fournisseur de mobilité n° 1 en Europe, Sixt est présent dans plus de 3 500 agences réparties dans 50 pays. Cette agence de location vous propose une gamme variée de véhicules (utilitaires, cabriolets, 4x4, limousines...) aux meilleurs prix.

SÉJOURNER

Se loger

Il n'y a pratiquement pas d'établissements hôteliers de gamme moyenne en Mauritanie. Vous trouverez des hôtels avec chambres climatisées et tout le confort, disponibles à partir d'environ 5 000 MRO, ou vous logerez dans des auberges rustiques mais propres pour 1 000 MRO. Des particuliers représentent le secteur informel de la profession et proposent des possibilités d'hébergement, rarement moins onéreuses que les auberges et souvent moins confortables. Si vous ne faites pas que passer dans une ville, vous y ferez certainement des connaissances qui, tôt ou tard, vous trouveront un logement donnant ainsi tout son sens à ce que l'on appelle l'hospitalité mauritanienne. Il est prudent d'avoir avec soi un sac à viande lorsque l'on ne fréquente pas les hôtels de luxe. Au sud de la route de l'Espoir et dans toute la région du fleuve, prévoyez une moustiquaire et des répulsifs contre les moustiques, surtout en période d'hivernage ; la combinaison de ces deux protections étant une excellente idée. En Mauritanie la nuit tombe vite, n'oubliez pas de vous équiper d'une torche car l'électricité n'est pas présente dans l'intégralité du pays.

Se nourrir n'est pas un problème. Partout dans le pays, vous trouvez des gargotes où vous pouvez manger un plat de pâtes ou de riz pour 200 MRO. Pour diversifier un peu votre régime alimentaire, les restaurants fréquentés par les Mauritaniens disposent de plats de viande et d'omelettes au prix de 400 ou 500 MRO. Des restaurants plus huppés servent une excellente cuisine internationale qui peut atteindre 5 000 MRO pour un repas complet. Il est intéressant de noter que la majorité de ces restaurants et certains hôtels, qui disposent d'un service de restauration proposent une cuisine certes un peu onéreuse, mais dont le prix est largement justifié par la quantité et la qualité des mets proposés.

Hôtels

Il existe de nombreux hôtels à Nouakchott et Nouadhibou. En dehors des rares complexes hôteliers internationaux, certains petits hôtels surprennent agréablement par leur standing, pas toujours si éloigné des standards européens. En dehors des deux principales villes du pays, vous ne trouverez plus beaucoup d'hôtels, mais une quantité d'auberges de niveaux de confort différents.

Chambres d'hôtes

Les chambres d'hôtes offrent souvent le meilleur rapport confort/prix, et vous de loger directement chez l'habitant, ce qui permet plus d'authenticité et plus d'échange avec vos hôtes.

Auberges de jeunesse

Les auberges constituent la majorité des offres d'hébergement en Mauritanie. Elles offrent souvent plusieurs types d'hébergement, en chambre ou sous tente, et s'adaptent ainsi à la plupart des budgets et des exigences de confort. Ce sont des lieux très conviviaux ou l'on se raconte ses journées et ses petites aventures autour d'un verre de thé.

Campings

Les campings sont relativement peu nombreux en Mauritanie. Ils ne présentent souvent pas d'intérêt financier par rapport aux auberges, mais quelques-uns sont situés au bord de l'océan et séduisent par un cadre exceptionnel.

Oasis dans le désert mauritanien.

Se déplacer

La Mauritanie possède une diversité de moyens de transport très importante, allant du dromadaire à l'avion. Les routes goudronnées, soit environ 2 750 km, sont ici appelées « le goudron », par opposition aux autres axes constitués de pistes non revêtues de bitume.

▶ **Marche.** La meilleure façon de découvrir Nouakchott est de parcourir la ville à pied, à condition d'observer quelques règles simples. Premièrement, lorsque l'on traverse une rue, toujours anticiper sur ce que les automobilistes peuvent faire, les changements brusques de direction sans clignotants sont fréquents. Deuxièmement, si une voiture klaxonne derrière vous, rangez-vous le plus vite possible sur le bas-côté. Troisièmement, évitez de vous promener dans Nouakchott après une averse, les rues sont pleines de boue et les flaques d'eau nombreuses. Le trekking est beaucoup pratiqué dans la région de l'Adrar et ponctuellement dans la région du Tagant et dans le parc national du banc d'Arguin, mais pas par les Mauritaniens qui rient beaucoup en voyant ces Blancs transpirer sous le soleil sans être obligés de se donner tout ce mal.

▶ **Charrette.** Vous faites comme vous voulez, mais nous ne vous recommandons pas spécialement de vous déplacer sur une charrette tirée par un âne. D'abord, l'absence d'amortisseurs répercute intégralement et directement, à une partie charnue de votre anatomie, l'intégralité des secousses de la route empruntée, pour être clair, ça fait très mal aux fesses ! Ensuite, à moins d'avoir un âne ayant des relations dans le milieu du sport cycliste professionnel, votre employeur devra vous accorder beaucoup plus qu'une année sabbatique si vous souhaitez aller de Nouakchott à Néma. Eh oui, les ânes trottinent eux, à l'eau claire ou plutôt au foin clair !

▶ **Dromadaire.** S'aventurer dans le désert à dos de dromadaire sur les traces des nomades fait certainement partie des choses que tout amoureux du Sahara rêve de réaliser. Tout le monde n'ayant ni la sagesse ni l'expérience de Théodore Monod, il convient de s'entourer d'une équipe de professionnels pour partir en méharée. Le choix et la longueur des itinéraires doivent être minutieusement préparés, tout comme l'approvisionnement en eau et en nourriture. En fait, lors d'une méharée, vous passez au moins autant de temps à marcher à côté du dromadaire que juché sur son dos, car la démarche caractéristique de la bête provoque des louvoiements du corps qui peuvent vous lasser. Ne comptez pas effectuer plus d'une vingtaine de kilomètres par jour lors d'une méharée.

Avion

Malheureusement, à l'heure actuelle, il n'est plus possible de prendre des vols intérieurs en Mauritanie. Dommage, puisque les infrastructures sont souvent présentes, comme à Atar, Néma, Tidjikja… La compagnie Air Mauritanie qui reliait Nouakchott à plusieurs villes du pays a été contrainte à la liquidation judiciaire.

Bateau

- **Pirogue.** Outre le franchissement du fleuve Sénégal à Rosso pour passer la frontière entre la Mauritanie et le Sénégal, vous pouvez être amené à utiliser ce moyen de transport pour votre agrément. Que ce soit à Rosso, Bogué ou Kaédi, les villageois sont ravis de vous emmener faire un petit tour de pirogue sur le fleuve Sénégal pour quelques centaines d'ouguiyas.

- **Lanche.** Les pêcheurs imraguen utilisent cette barque à fond plat pour se déplacer dans le parc national du banc d'Arguin. Originaire des îles Canaries, elle leur permet de se mouvoir, sans trop de difficultés, dans les eaux peu profondes où abondent les mulets. Une journée de pêche en leur compagnie est l'occasion de scènes de vie authentiques dont vous vous souviendrez longtemps. La location quotidienne d'une lanche canarienne revient à 17 000 MRO pour un maximum de cinq personnes, guide en plus 3 000 MRO, équipage compris.

Bus

Depuis peu, de grands bus confortables desservent Nouadhibou au départ de Nouakchott. Il est également possible de rejoindre Atar à bord de minibus climatisés, confortables, rapides, et de bonne facture ! Pour les déplacements dans la capitale, Nouakchott dispose d'une kyrielle de minibus verts et jaunes qui suivent des itinéraires fixes et peuvent vous amener absolument partout dans la capitale pour la somme dérisoire de 40 MRO. C'est le moyen de transport favori des Mauritaniens qui connaissent parfaitement les trajets suivis par ces minibus, mais le gros problème est de savoir où ils se rendent. Les rabatteurs sont trop occupés pour vous renseigner sur leur destination : ils martèlent la carrosserie du véhicule, avec une pièce de monnaie pour attirer l'attention des clients, de plus, ils ne parlent pas le français. Demandez au chauffeur l'arrêt ou le départ. Il faut néanmoins prendre ce moyen de transport au moins une fois, Nouakchott n'étant pas si grand, vous ne serez pas perdu !

Train

La ligne de chemin de fer entre Zouérate et Nouadhibou permet d'acheminer le minerai de fer extrait dans la Kediet ej-Jill vers le port de la capitale économique du pays, d'où il sera chargé sur des minéraliers à destination des pays industrialisés. Ce train du désert était considéré comme le plus long (220 wagons pour une longueur de 2 km), le plus lourd (22 000 tonnes, 100 tonnes par wagon), et le plus lent (15 à 18 heures pour faire les 650 km entre Zouérate et Nouadhibou) du monde. Seul, ce dernier point reste valable, car, depuis quelques années, c'est un train australien qui est devenu le plus long et plus lourd du monde.
Les Mauritaniens utilisent souvent ce mode de transport. Ils empruntent les wagons de minerai vides dans le sens Nouadhibou-Zouérate ou pleins dans l'autre sens, ou bien les wagons de queue réservés aux voyageurs. Deux niveaux de confort ou plutôt d'inconfort ! A réserver aux intrépides, aux inconscients ou aux grands consommateurs de Temesta… Le voyage est gratuit dans le premier cas et fort peu onéreux dans l'autre, entre 1 000 et 3 000 MRO par personne pour l'itinéraire Nouadhibou-Choûm. Il y a trois trains par jour, mais un seul dispose de wagons de voyageurs. Le train fait quelques haltes, notamment à Choûm où des taxis-brousse vous attendent pour rejoindre Atar par la piste, plus quelques autres arrêts à des endroits où la voie se dédouble.
En effet, les trains circulent dans les deux sens, mais comme il n'existe qu'une seule voie, il a fallu aménager deux voies à certains points précis pour permettre le croisement de deux convois ; ce qui peut occasionner une attente très variable pour attendre le train qui vient en face, d'où le flou relatif au temps de trajet. Si on est motorisé, il est possible de charger son véhicule sur le train. Depuis quelques années, un autorail à deux étages, avec vue panoramique et climatisation, effectue des navettes entre Zouérate et Nouadhibou. Il transporte des touristes visitant la région en circuits organisés, et s'arrête notamment à Ben Amira, entre Choûm et Nouadhibou, où se trouve le plus gros monolithe d'Afrique, et à l'oasis de Châr, entre Choûm et Zouérate.

Voiture

Il est indispensable de louer un 4x4 pour visiter les centres d'intérêt du pays, à moins d'être motorisé ou de voyager par les transports collectifs qu'utilisent les Mauritaniens. Concernant les loueurs de véhicules, 90 % d'entre eux se trouvent à Nouakchott et c'est un peu la jungle pour s'y retrouver : beaucoup d'entre eux ne possèdent pas de véhicules et ne se mettent en quête d'une voiture que lorsqu'ils ont trouvé un client. Un peu de jugeote et beaucoup de patience vous permettront néanmoins de vous en sortir. La location quotidienne d'un 4x4 revient environ à 25 000 MRO avec chauffeur, carburant non compris.

Code de la route. L'interprétation que les Mauritaniens se font du code de la route est quelquefois déroutante. Cette remarque n'est d'ailleurs pas spécifique à la Mauritanie, elle est valable dans la plupart des pays africains. D'autre part, l'état de certains axes routiers devrait vous inciter à la plus élémentaire prudence.

Voyage entre Nouadhibou et Zouérate

Si vous avez décidé d'effectuer le trajet entre Nouadhibou et Zouérate en empruntant un des wagons réservés aux voyageurs du train minéralier, vous allez avoir l'occasion de voyager dans les conditions des Mauritaniens. Un wagon est constitué d'une vielle rame, type Corail, aux siéges défoncés et à la propreté aléatoire, le second wagon est un ersatz de bétaillère à côté duquel le Corail est grand luxe. Dans un cas comme dans l'autre, les places sont chères et mieux vaut savoir jouer des coudes ! J'ai effectué le voyage dans les 2 types de wagons. Le récit ci-dessous correspond à la rame type bétaillère. « Au départ de Nouadhibou, une nouvelle gare en dur a remplacé la petite cabane, constituée de bois et de tôles, où vous prenez votre billet. Une fois ce précieux sésame en poche, commence une attente qui est, dira-t-on, variable. Les horaires annoncés sont soumis aux aléas de retards provoqués par plusieurs causes : déraillements, pannes, ensablements des voies, etc. Une fois le train arrivé, il faut se diriger vers le dernier wagon, les autres étant réservés au transport du minerai, même si certains Mauritaniens les empruntent. Si votre témérité vous incite à les imiter, que ce soit juché sur les wagons, auquel cas, le danger d'en tomber est incessant avec les conséquences que vous pouvez facilement imaginer, ou au fond des wagons avec un panorama plutôt restreint, vous arriverez à destination recouvert d'une épaisseur de minerai de fer impressionnante. Pour pénétrer dans le wagon de voyageurs, imaginez plus d'une centaine de personnes se précipitant pour franchir une porte large d'un mètre, car à l'intérieur, les places assises sont rares et très convoitées. Le trajet s'effectue au début, assis pour les plus rapides, et debout pour la grande majorité. Au bout de quelques heures, la fatigue commençant à se faire sentir, il faut gagner sa place pour s'asseoir, allonger les jambes et, pour les plus chanceux, s'allonger à même le wagon en espérant que cette position vous amène à un repos très aléatoire. C'est un véritable capharnaüm, où se mêlent hommes, femmes, enfants, animaux et bagages. Tout cela se passe dans la plus grande convivialité, et rares sont les altercations entre les voyageurs malgré ces conditions très rudimentaires. Le voyage est rythmé par l'omniprésente cérémonie du thé et le passage de vendeurs de nourriture qui, bien que très agiles, vous marchent dessus tôt ou tard. Les haltes, consécutives à l'arrêt du train sur une double voie pour attendre le convoi arrivant en sens inverse et permettre le croisement des deux trains, puisque le trafic s'effectue dans les deux sens sur une voie unique, sont des occasions bienvenues pour aller respirer un peu d'air pur dehors et se dégourdir les membres. Si le voyage s'effectue de jour, et que vous avez la chance d'être près d'un vasistas, le paysage qui se déroulera devant vos yeux vous fascinera par sa beauté et sa diversité. Ce trajet, de plus d'une quinzaine d'heures, bien que très inconfortable, vous permettra de nouer de chaleureux contacts avec les autres voyageurs. A Nouadhibou, Choûm et Zouérate, des taxis-brousse vous attendent à l'arrivée du train. Il serait bien étonnant que vous en empruntiez un sans avoir à vos côtés un Mauritanien qui vous invite chez lui ou un voyageur qui vous donne l'adresse d'un parent à qui il vous demande d'aller rendre visite. »

Un p'tit tour en camion

Même si cet itinéraire s'effectue de moins en moins de cette façon, il est toujours utilisé par des personnes pour le moindre coût qu'il engendre. « J'ai effectué ce trajet entre Nouakchott et Nouadhibou en camion, en quatre jours et trois nuits. Entre le moment où j'ai pris mon billet, et le moment où nous sommes partis, il s'est écoulé cinq heures, le temps de terminer le chargement du camion avec des sacs de riz jusqu'en haut des ridelles puis de harnacher les bagages de la cinquantaine de voyageurs sur l'arrière du chargement et, enfin, de prendre sa place. Je devrais dire de gagner sa place, entre les bagages et le haut de la cabine du camion. Les femmes et les enfants, relativement préservés, sont à l'avant, les hommes entassés à l'arrière. Mes jambes repliées contre la poitrine, le dos s'appuyant contre les jambes du voyageur situé derrière moi, le voyageur de devant, appuyant lui-même son dos contre mes jambes. Et sur les côtés me direz-vous ? Heureusement qu'il n'y en a que pour environ vingt-quatre heures, puisque c'est le temps indiqué par le camionneur pour rejoindre Nouadhibou. Une fois tout ce petit monde en place, le camion s'ébranle enfin pour s'arrêter au bout de dix minutes ! Le temps de faire le plein de carburant et d'eau, là j'aurais dû m'inquiéter, et de saluer quelques connaissances. Et nous voilà repartis, cap au nord, par une piste correcte, parallèle à l'océan. Le soir, après quatre heures de trajet, nous sommes à Tiouilît, village de pêcheurs imraguens, distant d'environ cent kilomètresde Nouakchott. Le chauffeur et ses deux aides nous informent que nous dormirons ici, pendant qu'ils s'activent à réparer un pneu avec des moyens on ne peut plus rudimentaires. Après une nuit fraîche, nous sommes en février, juste avant de partir, un membre d'une organisation non gouvernementale vient vers moi et me demande ce que je fais là. Sûr de moi, je lui réponds que je vais à Nouadhibou en camion. Il me regarde, l'air effaré, me dit que c'est dangereux et m'offre un jus d'orange, un peu comme on offre une cigarette à un condamné à mort. Me considérant comme beaucoup plus courageux qu'un Japonais, je rejoins mes compagnons et nous partons très tôt le matin. Le camion prend le cap nord-est par une piste, que seul le chauffeur doit voir, et s'éloigne radicalement de l'océan. Au bout d'une demi-heure, je ne vois plus que les tôles des cabanes des pêcheurs de Tiouilît. Le camion peine de plus en plus dans le sable. A ce moment-là, si mon sac à dos n'avait pas été inaccessible au milieu des autres bagages, j'aurai sans doute sauté du camion et rejoint Tiouilît à pied. Deux heures après, il y avait du sable, tout autour, même à l'ouest ! A cet instant, je me suis dit que la principale qualité des Japonais devait être la sagesse. A partir de là, je n'avais plus le choix. Toute idée de demi-tour était exclue, nous avons ainsi roulé pendant trois autres jours et deux autres nuits. La marche du camion de six heures du matin à vingt-trois heures étant rythmée par les arrêts nécessaires aux prières et par les rares livraisons de sacs de riz à des nomades. En fait, nous passons la majeure partie de notre temps à descendre du camion pour l'alléger, à l'exception des femmes et des enfants, et à y remonter. Manœuvres indispensables pour que les apprentis, à l'aide de pelles et de plaques de désensablement tentent de sortir le camion d'ornières de sable arrivant jusqu'au moyeu, pour rejoindre une portion de sable dur. Autant vous avouer que si mes compagnons ne m'avaient pas spontanément proposé de partager le repas du soir, des pâtes, j'aurais été encore plus impatient de rejoindre Nouadhibou. Les paysages traversés sont indescriptibles, d'une majestueuse beauté. Je me souviens de la seule fois où le chauffeur a reconnu être perdu, nous étions au sommet d'une petite dune. Aux quatre points cardinaux, et aussi loin que mes yeux pouvaient voir, ce n'était que des dunes de sable, déclinant tous les tons dans la gamme des ocres, délimitées à leur base par des oueds asséchés. L'insécurité avait laissé la place à la beauté pure, la magie du désert avait imprégné tous les pores de ma peau. Je tiens à saluer l'extrême compétence du chauffeur qui, sans carte ni radio et avec un outillage sommaire, se fait un devoir, en toutes circonstances de ramener son camion et son chargement à bon port. Mes compagnons de voyage n'étaient pas Mauritaniens pour la plupart, mais Maliens ou Sénégalais, rendant visite à la famille ou à la recherche d'un travail à Nouadhibou, capitale économique du pays, dans les secteurs de la pêche ou de l'exploitation du minerai de fer. J'ajoute que cette traversée n'est pas sans risques, par exemple en cas de panne grave ou de renversement du camion ce qui, m'a avoué le chauffeur, arrive. Rien d'étonnant à cela, lorsque je repense à l'angle que le camion avait, par rapport à l'horizontale, en gravissant certaines dunes. Si je devais refaire ce trajet en camion, je le referais, mais à la place du petit futé qui, contre quelques ouguiyas de plus, avait su négocier la place libre à la droite du chauffeur. »

C'est pourquoi, si vous louez une voiture, nous vous recommandons de vous assurer également les services d'un chauffeur. La circulation n'est pas très dense en Mauritanie, même à Nouakchott ; il n'empêche que se faufiler à travers les rues de la capitale nécessite une certaine habitude. Il faut croire que les Mauritaniens sont d'excellents conducteurs, car les accrochages sont extrêmement rares. En brousse, il convient de faire très attention aux animaux qui peuvent traverser devant votre véhicule à tout instant. La traversée des villages requiert la plus grande vigilance car les enfants, pas toujours habitués au trafic, se soucient peu des voitures. La conduite tout-terrain, quant à elle, est réservée aux personnes expérimentées, car dans le désert les pièges sont nombreux. Les secteurs de regs cassants, où votre véhicule est soumis à rude épreuve, succèdent aux immenses étendues de sable. Si vous vous plantez dans les dunes de l'erg Ouarâne, ne comptez pas vous en sortir aussi facilement que si vous étiez à la dune du Pilat !

Carburant. Vous trouverez de l'essence et du gasoil dans toutes les villes importantes de Mauritanie. Si vous partez en brousse, prévoyez assez large, il peut être nécessaire, sur certains itinéraires, d'emporter des bidons en réserve et n'oubliez pas que la conduite tout-terrain, surtout sur sable mou, est particulièrement gourmande en carburant. En mai 2011, le litre d'essence coûtait 360 MRO (293 MRO pour le gasoil) à Nouakchott. Plus on s'éloigne de la capitale, plus il est cher.

Taxi

Si vous n'aimez pas marcher, c'est une excellente façon de vous déplacer à Nouadhibou et surtout à Nouakchott. Les autres villes du pays n'étant pas très grandes, il est facile de les découvrir à pied. Si vous ne trouvez pas de taxi, c'est vraiment que vous le faites exprès. Ils sillonnent les rues en klaxonnant dès qu'ils arrivent à la hauteur d'un piéton, surtout s'il est blanc, et ralentissent dans l'attente d'un signe de sa part.

Taxi-brousse. Voilà le moyen de transport qui va vous permettre de circuler presque partout en Mauritanie. Les taxis-brousse coûtent entre 600 et 1 000 MRO pour 100 km. Une liste détaillée des tarifs pratiqués serait aussi inutile qu'exhaustive. Les prix varient en fonction de nombreux critères : état de la route ou de la piste, véhicule utilisé (break ou 4x4 pick-up), type de place occupée, celle à côté du chauffeur étant plus confortable et donc plus onéreuse que celles situées à l'arrière.

Camions. Pour légèrement moins cher, vous pouvez rejoindre les principales villes de Mauritanie, certaines même très excentrées, en camion. Les voyages en camion sont l'occasion de traverser des paysages magnifiques qu'on a le temps d'apprécier compte tenu de l'allure du véhicule. Toutefois, ce genre d'expédition, non dénué de risques, ne doit être envisagé que par des personnes dotées d'une excellente résistance, tant physique que morale. Ce sont de vieux, très vieux camions, souvent de fabrication allemande, et qui roulent encore uniquement parce que, dans ce pays, on ne jette rien.

Deux-roues

Motocyclette. Ce moyen de locomotion est pratiquement inexistant dans le pays. Cette absence explique certainement en partie que l'air de Nouakchott est respirable, contrairement à certaines capitales africaines. Les motocyclettes, fréquemment mal réglées, dégagent en effet souvent d'énormes panaches de fumées qui polluent considérablement l'atmosphère. Pour le moment, Nouakchott y échappe.

Vélo. Il y a pratiquement autant de vélos que de motocyclettes en Mauritanie, c'est-à-dire très peu. Il faut reconnaître que circuler à bicyclette dans Nouakchott n'est pas de tout repos et présente certains risques. Les nombreux kilomètres qui séparent les principales villes du pays et l'état des routes qui favorise les crevaisons n'incitent pas les Mauritaniens à utiliser ce moyen de transport.

Auto-stop

Pratique peu répandue en Mauritanie. De toute façon, la majorité des véhicules est surchargée. Votre seule chance, qu'un chauffeur de véhicule privé revienne d'une destination où il a conduit son patron, auquel cas, il peut accepter de vous prendre contre une rémunération sensiblement équivalente au prix déboursé pour le même trajet effectué en taxi-brousse. C'est une bonne affaire pour le chauffeur, à qui vous avez donné un peu d'argent de poche, mais aussi pour vous qui voyagez pour le même prix qu'en taxi-brousse, dans des conditions de confort toutes autres.

Rester

La durée maximale de validité d'un visa pour séjourner en Mauritanie est de 3 mois. Au-delà de cette durée, vous devez solliciter une carte de séjour auprès du ministère de l'Intérieur mauritanien et produire un contrat de travail. Il peut également vous être délivré un visa de long séjour valable 1 an sous certaines conditions. Les résidents en possession d'une carte de séjour n'ont pas besoin de visa pour rentrer en Mauritanie à condition que leur séjour en dehors du pays soit inférieur à 6 mois. Deux adresses qui vous seront d'une grande utilité si vous souhaiter vous expatrier en Mauritanie ou ailleurs.

Être solidaire

Soyons réalistes, en partant quinze jours « faire de l'humanitaire » avec une association, on soulage sa conscience mais on ne fait rien pour les populations locales. Un véritable engagement demande temps et réflexion. Pourquoi voulez-vous aider ? Quelles sont vos compétences ? A quel type de projet croyez-vous ? La première étape est de bien comprendre les difficultés rencontrées sur place. Il vous faudra ensuite partir à la chasse à la mission. Renseignez-vous bien sur l'association avec laquelle vous envisagez de partir car, dans le secteur de l'aide internationale, on trouve beaucoup d'organisations qui, même avec les meilleures intentions du monde, n'apportent finalement que peu d'aide réelle au pays.

Mais à côté de ces missions, existent aussi des chantiers solidaires intéressants pour aller à la rencontre de la population, pour nettoyer une forêt, aider à la préservation d'une espèce…

■ **CONCORDIA**
www.concordia-association. org
Concordia propose des chantiers solidaires. C'est une solution intéressante pour ceux qui ont envie d'aider mais disposent de peu de temps.

■ **COORDINATION SUD**
www.coordinationsud. org
Vous pouvez consulter sur ce site la présentation de diverses organisations non gouvernementales et les offres d'emploi ou de bénévolat s'y rattachant.

■ **UNAREC**
Délégation internationale
3, rue des Petits-Gras
Clermont-Ferrand
✆ 04 73 31 98 04
www.unarec. org
Le mouvement « Etudes et Chantiers » développe par l'intermédiaire de ses associations régionales des projets de volontariat, en France et à l'étranger, ainsi que des projets de lutte contre les exclusions. Trois grandes catégories : « Le travail volontaire des jeunes », « Economie solidaire et lutte contre les exclusions » et « Coopération internationale ».

Étudier

Pour étudier ou poursuivre vos études supérieures, il vous faut prendre contact avec le service des relations internationales de votre université. Préparez-vous alors à des démarches longues.

Mais le résultat d'un semestre ou d'une année à l'étranger vous fera oublier ces désagréments tant c'est une expérience personnelle et universitaire enrichissante. C'est aussi un atout précieux à mentionner sur votre CV.

■ **AGENCE POUR L'ENSEIGNEMENT FRANÇAIS À L'ÉTRANGER**
19-21, rue du Colonel Pierre Avia
Paris (15e)
✆ 01 53 69 30 90
www.aefe.fr
Sous la tutelle du ministère des Affaires étrangères, l'AEFE est chargée de l'animation de plus de 250 établissements à travers le monde.

▸ **Autre adresse :** 1, allée Baco, BP 21509 44015 Nantes Cedex 1 ✆ 02 51 77 29 03

■ **CIDJ**
www.cidj.asso.fr
La rubrique « Partir en Europe » sur le serveur du C.I.D.J. fournit des informations pratiques aux étudiants qui ont pour projet d'aller étudier à l'étranger.

■ **CONSEIL DE L'EUROPE**
www.egide.asso.fr
Rubrique sur le programme BFE (boursiers français à l'étranger). Obtenir une bourse d'études supérieures à l'étranger.

AFRICA N°1 LA RADIO AFRICAINE
AFRICA N°1
KILIMANDJARO
17h-18h TU
www.africa1.com
Partenaire Production / Photographe : Blaise Arnold
KOFFI OLOMIDÉ,
CHANTEUR.
MA FRÉQUENCE ?
AFRICA, TOUS LES JOURS.
Abidjan 91.1-Bamako 102-Bangui 94.5-Brazzaville 89.6-Cotonou 102.6-Dakar 102-Douala 102-Kinshasa 102-Libreville 94.5
Lomé 102-Malabo 103-N'Djamena 103-Niamey 103-Ouagadougou 90.3-Paris 107.5-PortoNovo 102.6-Yaoundé 106.7

■ **COOPÉRATION ÉDUCATIVE EUROPÉENNE**
www.europa.eu.int

■ **ÉDUCATION NATIONALE**
www.education.gouv.fr
Sur le serveur du ministère de l'Education nationale, une rubrique « International » regroupe les informations essentielles sur la dimension européenne et internationale de l'éducation.

■ **MINISTÈRE DES AFFAIRES ÉTRANGÈRES**
www.diplomatie.gouv.fr
Les informations mises à disposition dans l'espace culturel du serveur du ministère des Affaires étrangères sont également précieuses.

Investir

■ **COMMISSARIAT À LA PROMOTION DES INVESTISSEMENTS**
BP 238, Nouakchott
✆ +222 45 25 07 55
www.investinmauritania. gov.mr
cpi@investissement. gov.mr

Travailler – Trouver un stage

■ **ASSOCIATION TELI**
2, chemin de Golemme, Seynod
✆ 04 50 52 26 58
www.teli.asso.fr
Le Club TELI est une association loi 1901 sans but lucratif d'aide à la mobilité internationale créée il y a 16 ans. Elle compte plus de 4 100 adhérents en France et dans 35 pays. Si vous souhaitez vous rendre à l'étranger, quel que soit votre projet, vous découvrirez avec le Club TELI des infos et des offres de stages, de jobs d'été et de travail pour francophones.

■ **CAPCAMPUS**
www.capcampus.com
Capcampus est le premier portail étudiant sur le Net en France et possède une rubrique spécialement dédiée aux stages, dans laquelle vous trouverez aussi des offres pour l'étranger. Mais le site propose également toutes les informations pratiques pour bien préparer votre départ et votre séjour à l'étranger.

■ **MAISON DES FRANÇAIS DE L'ÉTRANGER**
48, rue de Javel, Paris (15e)
✆ 01 43 17 60 79
www.mfe. org – mfe@mfe. org
La Maison des Français de l'étranger (MFE) est un service du ministère des Affaires étrangères qui a pour mission d'informer tous les Français envisageant de partir vivre ou travailler à l'étranger et propose le *Livret du Français à l'étranger* et 80 dossiers qui présentent le pays dans sa généralité et abordent tous les thèmes importants de l'expatriation (protection sociale, emploi, fiscalité, enseignement, etc.). Egalement consultables : des guides, revues et listes d'entreprises et, dans l'espace multimédia, tous les sites Internet ayant trait à la mobilité internationale.

■ **RECRUTEMENT INTERNATIONAL**
www.recrutement-international.com
Site spécialisé dans les offres d'emploi à l'étranger, le recrutement international, les carrières internationales, les jobs et stages à l'international.

■ **VOLONTARIAT INTERNATIONAL**
www.civiweb.com
Si vous avez entre 18 et 28 ans et êtes ressortissant de l'Espace économique européen, vous pouvez partir en volontariat international en entreprise (VIE) ou en administration (VIA). Il s'agit d'un contrat de 6 à 24 mois rémunéré et placé sous la tutelle de l'ambassade de France. Tous les métiers sont concernés et vous bénéficiez d'un statut public protecteur. Offres sur le site Internet.

■ **WEP FRANCE**
81, rue de la République, Lyon (2e)
✆ 04 72 40 40 04
www.wep-france. org – info@wep.fr
Wep propose plus de 50 projets éducatifs originaux dans plus de 30 pays, de 1 semaine à 18 mois. Année scolaire à l'étranger, programmes combinés (1 semestre scolaire avec 1 projet humanitaire ou 1 chantier nature ou 1 vacances travail), projets humanitaires mais également stages en entreprise en Europe, Australie, Nouvelle-Zélande, Canada et Etats-Unis, et Jobs & Travel (visa vacances travail) en Australie et Nouvelle-Zélande : voici un petit aperçu des nombreuses possibilités disponibles.

Index

A

B

C

D / E

F

G / H

I / J

K / L

M / N

O / P

R

S

T / U

V / Z